SER FELIZ ES UNA DECISIÓN

John Leland

Ser feliz es una decisión

Lecciones aprendidas a lo largo de un año entre ancianos longevos

URANO
Argentina – Chile – Colombia – España
Estados Unidos – México – Perú – Uruguay

Título original: *Happiness Is a Choice You Make – Lessons from a year among the oldest old*
Editor original: Sarah Crichton Books – Farrar, Straus and Giroux, New York
Traducción: Núria Martí

Le agradecemos a Jonas Mekas el permitirnos publicar una estrofa de su poema
«La vejez es el rumor de la lluvia» de Idylls of Semeniskia.
Traducido del lituano por Adolfas Mekas, el hermano del autor.
Copyright © Hallelujah Editions, 2007.

1.ª edición Octubre 2018

© 2018 *by* Ediciones Urano, S.A.U.
    Plaza de los Reyes Magos 8, piso 1.º C y D – 28007 Madrid
    www.edicionesurano.com

ISBN: 978-84-16720-47-7
E-ISBN: 978-84-17312-92-3
Depósito legal: B-22.775-2018

Fotocomposición: Ediciones Urano, S.A.U.
Impreso por: Rodesa, S. A. – Polígono Industrial San Miguel
Parcelas E7-E8 – 31132 Villatuerta (Navarra)

Impreso en España – *Printed in Spain*

Para mamá, la creadora de cisnes, con amor y gratitud

«Envejecer es un proceso extraordinario en el que nos volvemos la persona que siempre deberíamos haber sido.»

David Bowie

Índice

PRIMERA PARTE

Conoce a los mayores

1

Menuda sorpresa

«¡Tráeme una ginebra!»

«¿Sabes qué harás cuando seas mayor?»

Después de responder a las preguntas que le había estado formulando a lo largo de un año, John Sorensen me planteó la suya. Nos encontrábamos en la cocina de su piso en el Upper West Side de Manhattan, donde llevaba viviendo cuarenta y ocho años. Los últimos seis los había pasado solo, desde la muerte de su pareja de toda la vida. Se hallaba rodeado por un mural que había pintado años atrás de árboles con las ramas extendidas hacia el techo. El día de Acción de Gracias estaba al caer, el día preferido de John por ser cuando salía de casa para reunirse con sus amigos. Pero ese año, el 2015, no creía sentirse lo bastante bien para ir con ellos. La cocina permanecía exactamente como la última vez que yo lo había visitado, John se aseguraba de no hacer ningún cambio: estaba perdiendo la vista y temía que, si cambiaba alguna cosa de sitio, después no la encontraría. Cuando llegué, se disponía a ver *Siete novias para siete hermanos* en el televisor equipado con un aparato de vídeo junto a la nevera, la película siempre le alegraba la vida. Se la sabía tan bien que no necesitaba verla en la pantalla.

Nos pusimos a charlar sobre todo lo que le producía placer. Tuve que insistir un poco porque John empezó hablando de la parte negativa de la vejez y en cada visita siempre me decía que se quería morir. Pero, a medida que conversábamos, se iba animando.

«Hace poco escuché el segundo acto de *Parsifal*, interpretado por Jonas Kaufmann», me dijo envuelto por ese agradable recuerdo. «Es el tenor más maravilloso de todos los que he escuchado. Tiene un aspecto muy romántico. La primera vez que lo vi fue tras la muerte de Walter. Cantaba con su voz divina.»

John, que por aquel entonces tenía noventa y un años, fue uno de los seis desconocidos a los que empecé a visitar a inicios del 2015 que me cambiaron inesperadamente la vida. Estoy seguro de que ninguno de ellos se proponía desempeñar ese papel. Los conocí mientras me dedicaba a entrevistar a lo largo de un año a seis neoyorquinos de edad avanzada para escribir una serie de artículos periodísticos titulados «De los 85 para arriba».

Todo empezó como cualquier historia, con la búsqueda de personajes. Los conocí en geriátricos y en hogares de ancianos, a través de agencias de asistencia a domicilio o de sus páginas web personales. Algunos todavía trabajaban, otros nunca salían de casa. Conocí a comunistas acérrimos, a jugadores del dominó chino, a supervivientes del Holocausto, a artistas en activo y a una lesbiana de noventa y seis años que aún seguía organizando reuniones de té con bailes. Todos habían perdido algo: movilidad, visión, audición, cónyuges, hijos, personas de su misma edad, la memoria. Pero pocos lo habían perdido todo. Pertenecían a uno de los colectivos que más rápidamente está aumentando en Estados Unidos, el de las personas de la cuarta edad.

Yo también había perdido algunas cosas en la vida. Mi matrimonio se había ido a pique después de llevar casado con mi mujer casi tres décadas, y ahora vivía solo por primera vez. Tenía cincuenta y cinco años, me había echado novia y me hacía nuevas preguntas sobre mi lugar en el mundo: acerca de la edad, el amor, el sexo y la paternidad, el trabajo y la satisfacción.

También era el principal cuidador de mi madre de ochenta y seis años, la cual, tras el fallecimiento de mi padre, había dejado la casa en Nueva Jersey donde había vivido para mudarse a una residencia tutelada en el sur de Manhattan. Pero yo no me lucía demasiado en ese papel. Hacía todo lo posible para cenar con mi madre cada par de semanas y para acompañarla esporádicamente a la sala de urgencias por la noche. Fingía no darme cuenta de que ella quizá quisiera algo más —para respetar su independencia, me decía a mí mismo—, y mi madre también hacía lo mismo. Ninguno de los dos estaba preparado para la etapa de la vida que atravesábamos: ella, a los ochenta y seis, no tenía idea de dónde encontrarle un sentido a la vida, y yo no sabía cómo ayudarla. Esta era nuestra realidad.

Una de las primeras personas a las que entrevisté para la serie de artículos fue a Jean Goldberg, una mujer de 101 años que había trabajado de secretaria en Crayola,una fábrica de lápices de colores. Empezó la conversación pidiéndome a voz en cuello: «¡Tráeme una ginebra!», y luego se puso a contarme la historia del hombre que se había portado mal con ella. A pesar de haber ocurrido hacía setenta años, era como si hubiera sido ayer. Postrada en una silla de ruedas, residía ahora en un hogar de ancianos, pero había vivido en su propia casa hasta los 100 años, cuando, tras sufrir una serie de caídas, sintió que no era seguro seguir viviendo sola. Después de nuestro primer gran encuentro, me pidió posponer la segunda entrevista por no sentirse demasiado bien. Cuando llegó el día de nuestra cita, ya se había ido de este mundo. Fueran cuales fueran sus estrategias para llegar hasta los 101 años —creo que en parte fue gracias a su sentido del humor y a su obstinación en no arrojar la toalla, aunque le costara una barbaridad—, habían desaparecido con ella.

Cada persona tenía una historia para contar: sobre la vida de su familia durante la Gran Depresión o acerca de su vida sexual durante la Segunda Guerra Mundial, su participación en el movimiento en defensa de los derechos civiles o sobre que sus padres les habían asegurado que no «servían para hacer una carrera». Pero lo que más me interesaba era la vida que llevaban ahora, desde que se levantaban por la mañana hasta que se acostaban. ¿Cómo pasaban la jornada, y cuáles eran sus esperanzas para el día de mañana? ¿Cómo se las apañaban con sus medicamentos, sus hijos y su cambiante cuerpo, que ahora, como si volvieran a la niñez, estaba perdiendo facultades con la misma rapidez con la que las había adquirido? ¿Acaso a partir de un cierto momento perdían las ganas de vivir?

En su calidad de expertos, me contaron que, simplemente, se limitaban a vivir esa etapa de la vida. Como la novelista británica Penelope Lively afirmó a los ochenta años: «Una de las pocas ventajas de la vejez es poder hablar de ella con un cierto conocimiento de causa. Ahora la sentimos en nuestras propias carnes y sabemos lo que es… La mayoría de la gente no conoce la experiencia que vivimos. En este sentido, somos unos pioneros».[1] Me uní a esas personas mayores en sus hogares, en sus idas a las visitas médicas, en los hospitales, en los clubs de jazz, en los bares e incluso en una casa junto a la playa en Jersey. Conocí a sus hijos, a sus amantes, a sus médicos, a sus cuidadores, a sus amigos, y a un antiguo fiscal que muchos años atrás había llevado a los tribunales a uno de esos ancianos por obscenidad y que ahora quería disculparse. Cuando uno desapareció de repente, me encontré con que su teléfono estaba desconectado, intenté dar con él preguntando en los hospitales de Brooklyn. Estaba ingresado en uno, le habían amputado parte de dos dedos de los pies. Le escuché y aprendí de él.

Poco a poco me di cuenta de que ocurría algo con lo que no contaba. A cada visita, por más deprimente que fuera la conversación —y algunos días era bastante morbosa—, mi estado de ánimo mejoraba de una forma que nunca había experimentado con ningún otro trabajo. Esperaba que durante aquel año las personas mayores a las que entrevistaba vivieran grandes cambios, pero lo que no me imaginé fue que me cambiaran a mí.

Los seis ancianos se convirtieron en mi segunda familia: en unas personas afectuosas, excéntricas, exigentes, olvidadizas, gra-

---

1. Penelope Lively, *Dancing Fish and Ammonites: A Memoir,* Viking Penguin, Nueva York, 2013, pp. 1, 8

ciosas, sabias, repetitivas y, a veces, en unos interlocutores demasiado agotadores. Me reprendían por no visitarles lo suficiente y me alimentaban con bombones o me enviaban recortes de periódicos para que los leyera. Les cambiaba las bombillas de su casa, asentía con la cabeza comprensivamente cuando me hablaban de Israel y les contaba detalles sobre mi relación con mi madre. Eran unas personas admirables. Guardaban rencores y se inventaban sistemas como los de Rube Golberg —métodos para acordarse de tomar su medicación— mientras las diminutas píldoras blancas para el corazón no se les escurrieran de las manos y acabaran rodando a sus pies, pues eran demasiado pequeñas para agarrarlas con los dedos y apenas se veían en el suelo.

Conocerlos me hizo renunciar a la idea de saber cómo era la vida. La experiencia fue renovadora y una lección de humildad al mismo tiempo. No tenía que actuar como el experto o crítico que pusiera en duda lo que me dijeran. En su lugar, me dejé guiar por el mundo tal como ellos lo veían. Aceptar ideas que mi instinto me instaba a rechazar fue de lo más enriquecedor. Creía saber lo que significaba ser un nonagenario, pero no era así, y en el momento en que silencié mi instinto, el aprendizaje fue mucho más fácil. Ser un experto es agotador. En cambio, ser un alumno —no aferrarte al ego— es como sentarte a la mesa del mejor restaurante que has visitado para disfrutar de un banquete.

Como cualquier buen personaje literario, cada una de las personas mayores quería algo, al igual que yo, aunque al principio yo no lo supiera.

❖

Los seis ancianos que acabé eligiendo procedían de diferentes ambientes y estratos sociales. Frederick Jones, que tenía ochenta y siete años cuando lo conocí, era un veterano de la Segunda Guerra Mundial, un funcionario retirado con una mente calenturienta y un corazón frágil que le había obligado a permanecer ingresado en un hospital y en un centro de rehabilitación buena parte del año anterior. En nuestro primer encuentro me contó que había intentado ligar con una mujer treinta años más joven que él en unos grandes almacenes; no se acordaba cuáles eran. Fred seguía siendo un ligón, aunque ahora ya no estuviera para esos trotes. En las fotos antiguas que había en su piso aparecía luciendo trajes elegantes y un tupido bigote, pero cuando le conocí le daba vergüenza ir a misa con los zapatos ortopédicos y se pasaba la mayor parte de los días encerrado en su piso de la tercera planta, ya que se las veía moradas para bajar las escaleras. Fred tenía sus propias ideas de lo que significaba la vejez. Le había pedido a Dios vivir hasta los 110 años y nunca dudó de que se lo concediera. Lo primero que hacía al despertarse por la mañana era dar las gracias por ver otro amanecer. Cuando le pregunté cuál había sido la etapa más feliz de su vida, me repuso sin dudarlo: «Ahora». Fue el primero que me subió los ánimos.

Helen Moses, de noventa años, encontró el segundo amor de su vida en un hogar de ancianos del Bronx, pese a la oposición tormentosa de su hija. Cuando la conocí ya llevaban seis años juntos.

«Amo a Howie», afirmó mirándole a los ojos; Howie Zeimer vivía en otra habitación al fondo del pasillo.

«Yo también te amo», repuso Howie. Postrado en una silla de ruedas, junto a la cama de Helen, le sostenía la mano. «Eres la mujer de mi vida, te lo aseguro.»

«No te oigo, pero espero que lo que me has dicho sea agradable», respondió ella.

John Sorensen perdió buena parte de sus ganas de vivir tras la muerte de Walter Caron, librero de profesión, la pareja con la que llevaba sesenta años. «No te volverás más sabio conmigo», me aseguró la primera vez que nos vimos. «Sé muy poco sobre muchas cosas.» Charlamos acerca de la ópera y de Fire Island (la casa que tenía en la playa le había costado 10.000 dólares en 1960), y de su frustración por no poder seguir haciendo lo mismo de siempre. Había cuidado de buena gana de Walter cuando la salud de su pareja había empezado a deteriorarse, pero ahora no podía perdonarle a su propio cuerpo que le fallara. Se negaba a usar un andador o una silla de ruedas por parecerles antiestéticos, por eso nunca salía a la calle. Los nudillos, hinchados por la gota, le sobresalían de la mano como pomos desparejados. Pero nuestras charlas siempre acababan animándolo, aunque hablara de su deseo de morir. Hacía ejercicio a diario y parecía enorgullecerse morbosamente de que su cuerpo insistiera en seguir adelante. «Cariño, estoy mucho mejor que mucha otra gente, lo sé», me dijo. «Ya he tenido bastante. No soy infeliz, pero me alegraré cuando todo se acabe. Lo único malo que tiene morir es no vivir lo bastante como para disfrutar de haber muerto por fin», apostilló.

Ping Wong, de ochenta y nueve años, tenía la suerte de estar arropada por una segura red social: pagaba doscientos dólares al mes por su piso subvencionado situado en los alrededores de Gramercy Park, y durante siete horas al día, una cuidadora de Medicaid se ocupaba de ella los siete días de la semana. La vejez, afirmó, era menos estresante que trabajar o cuidar de su marido, una tarea que la había dejado agotada. Pero echaba de menos a su difunto esposo y a su hijo, asesinado en China. «Procuro no pensar en cosas malas. Cuando eres mayor, quejarte no es bueno para la salud», admitió.

Ruth Willig, en cambio, cuando la entrevisté se apresuró a decir que no era feliz, pero luego, al leer el artículo, le molestó verse descrita así, no se identificaba con esa imagen. A lo largo del año, las quejas de Ruth me acabaron pareciendo una forma de rebelarse, en lugar de aceptar pasivamente la situación. Poco antes de conocerla, la habían obligado a abandonar su lujosa vivienda asistida en Park Slope, Brooklyn. El propietario había decidido que era mucho más rentable transformarla en apartamentos y venderlos. Al mudarse a ese lugar, se había visto obligada a renunciar a su coche, su privacidad y su vida social. Ahora, cinco años más vieja y con menor movilidad, también había perdido ese hogar y las amigas que había hecho en él. A los noventa y un años se había tenido que trasladar a la bahía de Sheepshead, otra vivienda asistida situada en una parte más alejada de Brooklyn. De pronto se encontraba entre desconocidos, en un barrio que no era el suyo, lejos de la hija que vivía más cerca.

«Una persona de la residencia me ha llamado "anciana luchadora"», me comentó una mañana. «Me dijo que era una "luchadora", lo de "anciana" lo he añadido yo. Sé que no me rindo fácilmente. A lo mejor fue por eso. No me amedrento ante la vida.»

La nieve de marzo había cubierto las calles con un manto blanco, por lo que se vería obligada otro día más a quedarse en casa. «Le digo a todo el mundo que sé lo que soy, una mujer de noventa y un años», afirmó. «Mi edad no me da miedo, comparada con otras personas que tienen tantos problemas físicos, me enorgullezco de ello. Soy muy afortunada, procuro estar sana. Pienso sobre todo en cómo me moriré. Pero me mantengo ocupada leyendo libros y el periódico. Intento ser feliz, aunque no es tan fácil como parece. Ojalá fuera más feliz.»

Y Jonas Mekas, cineasta y escritor, a los noventa y dos años tenía la energía y la prisa de un treintañero. Seguía filmando películas, recopilando recuerdos y álbumes de recortes, recaudando dinero para la organización benéfica fundada por él y ocupándose de su página web.

Un día me mandó un poema inédito que había escrito en 2005.

He intentado toda mi vida ser joven,
no, no me convenceréis de que me hago viejo,
me moriré a los veintisiete años.

Sus amigos eran más jóvenes que yo. En lugar de bajar el ritmo, me aseguró que estaba más activo que nunca, ahora podía dedicarse de lleno a sus proyectos.

Estos fueron mis seis maestros a lo largo de un año. Un día acabarían desapareciendo de este mundo, como nos ocurrirá a todos, y estaban lo bastante cerca del final para plantearse no solo su propia muerte, sino cómo les llegaría. La parca había dejado de ser algo abstracto. ¿Conservarían su lucidez hasta el último momento? ¿Se debatirían en una lenta agonía? Al día siguiente podían caerse, romperse la cadera, sufrir un derrame cerebral o perder la memoria, olvidándose de golpe del nombre de la persona con la que habían estado hablando. Cada vez que no me cogían el teléfono, me preocupaba. Al cabo de dieciocho meses, dos de ellos habían fallecido.

┋

Los debates sobre los ancianos tienden a centrarse en problemas muy reales de la vejez, como el deterioro del cuerpo y la mente, o los miles de millones de dólares invertidos en la atención médica terminal. O, si no, nos señalan a esa anciana fuera de lo común que parece desafiar la vejez al tomar martinis y participar en maratones a los noventa. Esta perspectiva les atrae en especial a las personas nacidas en la década de 1960, les promete que ellos también pueden hacer suyos los secretos para «envejecer bien». Al fin y al cabo, solo tienen que alargar la mediana edad: unirse a un club, ser cooperantes, hacer ejercicio, enamorarse, aprender italiano, no enfermar. ¿He dicho no enfermar? Vaya, pues te deseo buena suerte, espero que sea así.

Los ancianos a los que entrevisté, como la gran mayoría de personas mayores, no llevaban esa clase de vida. Vivían con pérdidas y discapacidades, pero no se identificaban con ellas, y se levantaban cada mañana con los mismos deseos y necesidades que cualquier otro mortal, aunque las rodillas les dolieran o no pudieran resolver los crucigramas como antes. La vejez no les había llegado un día de golpe por haber bajado la guardia. Tampoco era un problema que debieran solucionar. Era una etapa de la vida como cualquier otra en la que seguían tomando decisiones sobre cómo querían vivir, y aprendiendo sobre ellos mismos y el mundo.

Experimentar esta etapa es algo bastante reciente; en el pasado eran muy pocos lo que llegaban a viejos, y los que lo hacían con buena salud eran aún más escasos. Pero las cosas han cambiado. Nunca antes en la historia la gente superaba la barrera de los ochenta y cinco como ahora (hay cerca de seis millones de octogenarios en Estados Unidos, en cambio en 1960 no llegaban al millón), y cuando la cruzan siguen acumulando años. Significa que nuestros padres son los pioneros que nuestros hijos creen que son. Un estadounidense que cumpla ochenta y cinco años en 2018 nació con una esperanza de vida que no llegaba a los sesenta. Son una buena cantidad de años de más con los que no contaba, de modo que muchos ancianos saben algo sobre la longevidad.

Solemos ver la vejez como un motivo de preocupación y no como un recurso al que sacarle partido. Como soledad, aislamiento y arrugas a mansalva. En las películas, la belleza siempre es joven y los ancianos apasionados son unos viejos verdes. Nos gusta que la gente conduzca al atardecer cuando han terminado su misión. Sería mucho más excitante si Thelma y Louise, en lugar de tirarse por un acantilado, envejecieran y vivieran en una vivienda asistida en el centro de Denver, echándose a veces un novio, y armándola gorda junto con sus cuidadores. Pero la gente mayor no puede contar esta clase de historias. Como May Sarton escribió en su novela *As We Are Now,* [2] publicada cuando tenía sesenta y un años: «El problema es que la vejez no es interesante hasta que nos llega. Es un país extranjero con un lenguaje desconocido para los jóvenes e incluso para las personas de mediana edad». Una observación muy aguda para alguien que solo tenía sesenta y uno.

Solo hay que ver cómo nos dirigimos a los ancianos: «Cariño, cielo, nena, chaval. ¡Qué monos! ¿Cómo *estamos* hoy, señora Johnson? ¿Solo tiene noventa y dos años? ¡Qué Dios la bendiga! Un anciano espabilado es alguien que usa Instagram como un adolescente». En la mayor parte de la historia, las sociedades han

---

2. *As We Are Now,* W. W. Norton, Nueva York, 1973, p. 23.

recurrido a la sabiduría de los ancianos. Los niños contemplaban a sus abuelos envejecer y los veían morir en la casa familiar. Pero la misma tecnología que ha permitido que más gente llegue a vieja es también la que ha subvalorado el conocimiento que tienen del mundo. Los ancianos suelen vivir en su propio mundo, un lugar que no es demasiado agradable de visitar. En un estudio, las personas de más de sesenta años[3] afirmaron hablar de «asuntos importantes» con menos de una cuarta parte de personas de treinta y cinco años como máximo, y si excluimos a los familiares, ese número queda reducido a un seis por ciento. Un estudio realizado por el gerontólogo Karl Pillemer, de la Universidad de Cornell, reveló que los estadounidenses son más proclives a tener amigos de otra raza que amigos diez años más jóvenes.

Pillemer afirmó que la vida le cambió cuando empezó a ver a la gente mayor como un bien, un acervo de sabiduría y vivencias, en lugar de como un problema. El título de su libro procede de una de las primeras lecciones que las personas mayores me enseñaron: incluso cuando nuestras diversas facultades se deterioran, seguimos influyendo en gran medida en la calidad de nuestra vida. Como Ping lo expresó: «Cuando eres vieja, tienes que procurar ser feliz. De lo contrario, envejeces más aún». Los seis ancianos entrevistados encontraron un grado de felicidad que no dependía de sus circunstancias externas, sino de algo interior. Nadie quiere perder a la pareja con la que lleva sesenta años o interrumpir las caminatas por un dolor invalidante, pero podemos decidir cómo procesamos las pérdidas y la vida que nos queda. Podemos fijarnos en las pérdidas o en la vida de la que disfrutamos ahora. Los factores relacionados con la salud, por más demoledores que sean, solo son una parte de la historia.

Tal vez tengamos elección. Podemos tomarnos la píldora azul y lamentarnos de la vida por haber perdido una memoria prodi-

---

3. Peter Uhlenberg y Jenny de Jong Gierveld, «Age-Segregation in Later Life: An Examination of Personal Networks», *Ageing & Society* 24, 2004, pp. 5-28.

giosa o el trabajo que nos hacía especiales, o tomarnos la píldora roja[4] y dar las gracias por una vida en la que todavía nos quedan seres queridos. Podemos ir a un museo y decirnos: «Estoy postrado en una silla de ruedas en un grupo de carcamales medio sordos. O exclamar en nuestro interior: «¡Matisse!»

Cuanto más tiempo pasaba con la gente mayor, más reflexionaba sobre la actitud de elegir ser feliz de entre todas las otras opciones. Empecé a comprender que la respuesta no tenía nada que ver con la que me había imaginado. Si queremos ser felices, debemos aprender a pensar como un anciano.

❖

La buena noticia sobre envejecer es que tiene sus ventajas. La gente mayor afirma sentirse mejor[5] y experimentar menos emociones negativas que las personas más jóvenes. Su sensación de bienestar va aumentando hasta la setentena y a partir de ese momento empieza a disminuir poco a poco, pero aun así es más elevada a los noventa que a los veinte. Por más que idealicemos la adolescencia y las primeras etapas de la adultez, los ancianos se sienten más satisfechos, menos ansiosos o temerosos, temen menos la muerte, tienden más a ver el lado positivo de las cosas y aceptan los aspectos negativos de la vida más que los adultos jóvenes. Como Henry Miller —que no era para nada una persona optimista— escribió: «Creo que a los ochenta soy una persona mucho más alegre de lo que era a los veinte o a los treinta. Sin duda, no querría volver a ser un adolescente. Por más maravillosa que sea la juventud, también

---

4. El autor se refiere a las píldoras de la pel·lícula de ciencia ficción *Matrix,* en la que se le ofrece al protagonista Neo la posibilidad de tomar una de las dos píldoras: la azul le permitirá olvidar lo sucedido y permanecer en la realidad virtual, y la roja lo llevará al mundo real. *(N. de la T.)*

5. Laura L. Carstensen, Bulent Turan, Susanne Scheibe, *et. al.,* «Emotional Experience Improves with Age: Evidence Based on Over 10 Years of Experience Sampling», *Psychology and Aging* 26, n.º 1, marzo del 2011, pp. 21-33.

es dolorosa».[6] La experiencia ayuda a las personas mayores a moderar sus expectativas y las hace ser más resilientes cuando las cosas no les salen como esperaban. No se aferran tanto a las vivencias negativas como les sucede a las personas más jóvenes. Los investigadores lo llaman «efecto positivo». Es un enigma: ¿cómo unas personas con un cuerpo y una mente en declive —de las que creíamos que habían dejado atrás sus mejores años— pueden sentirse mejor que las que tienen toda una vida por delante? ¿Acaso no saben que tienen los días contados?

O: ¿acaso son conscientes de algo que el resto ignoramos?

Los seis ancianos a los que entrevisté habían ideado sus propios mecanismos para pasar el día, pero sus distintas estrategias tenían en el fondo el mismo objetivo: dedicar el tiempo y la energía que les quedaba a hacer aquello que les gustaba, en lugar de lamentarse por lo que antes hacían y ahora ya no podían hacer. Los gerontólogos lo llaman «optimización selectiva con compensación»: las personas mayores compensan las pérdidas de su vida aprovechando al máximo lo que les queda. (James Brown lo llamó «Utiliza lo que le queda para conseguir lo que quiere»). Si nos queda el 30 por ciento de nuestra capacidad, la usamos en lo que nos apasiona. Tal vez no sea más que una arrogancia de la juventud creer que, si no podemos seguir haciendo lo mismo de antes, la vida no vale la pena.

Los ajedrecistas emplean a veces una técnica conocida como análisis retrógrado para afinar su juego en la mitad de una partida. En lugar de jugar una partida hacia delante desde el principio, se imaginan el final y juegan basándose en ello, calculando la serie de movimientos que les conducirán a una disposición en especial de las piezas de ajedrez. Si las blancas llevan una ligera ventaja, qué movimiento ha hecho el contrincante para llegar hasta ese punto, y cuál ha sido el que le ha precedido. Y así sucesivamente. La idea es que al inicio de la partida cada jugador tiene tantas piezas en el tablero y puedes moverlas de tantas distintas formas que es muy

---

6. Henry Miller, *Sextet,* New Directions, Nueva York, 2010, p. 5.

difícil ver cuáles serán los movimientos que les llevarán a un resultado deseado, pero si nos imaginamos la partida en el sentido inverso, los posibles movimientos se reducen y se vuelven menos opacos. Podemos descartar los movimientos que no nos llevarán al destino deseado y centrarnos en los que sí lo harán.

A modo de ejercicio, imagínate lo que significa llevar una buena vida a los setenta y cinco, los ochenta o los ochenta y cinco. Un estadounidense a los ochenta y cinco tiene una esperanza de vida de seis años, y una mujer puede esperar vivir siete más. Es un espacio de tiempo casi tan largo como el de la adolescencia. ¿Cómo quieres que sea tu vida en esa etapa? ¿Cuáles son los placeres, las recompensas, las actividades diarias y las conexiones humanas que deseas vivir? Ahora, yendo del final al principio, imagínate los movimientos que te conducirán a ese destino, cuáles son las piezas y las posiciones importantes, y cuáles puedes sacrificar para conseguir lo que deseas.

El primer paso es imaginarte en qué consiste una buena vida a esa edad. Tal vez no te resulte fácil. La mayoría de la gente apenas se relaciona con personas mayores, y cuando lo hace es, normalmente, para intentar ayudarles en sus problemas y no para preguntarles qué les hace sentirse felices o realizadas. Pero si empiezas imaginándote que un día serás un anciano que ha llegado a la vejez en buenas condiciones físicas porque la vida laboral actual no te deja destrozado, a diferencia de la del pasado, ¿cómo quieres que sean esos años? Lo más probable es que de mayor no estés tan deteriorado como tus antepasados, que tenían suerte si llegaban a los setenta, y que estés mejor formado, tengas más dinero y goces de mejor salud que ellos a esa edad. Tal vez desees vivir en un ambiente que te estimule intelectualmente o sentirte apoyado emocionalmente por los miembros de tu familia. O vivir con una pareja afectuosa hasta el fin de tus días, o recordar un matrimonio feliz. A lo mejor deseas disfrutar de actividades musicales o artísticas, o conectar con jóvenes, o ser productivo y útil en la vida incluso a medida que tu cuerpo se deteriora. Habrá unos límites, como es natural. A partir de los ochenta y cinco años para arriba, el 72 por ciento de las personas[7] tienen al menos una discapacidad, y el 55 por ciento, más de una. Así que tal vez no desees hacer el amor en la orilla de una playa de Waikiki con el embate de las olas, o largarte a vivir en plena naturaleza a un lugar remoto donde no tengas acceso a Internet. ¿Cómo te imaginas llevando una buena vida con un cuerpo que no puede hacer lo mismo que antes?

Piensa ahora en los pasos que te conducirán a ese punto. Por suerte, en su mayor parte son cosas que nos hacen sentir más felices y llenos a lo largo de nuestra vida. Si a los ochenta y cinco deseas mantener con los amigos y los miembros de tu familia relaciones estrechas que te apoyen, planea una serie de acciones que te permitan lograrlo, desde el final hasta ahora. Te resulta agradable, ¿verdad? La sensación que te produce viene del universo que te dice que pases más tiempo con la gente que te importa. Si quieres que tu vida tenga sentido, será mejor que empieces a buscarlo a partir de ahora. No lo conseguirás trabajando más horas, llegando tarde a casa o pasando menos tiempo con los amigos o la familia. Tal vez desees cambiar de trabajo, mantener una larga conversación con tu hijo o mudarte a otra parte del país. Quizá la respuesta sea poner fin a un matrimonio que ya no os ayuda a ninguno de los dos a crecer. Nunca he dicho que fuera fácil hacerlo.

La ventaja de intentar imaginarte llevando una buena vida a los ochenta y cinco es que refleja que no ves la vejez como el epílogo de una historia ya culminada, sino como una continuación. Significa que contemplas el curso de tu vida de otra manera, dejas de verlo como una serie de acontecimientos que marcan un hito en distintas etapas de tu vida —encontrar un trabajo, volar del nido para independizarte, etcétera— y lo consideras una larga composición en la que se van repitiendo y desarrollando los mismos temas a lo largo

---

7. Todos los datos estadísticos desglosados sobre personas de ochenta y cinco años en adelante proceden de las encuestas de la Oficina del censo de Estados Unidos, realizadas por la American Community Survey en 2009-2013. El análisis de datos lo llevó a cabo Susan Weber-Stoger, la especialista que dirigió la investigación, programadora SAS en Social Explorer y en el CUNY Center for Advanced Tecnology.

de décadas. En lugar de identificar los estudios, el trabajo o las relaciones amorosas con etapas vitales en particular, vives esas experiencias de distintas formas a lo largo de tu vida. Se van acumulando, primero como experiencias y más tarde como recuerdos. Al final, es como si vivieras toda esa música al mismo tiempo.

Cada uno de los seis ancianos a los que entrevisté intentaban ser felices a su manera. Algunos lo conseguían más a menudo que otros. Fred daba las gracias por cada día de vida, aunque objetivamente esos días le resultaran bastante difíciles. Ruth tenía a sus hijos y a su gran familia, era la persona que los cohesionaba a todos. Jonas seguía enfrascado en su trabajo, siempre había sido más una pasión suya que un medio de vida. No se tomaba vacaciones ni desconectaba de él al final de una dura jornada. Buscaba las buenas compañías y la comida y el vino de calidad, tanto en la pantalla como en su vida. «No dejo ningún espacio en el que pueda instalarse la depresión», me comentó. «Tiendo a fijarme en cosas neutras o en actividades positivas. No me apetece filmar algunos aspectos tenebrosos y deprimentes de la vida. Prefiero fijarme en aspectos más positivos, como cuando la gente se reúne y se lo pasa bien cantando y bailando. ¿Por qué? Porque soy así. Tal vez crea, inconscientemente, que es lo que la humanidad necesita más.»

Ping jugaba a diario al dominó chino con otras vecinas de su vivienda, y Helen tenía a Howie. Incluso John, pese a su deseo de morir, se pasaba la mayor parte del tiempo reviviendo los momentos felices de su vida. Casi ciego y apenas capaz de alimentarse por sí solo, viajaba con la mente a otros tiempos mejores, recordándolos con todo lujo de detalles y de colores. Solía sorprenderme: «Fue uno de esos días que el Señor me concedió en los que todo brillaba», me dijo un día. «Recuerdo el mar en calma y el agua centelleando como diamantes. Al final del día mi hermano vino a visitarme, y todavía conservo fotografías de la última vez que lo vi con vida». Cada uno de los seis ancianos me mostró cómo desconectaba de los problemas de la vida. Pero primero tenían que enseñarme a prestar atención.

Mi séptima maestra en esas clases magistrales fue Dorothy, mi madre, que vive en un piso tutelado al sur de Manhattan y se mueve con una silla de ruedas motorizada. «La vejez es una mierda, para que te enteres», me soltó recientemente. Cuando mi padre murió en 2004, ella se dio cuenta de que no sabía valerse por sí sola, mi padre la llevaba siempre en coche a cualquier sitio que le pidiera. Prepararse para eventualidades —como, por ejemplo, la de tener ochenta y seis años— no fue nunca su prioridad. «Nunca pensé en ello», me confesó. «Sé que las respuestas que te doy dejan mucho que desear.» Desde 2011, cuando había estado a punto de morir tras una operación de columna, no había hecho más que expresar un intenso deseo en la vida: el de fallecer. Seguía culpando a Joe, mi hermano pequeño, por no dejarla morir.

En aquella época me habían destinado a Iraq, y Joe, que reside en Carolina del Norte, fue quien tuvo que ocuparse de todo. La operación consistía en la fusión de dos vértebras, y los médicos nos habían aconsejado que no se la hiciera, o que al menos esperara a que yo regresara a Nueva York. A mi madre ya la habían operado de lo mismo varios años atrás, y se había quedado hecha polvo durante meses sin apenas notar una mejora. Pero la espalda le dolía mucho y decidió seguir adelante.

La segunda vez que la operaron ya tenía más años y era más frágil, y cuando contrajo una infección, su cuerpo apenas la combatió. Los médicos querían que les autorizáramos a alimentarla por vía intravenosa para que sobreviviera a la infección. Como mi madre nos dijo que había firmado un documento para que no la reanimaran, mi hermano y yo intentamos decidir lo que haríamos en una conversación telefónica con una conexión tan defectuosa que solo nos oíamos entrecortadamente. Fue una forma terrible de tomar una decisión sobre la vida o la muerte de nuestra madre. En el documento para que no la reanimaran, especificaba que la dejaran morir si no había una posibilidad razonable de gozar de una vida que tuviera sentido. Pero esa instrucción era más bien como llevar una manguera a la habitación si las cortinas empezaban a arder. Después, volvería a la vida que llevaba en su pulcro piso. Tenía amigas y nietos a los que amaba, y podría disfrutar de nuevo de los conciertos matinales de la Orquesta Filarmónica. Ancianos en una situación menos afortunada que la suya gozaban de una vida estupenda. Nos parecía una ingratitud creer que esa clase de vida no valía la pena. Si quería morir, podía hacerlo sin nuestra ayuda dejando de comer. Dimos la autorización para que la alimentaran por vía intravenosa.

¿Qué respondes cuando tu madre te dice que ya no tiene un papel productivo en la vida, o cuando riñe a sus hijos por no haberla dejado morir? Evité esta cuestión durante años, hasta que conocí a John Sorensen. Me resultó más fácil planteármela con una persona que no era de mi familia. En nuestros primeros encuentros, cuando John me dijo que esperaba morirse pronto, siempre le respondía que ojalá no fuera así. El mundo sería un lugar más deprimente sin él. Pero a lo largo del año, me invitó a ver su vida desde otra óptica. Tras evaluar las cosas de las que seguía disfrutando, las sopesó con el esfuerzo que le suponía seguir viviendo. Las recompensas eran cada vez más escasas y superfluas, y el esfuerzo de seguir adelante, cada vez mayor. Era él y no yo el que tenía que sopesarlo. A mediados del año dejé de decirle que esperaba que no se muriera, y al llegar el invierno dejé de desearlo. Nadie quiere la inmortalidad según los términos de otros. No es compasivo desearle una versión reducida a quien menos la anhela.

De pronto, justo antes de la Navidad del 2015, cuando estaba a punto de acabar el año en el que había estado entrevistando a los seis ancianos, mi madre ingresó de nuevo en el hospital a causa de dolores torácicos y de niveles elevados de troponina en la sangre, un indicador de infarto. Mi hermano llegaría de Carolina del Norte al cabo de uno o dos días. Me vinieron a la cabeza imágenes del documento para que no la reanimaran. Esos primeros días, recostada en la cama del hospital bajo la luz fantasmagórica de los fluorescentes, estuvo más en paz de lo que la había visto estar en años, y me dijo quién quería que leyera el panegírico en su funeral. Me aconsejó que le echara un vistazo al Facebook del pastor, lleno de sermones y de jazz. Conectada a pantallas electrónicas que emitían pitidos y a tubos, perdía la conciencia y volvía en sí una y otra vez, con los ojos tranquilos tras sus gafas empañadas. Reflexionó sobre su reciente brote de neumonía y lo agradable que habría sido que se la hubiera llevado dulcemente de este mundo. Ahora se encontraba en la antesala de la muerte, o al menos eso creía ella. Era como siempre había dicho que quería irse, de una forma nada complicada ni demasiado dolorosa, rodeada de enfermeras dispuestas a acudir a su lado cuando las llamara.

¿Qué aprendí de la situación? Contemplar a mi madre a través de los ojos de John era ver que la vida que antes tanto valoraba había ahora dejado de tener sentido para ella. Quería que la liberaran de esa carga, ya había vivido lo bastante. No iba a obligarla a conservar un pañuelo que ya no le importaba. ¿Acaso apreciar el valor de una vida no consiste en ser capaz de ver cuándo deja de tener valor para uno?

Cuando mi hermano llegó de Carolina del Norte, era evidente que mi madre sobreviviría. No hizo falta tomar ninguna medida ni respetar sus deseos de que no la reanimaran. La serenidad que había demostrado a las puertas de la muerte se transformó en irritación al volver a la rutina del hospital. Cuando mi hermano y yo comparamos impresiones, era como si hubiésemos estado al lado de dos mujeres distintas. Yo creía que la más feliz era la que había visitado en el hospital. ¿La había apoyado en su deseo de morir? Creo que no, al igual que me pasó con John. Pero había empezado a aceptar que la muerte es un elemento natural de la vejez, algo que hacemos y no algo que nos acaece. Dejar de luchar es tan noble como seguir al pie del cañón; al final, todos acabaremos igual.

Estoy aprendiendo. Todavía me queda un largo camino por recorrer. El vino ayuda. ¡Traedme una ginebra!

❖

En la niñez apenas me relacioné con personas mayores. Cuando tenía tres años, mis abuelos ya habían fallecido, y aunque Dorothy, la tía de mi madre, nos visitara cada Navidad, dejó de hacerlo cuando empezó a perder la salud, y solo llegué a verla como la antigua enfermera arisca que tocaba con energía «Alley Cat» en el piano vertical de nuestra casa. Más tarde conocería a Al, el abuelo de mi mujer, un fumador de puros que había sido camionero. Lo recuerdo como el tipo que se rompió la cadera a los noventa años al saltar por encima de la red después de jugar un partido de tenis, y que luego se fugó con una mujer del hospital y llegó hasta Saint Louis, donde se estropeó el coche y la relación. Estoy seguro de que esta historia es, en parte, cierta. En cuanto al resto, no quiero conocerlo. Vivió más de cien años y murió en un estado avanzado de demencia. Todo el mundo tiene una historia como la suya. En su funeral, un primo de él afirmó que Al creía que las palabras *bar mitzvah* significaban «el bar está abierto». El rabino eligió como tema «¡Quién sabe lo que nos ocurrirá mañana!», aunque no parecía ser una elección demasiado acertada para la muerte de un frágil centenario internado en una residencia de ancianos. Mi mujer, que se ocupó de él durante sus últimos años de vida, me dijo que esperaba contraer cáncer y morirse antes de hacerse vieja. Se estaba planteando volver a fumar.

En una cena reciente, mi madre se quejó de no haber pensado nunca en un epílogo productivo para sus años en activo. «He dedicado una cuarta parte de mi vida a estudiar, a aprender. Las otras dos cuartas partes las he dedicado a ser productiva. Y ahora me estoy pasando veinticinco años más sin hacer nada, convertida en una inútil. Una comilona inútil. Creo que la sociedad tiene que encontrarles a los mayores algo para hacer.»

Tal vez el momento para aprender las lecciones de la vejez sea antes de que esta nos llegue. Las lecciones están allí. Ahora hay seis millones de maestros. John Sorensen me confesó que se había prometido que de viejo se afeitaría a diario y no babearía, pero a los noventa y un años solo se afeitaba de vez en cuando y los músculos de su boca estaban demasiado debilitados como para impedir que la saliva se le escurriera por la barbilla. Una lección de la vejez es que no es como nos la imaginamos, y que las debilidades que adjudicamos a los ancianos no son más que cosas con las que nos toca vivir. Nos haremos un gran favor si en lugar de temer la vejez aceptamos la mochila mezclada que los años nos traen, sean cuales sean las graves pérdidas sufridas. Una encuesta a largo plazo sobre los habitantes de Ohio reveló que los que tenían una percepción positiva de la vejez, evaluada por medio de preguntas de si estaban de acuerdo o no con afirmaciones como: «A medida que envejeces, eres menos útil», vivieron de promedio 7,5 años más, un factor mayor de longevidad que el asociado al ejercicio físico o al de no fumar.

Todos los ancianos sabían algo que no aparece en Internet; es decir, cómo es la vejez y el mundo desde el punto de vista de alguien que ha vivido una buena pila de años en él y que pronto lo abandonará. Como Helen Moses le dice a menudo a su hija: «Yo tuve tu edad, pero tú nunca has tenido la mía». Esos días no son «el tsunami de la ancianidad», como se suelen describir, algo acumulándose en el mar que pronto causará estragos en «nuestras orillas». Nosotros seremos como ellos un día, si es que ya no lo somos. Y si no estamos dispuestos a aprender de los mayores, nos perderemos las importantes lecciones sobre lo que significa ser humanos. La vejez es lo último que nos espera, y puede que nos enseñe a vivir ahora.

❖

Cuando empecé a entrar en la vida de los seis ancianos a los que iba a entrevistar, no sabía nada de esto. Básicamente, esperaba mostrar el sufrimiento y las dificultades de la vejez. Al periodismo le encantan los problemas. Y la ancianidad estaba repleta de ellos, me dije.

Lo único que sabía era que mi vida había dado un vuelco y que las cosas que creía que duraban para siempre eran pasajeras. Al menos no era viejo, pensé.

2

La paradoja de la vejez

«¿Eres feliz ahora?»

Al principio encontré exactamente lo que andaba buscando. La vejez era el don que no dejaba de arrebatarnos cosas. Las rodillas y los hombros artríticos de Ping le causaban tanto dolor que no la dejaban dormir por la noche. John se sentía solo y le daba miedo abandonar su piso, apenas era capaz de alzar el brazo para peinarse. Sus dedos gotosos hacían incluso que le costara horrores alimentarse por sí solo. Ruth había perdido su casa y sus amigas, y había dejado de salir a pasear. Fred se cayó una noche en la cocina y tuvo que dormir en el suelo hasta el amanecer al no poder levantarse. Cada uno poseía los elementos de un relato triste y conmovedor. Lo único que tenía que hacer era dejarme llevar por mis prejuicios sobre la vejez.

«Detesto este lugar», me dijo Helen la primera vez que fui a visitarla al hogar de ancianos donde residía, en el barrio residencial del Riverdale del Bronx. «Nunca pensé verme en un sitio como este. Solo acabas en él cuando nadie te quiere.»

Los seis eran testigos del debilitamiento de sus músculos, un trastorno conocido como sarcopenia que todo el mundo empieza a sufrir a partir de la madurez. A los ochenta, la gente ha perdido cerca de un tercio o de la mitad de la masa muscular. La piel del cuello y de los hombros les empieza a colgar, y en algunas zonas se cubre de manchas, como si retuviera los fantasmas de viejas heridas. Casi lo primero que advertí de las manos temblorosas de Fred cuando me las mostró fue que los músculos tenares de la base del pulgar, en lugar de sobresalir, eran planos o cóncavos. «¿Ves esto?», me dijo pellizcándose la membrana en la base del pulgar. «El otro día no podía conectar un enchufe de dos patas en una toma de tres clavijas. Se lo comenté a un amigo y él lo hizo en un periquete. Yo llevaba días intentándolo.» Incluso Jonas, que sigue viajando y haciendo películas, no conseguía pulsar los botoncitos de las videocámaras nuevas, y la mano se le ponía a temblar incontrolablemente cuando intentaba escribir. De entre los seis, cinco necesitaban la ayuda de un bastón o un andador para desplazarse, lo cual significaba que tenían que depender de que la gente fuera a visitarles. Las tareas mentales más sencillas, como recordar un nombre o si se habían tomado una pastilla, se habían vuelto unas dificultades ante las que solían fracasar. Ninguno de ellos vivía en pareja.

¿Hasta qué punto era dura la vejez? La segunda vez que fui a visitar a Ruth me describió el viaje rutinario a la consulta del médico de cabecera del día anterior. Eran los coletazos del invierno y la ciudad estaba cubierta de un manto de nieve recién caída y de hielo. Todavía estaba agotada por la experiencia.

El primer taxi que llamó no se presentó. Ruth es una mujer robusta acostumbrada a valerse por sí sola, pero desde que se mudó a su nueva residencia se ha vuelto más sedentaria y, al igual que mi madre, ha ganado varios kilos por los postres que le ofrecen en cada comida. Cuando llegó el segundo taxi, un todoterreno, era demasiado alto para subirse a él. Ahí estaba el dilema de la vejez: ¿debía dejar que el taxista la ayudara a subir —empujándola por las nalgas, me recalcó— u olvidarse de la visita al médico? Al final, entrando de espaldas, consiguió apoyar la parte superior del cuerpo contra el asiento trasero y alzar las piernas para sentarse en el taxi. Un viaje rutinario a la consulta del médico se había convertido en un día de lo más estresante.

«¿Qué es lo que espero con ilusión?» se preguntó, e hizo una pausa para reflexionar sobre ello. No supo qué responder. «La mayor parte del tiempo me descubro sintiéndome triste. Ya no soy feliz, y esto me preocupa.» Todavía estaba enojada por haberse visto obligada a abandonar su antigua vivienda asistida ocho meses atrás. «Echo de menos a las personas con las que había congeniado».

Le pregunté si estaba de acuerdo con la investigación que revelaba que la gente mayor es más feliz que los adultos jóvenes. «¡Yo, al menos, no lo soy!», exclamó. Terminó la entrevista antes de lo acostumbrado, estaba demasiado agotada como para seguir hablando.

Ninguno de los seis ancianos podía afirmar que el día siguiente fuera a ser mejor que hoy. No les prometía más que una mente y un cuerpo más deteriorados, un menor control sobre sus vidas, menos amigos y seres queridos y un avance lento o rápido hacia la muerte. Fueran cuales fueran sus problemas de salud —diabetes, artritis, pérdida de memoria, cardiopatías, mala visión o una audición defectuosa—, solo iban a empeorar. Los cortes cicatrizaban con lentitud y la tos no se iba nunca. No veían a personas como ellos por la televisión ni por asomo y además eran invisibles en las calles o en las tiendas, los desconocidos no querían verse inmiscuidos en la vida de un anciano o de una anciana. Y si se quejaban, se arriesgaban a que sus hijos les mandaran callar.

Sin embargo, a medida que yo seguía con las visitas, empezó a surgir otra historia. Helen me contó que su relación con Howie era mucho más especial que la de su anterior matrimonio de cincuenta y siete años de duración. La relación con su difunto marido había sido afectuosa, pero se casaron siendo demasiado jóvenes. «Mi relación con Howie es mucho más romántica», me aseguró. «¡Sé que es inaudito!» Ping me comentó que, a pesar de sus achaques, la vida era mucho más llevadera ahora que tenía más tiempo libre y menos estrés. «Nunca comparo mi felicidad con la del pasado», señaló. «La de ahora es distinta. De joven no me gustaba ir al colegio ni que los profesores comprobaran si había hecho bien los ejercicios. Cuando trabajaba, fue una época muy difícil para mí, tenía que levantarme a las seis de la mañana y trabajar ocho horas. Ahora soy más libre. Puedo hacer lo que quiera cuando me plazca. Nunca pienso en lo que ya está fuera de mi alcance. Soy consciente de que tengo los días contados y, simplemente, disfruto de la vida. Como, por ejemplo, jugando al mahjong, sé que lo haré hasta el último día.»

La vida de Fred no parecía un buen lugar para buscar la felicidad. Vivía solo en un piso sin ascensor en el barrio de Crown Heights de Brooklyn. Era incapaz de limpiarlo y estaba aislado del mundo por treinta y siete escalones que le producían un dolor atroz al subirlos. Cuando le conocí llevaba días encerrado en casa, aunque le doliera en el alma no salir con los amigos. Tenía una hija que se estaba muriendo de cáncer de mama, y su propio corazón le había obligado a ingresar en el hospital un par de veces. Sus hijos le debían dinero y raras veces hablaban con él. Su hermano, la persona a la que más unido estaba, había perdido una pierna por culpa de la diabetes y vivía demasiado lejos como para irlo a ver. Sin embargo, a lo largo del año, cuando me sentía bajo de ánimos, Fred siempre me alegraba la vida.

«¿Cómo definirías la felicidad?», me preguntó un día. Esa semana se había enterado del fallecimiento del pastor de su iglesia, y se quedó de piedra al descubrir que era mucho más joven que él. Nos encontrábamos en la sala de estar de su casa, en medio de pilas de facturas antiguas y de papeles sin clasificar, el papeleo de sus ingresos hospitalarios de años atrás. No parecía notar el deprimente aire viciado que nos rodeaba. Le contesté más o menos que para mí la felicidad era sentirme valioso y tener un propósito en la vida.

Fred sonrió como de costumbre, aunque a veces se dejaba sin querer la dentadura postiza en los restaurantes. «La felicidad no es eso», repuso. «Para mí la felicidad es lo que me está ocurriendo ahora y no lo que me pasará en otro momento. No es el baile al que iré por la noche. Si no eres feliz en el presente, olvídate de serlo. Algunas personas dicen: "Seré feliz cuando me compre un abrigo de pieles en invierno, o un coche nuevo". Pero no sabes lo que te puede ocurrir cuando llegue ese momento. ¿Eres feliz ahora? Yo lo soy. Tengo problemas de salud, pero ya llevo muchos años arrastrándolos, son algo secundario. A veces, si me digo que mañana saldré a la calle y al día siguiente no para de llover, me quedo en casa mirando la tele y como un poco de helado, aunque no me convenga, o hago cualquier otra cosa que me guste. No me amargo la vida.»

Yo había definido la felicidad desde el punto de vista de mi edad, aún estaba buscando mi lugar en el mundo, esperaba el futuro con ilusión. Sin embargo, Fred me la describió desde la óptica de la vejez, disfrutaba de lo que tenía a su alcance en ese momento, en lugar de desearlo en el futuro. Mi definición miraba hacia delante, pero Fred gozaba del presente, porque tal vez no llegara a ver el futuro.

Fred no siempre había pensado así. Me contó que cuando era más joven creía que la felicidad era algo que debía buscar y conseguir. Esta visión le hizo cometer muchos errores en la vida, sobre todo por no estar satisfecho con lo que tenía. Nunca se casó, pero tuvo seis hijos de cuatro mujeres, y ahora solo mantenía una relación estrecha con una hija. Fred raras veces lamentaba algo, pero una tarde, después de llevar un buen rato charlando, bajó la guardia. «Me he pasado la vida picoteando de flor en flor, hasta que mi cuerpo ya no aguantó esos trotes. No fui lo bastante listo. Creía que sería una persona sana, feliz, vigorosa y todo lo demás como mínimo durante un centenar de años. Y aquí estoy ahora, atrapado, sin nadie que me cuide, y todo ha sido por mi culpa. Siempre he intuido que el destino me reservaba algo mejor.»

Fred quiso ir a la universidad para hacer la carrera de medicina, y conocía lo bastante el cuerpo humano para saber que sus problemas —diabetes, hipotensión y una infección en los dedos gordos de los pies que se resistía al tratamiento debido a la mala circulación— eran serios y que probablemente apenas mejoraría, si es que lo hacía. Pero decidió no dar vueltas a sus problemas ni frecuentar a quienes lo hacían. Evitaba sobre todo a la gente de su edad, en especial a los feligreses de su iglesia, porque tendían a hablar de sus achaques o de los problemas de salud de los demás. Sus enfermedades ya le quitaban bastante energía, me señaló, y no iba a dejar que le amargaran la vida. «Había una canción titulada "Hay un mejor día en alguna parte", supongo que todavía existe. La letra decía "No voy a parar hasta encontrarlo". Yo tengo la misma actitud respecto a las enfermedades. Espero que la mía me dure poco, y cuando me recupere y vuelva a estar en buena forma física veré la vida con más optimismo. Es como el túnel del puente de la bahía de Chesapeake. Como era imposible construir un puente tan largo, hicieron un puente y un paso subterráneo. Cuando los cruzas, recorres una parte por arriba y otra por abajo, y al final llegas a Eastern Shore. Son los días buenos y los malos. Pero, en conjunto, todos los días son buenos.»

La felicidad para Fred no requería ningún esfuerzo por su parte y le venía de una especie de paz interior. Todo cuanto tenía que hacer era recostarse y dejar que le inundara. Si era lo bastante sabio como para aceptarlo, la vida le había dado lo que necesitaba.

«Tenía un conocido que, después de cobrar uno o dos talones de la Seguridad Social, se fue de este mundo», me contó Fred. «Yo, en cambio, llevo veintitantos años cobrándolos y aquí sigo. Le doy las gracias a Dios. No intento analizarlo ni ponerme medallas, pero le doy gracias a Dios, y espero que me permita vivir hasta los ciento diez años. A esa edad diré: "Vale, le cedo el lugar a otro". Pueden incinerar mi cuerpo en vez de ocupar un sitio en el cementerio que podría ser un parque infantil. Hasta los ciento diez todavía me quedan unos años más de vida.»

Jonas Mekas también me describió la felicidad como un estado en el que vives el presente. Había sobrevivido a dos grandes incidentes, el primero cuando los soviéticos invadieron Lituania, su tierra natal. Y el segundo, cuando los nazis lo capturaron y lo enviaron a un campo de concentración en Alemania. Después de haber visto el sufrimiento causado por las pulsiones humanas, había encontrado la felicidad en las relaciones con otras personas en lugar de buscarla en las conquistas.

«Si veo o como algo que me gusta no soy feliz a no ser que lo comparta con los demás», me comentó. La última película que había hecho, sacada de su propia vida, se titulaba *Out-Takes from the Life of a Happy Man.*[8]

Mientras lo visitaba en su *loft* de Brooklyn, una antigua fábrica de zapatos, rebuscó en varios lugares hasta encontrar un ensayo que había escrito en 1974 titulado «Acerca de la felicidad». Jonas se permitía gozar de pocos lujos materiales, pero su hogar estaba repleto de todo tipo de libros, películas, *posters* y otros objetos. Dormía en una cama individual, al lado de la cocina. Y pagaba la matrícula de la universidad de su hijo vendiendo, por diez mil dólares la pieza, algunos de los *posters* promocionales que hizo para la película *My Hustler,* dirigida por Andy Warhol en 1965. «La basura que no tiré me mantiene vivo», me dijo un día. No siempre lo localizaba todo al instante, pero al final acababa encontrándolo.

En el ensayo, escrito en forma de una carta dirigida a la escritora Jane Wodening, describía algunas de las privaciones sufridas en su juventud y cómo habían influido en la visión que ahora tenía de la felicidad. El *summum* de la felicidad, escribió, era atiborrarse con el guiso lituano de patatas picantes cocinado por su hermano que le quemaba la lengua y le hacía sudar como un loco «mientras asentía con la cabeza a todo». El ensayo concluía con un plato de uvas compartido con los amigos. Después de todos sus problemas, escribió: «Este plato es mi Paraíso. No quiero nada más: ni una casa de campo, ni un coche, ni una dacha, ni un seguro de vida ni riquezas. Es este plato de uvas lo que quiero. Es este plato de uvas lo que me hace dichoso. Comérmelas y compartirlas, es lo único que deseo, esto es la felicidad, lo que me hace feliz».

Los objetos que acumulaba en su casa eran una forma de transformar el pasado en presente. Jonas estaba siempre recombi-

---

8. La traducción literal del titulo del documental sería: «Tomas descartadas de la vida de un hombre feliz». *(N. de la T.)*

nando secuencias viejas de películas y publicaba antiguos escritos. La mayoría del tiempo trocamos el futuro en presente, vivimos indirectamente de alegrías o tragedias que aún están por llegar. Para Jonas, el futuro era una ilusión, solo lo reconocía cuando se convertía en presente. «Hablar del futuro no está hecho para mí», afirmó. «Todo se encamina al futuro, pero el futuro no existe. Es lo que creamos. Nuestra responsabilidad es el presente, esto es la ética. El futuro de la humanidad, la familia o sea lo que sea, depende de lo que estamos haciendo en ese momento. Si queremos que todo nos vaya mejor en el momento siguiente, tendremos que empezar a actuar bien en este instante.»

La gente le preguntaba a menudo si era feliz, me comentó, y su respuesta era siempre la misma: «Yo no entiendo la felicidad como alguien que siempre está sonriendo y riendo. Es más bien como una felicidad interior, sentir que te has comportado bien en la vida, que no has hecho desdichado a nadie. Gozas de una especie de paz y equilibrio en ti y no estás pendiente de lo que te ocurrirá dentro de un minuto o al día siguiente. No te aferras a nada ni te preocupas, y llevas una vida equilibrada. Estoy hablando de mí mismo».

Los científicos sociales no están seguros de por qué los ancianos no son más infelices que el resto, aunque algunos sean desdichados, como cualquier otro grupo de edad. Las personas mayores sufren con especial dureza de problemas de salud extremos, del dolor y la pobreza. Incluso el deterioro físico normal les puede quitar las ganas de vivir. Sin embargo, pese a los estereotipos, la mayoría de ancianos no están enfermos ni son frágiles. Viven de manera independiente, cada vez en cantidad mayor y con mejor salud que cualquier otro grupo de edad más joven. A partir de los ochenta y cinco para arriba, solo el 11 por ciento vive en un hogar de ancianos o en otro lugar parecido, y casi las dos terceras partes afirman no tener ningún problema para cuidarse por sí solos. El índice de pobreza de los ancianos está muy por debajo del de la población general. Lo que ocurre es que los menos sanos son los que más llaman la atención, nadie recibe una subvención para remediar la felicidad de los ancianos.

«Estudiamos los problemas y no las riquezas de la vejez», afirmó Monika Ardelt, profesora adjunta de Sociología en la Universidad de Florida, una de las pocas investigadoras dedicada al estudio de la sabiduría de los mayores. «Al final de la vida tienes el libro entero ante ti. A veces las generaciones más jóvenes no quieren escuchar. Pero podemos aprender muchas cosas del último tramo de la vida. Los ancianos aún tienen cosas que decirnos, aunque solo sea cómo envejecer y morir serenamente.»

Una explicación convincente sobre el mayor grado de satisfacción de las personas mayores nos la proporciona la psicóloga Laura L. Carstensen, directora fundadora del Centro para la Longevidad de Stanford. Su hipótesis, que bautizó con el nombre de «selectividad socioemocional», se basa en que los ancianos, como saben que tienen los días contados, centran su energía en aquello que les produce placer en el momento. En cambio los jóvenes, con toda la vida por delante, buscan experiencias o conocimientos nuevos que tal vez acaben siendo o no gratificantes. Los jóvenes desean aquello que no tienen y que quizá necesiten en el futuro, mientras que los ancianos seleccionan, de entre lo que les queda, las pocas cosas que más placer les dan. Los jóvenes besan ranas esperando que se transformen en princesas. Los ancianos besan a sus nietos. «¡No te imaginas lo que cuesta que un paciente de ochenta y cinco años se inscriba en un curso de química inorgánica!», me dijo en broma Cartensen. A lo mejor los ancianos viven, literalmente, como si no hubiera un mañana.

Ahora que Carstensen tiene sesenta y pocos años, sus rasgos ovalados y su alegre talante le dan el aspecto de alguien que se ríe de sus propias bromas. Durante las tres últimas décadas se ha dedicado a estudiar los estados emocionales de los ancianos y cómo la sociedad se está adaptando a la realidad de vivir más años. Principalmente, me dijo, nuestra cultura tiene aún que lidiar con este cambio. «En nuestros estudios vemos algunas personas increíbles que están haciendo grandes cosas», me comentó. «Pero como etapa de la vida, aún no existe una orientación para atravesarla.»

El interés de Carstensen en las personas mayores le viene de un accidente de tráfico en el que estuvo a punto de perder la vida. A los veintiún años, madre de un bebé en casa y con su matrimonio haciendo aguas, se dirigía en coche con unos amigos a un concierto de Hot Tuna. El conductor iba borracho y el minibús VW en el que viajaban acabó dando vueltas de campana en un terraplén. Carstensen se fracturó el fémur. Sufrió la perforación de un pulmón y se quedó ciega temporalmente debido a una hinchazón provocada por la conmoción craneal. Los médicos temían que quizá no sobreviviera. Durante las tres semanas siguientes perdió y recuperó la conciencia de manera intermitente, y luego estuvo cuatro meses en la sala de traumatismos con la pierna colgada de un aparato ortopédico, rodeada de tres ancianas inmovilizadas por haberse roto la cadera. Observó que el personal sanitario las trataba como si fueran dolencias que hubiera que curar y no como mujeres autónomas que llevaban las riendas de su vida. Pero las ancianas veían su vida con más plenitud, con altibajos y deseos que nada tenían que ver con sus lesiones. A Cartensen le chocó hasta qué punto el sistema médico las animaba a dejar de ser conscientes de sí mismas y a entregarse a una indefensión pasiva. «Fue la primera lección que aprendí de lo que significa ser un anciano», escribió. «Nos convertimos en lo que nuestro ambiente nos anima a ser.»[9]

Se matriculó en la universidad y luego hizo un posgrado, convencida de que habría otro sistema mejor que el que había visto en la sala de traumatismos. El gran obstáculo, escribió, era «separar los problemas de la vejez de la propia vejez. Cuando una persona joven tiene una lesión, se espera de ella que la supere. En cambio, si se trata de un anciano, se le anima a aceptarla».[10]

---

9. Laura L. Carstensen, *A Long Bright Future: Happiness, Health, and Financial Security in an Age of Increased Longevity,* Public Affairs, Nueva York, 2009, p. 6.

10. Ibíd., p. 7.

¿Hasta qué punto la indefensión de algunos ancianos era un problema de la vejez, se preguntó, o el resultado de un mundo diciéndoles lo que se suponía que debían hacer? ¿Serían distintas las cosas si, en lugar de considerar la última etapa de la vida como la vejez, la veíamos como una vida longeva, un don concedido a los que eran lo bastante afortunados como para haber nacido en el siglo idóneo?

A principios de la década de 1990, Carstensen y un equipo de investigadores de la Universidad de Stanford empezaron un experimento de una década de duración para estudiar el efecto de la positividad. Equiparon a 184 participantes de dieciocho a noventa y cuatro años con buscapersonas para conectar con ellos cinco veces al día durante una semana. Les pedían que escribieran al instante con qué intensidad sentían cada una de las siguientes diecinueve emociones, tanto positivas como negativas: felicidad, alegría, satisfacción, excitación, orgullo, realización, interés, diversión, ira, tristeza, miedo, repugnancia, culpabilidad, vergüenza, humillación, ansiedad, irritación, frustración y aburrimiento. Después, repetían el experimento con los mismos sujetos al cabo de cinco y diez años.

El experimento tuvo también sus momentos incómodos. Jan Post, uno de los participantes, le dijo más tarde a un entrevistador que le había sonado el buscapersonas mientras «hacía lo que se supone que hacen los maridos y las mujeres».[11] Pero los resultados fueron sorprendentes. Las personas mayores afirmaron tener sistemáticamente tantas emociones positivas como los participantes más jóvenes, pero tenían menos emociones negativas. También tenían más emociones contrapuestas, lo cual significaba que no permitían que la frustración o la ansiedad les impidiera decir que eran felices. De manera consciente o inconsciente elegían ser felices, incluso cuando tenían razones para no serlo.

---

11. Stephen S. Hall, *Wisdom: From Philosophy to Neuroscience*, Vintage Books, Nueva York, 2011, pp. 62.

Otros experimentos matizaron[12] los descubrimientos. En uno, Carstensen y sus colegas les mostraban a los participantes una serie de imágenes y les pedían que intentaran recordar tantas como pudieran. Las personas mayores recordaron casi el doble de imágenes positivas que de negativas, en cambio, las más jóvenes recordaron por igual tanto las positivas como las negativas. Carstensen explicó esta diferencia señalando que las personas mayores tendían a recordar las imágenes que les gustaban en el momento, mientras que los participantes más jóvenes almacenaban toda la información por si la necesitaban en el futuro. En otro experimento, en el que primero les mostraban a los participantes pares de rostros y luego aparecía un punto parpadeante en el lugar donde había estado una de las caras, les pedían que pulsaran una tecla cuando apareciera el punto. Las personas mayores respondían con más rapidez cuando el punto aparecía en el lugar de una cara contenta; en cambio, las más jóvenes respondían a los semblantes contentos o tristes con la misma velocidad. Esta diferencia sugirió que las personas mayores, además de recordar mejor la información agradable, también la registraban de una forma más completa. Los investigadores, sirviéndose de imágenes por resonancia magnética funcional o IRMf, descubrieron que la amígdala de las personas mayores, el centro donde se procesan las emociones, se activaba con más intensidad cuando veían imágenes positivas que cuando eran negativas; en cambio, los cerebros más jóvenes reaccionaban a ellas por igual. En este sentido, los cerebros de los ancianos se parecen a las personas que meditan. En cambio, la amígdala de los psicópatas y de la gente con trastorno por estrés postraumático responde a los estímulos negativos activándose con gran fuerza.

Cada uno de los ancianos a los que entrevisté aplicaba esta memoria selectiva en su vida. Todos minimizaron cualquier dificultad vivida en el pasado, aunque estuvieran lidiando con el últi-

---

12. Laura L. Carstensen, «Growing Old or Living Long: Take Your Pick», *Issues in Science and Technology* 23, n.º 2, invierno del 2007.

mo capítulo. «He tenido una buena vida», me aseguraba John Sorensen cada vez que nos reuníamos. Me contó que nunca se había sentido discriminado por su sexualidad, ni siquiera por los chicos del instituto que lo llamaban «nena» porque no jugaba a béisbol. «Nunca se burlaron de mí por ello», afirmó. De los sesenta años que pasó con Walter, solo recordaba una pelea conyugal. Aunque recordara a otras personas sufriendo durante la Gran Depresión, para él la cena a base de arroz del miércoles era su comida preferida de toda la semana.

«Nunca olvidaré el día en que al entrar al salón vi a mi padre con un canario en la mano», me contó en mi segunda visita. «Y mi madre le estaba mirando fascinada, nunca olvidaré la sonrisa que vi en su rostro. Era como la de una joven enamorada. Nunca la había visto sonreír de esa forma. Fue solo un instante, porque en cuanto me vieron cambiaron de expresión. Pero es un bello recuerdo que se me ha quedado grabado en la mente.»

Constituía la réplica en el mundo real de los hallazgos experimentales de Carstensen: John recordaba solo las vivencias emocionales positivas, y no las negativas. Al igual que Fred, buscaba razones para ser feliz con los recursos que tenía a su alcance, a pesar de las dificultades que podrían haberle machacado psicológicamente. Se olvidaba de los recuerdos desagradables que solo aumentarían su dolor.

Si Carstensen estaba en lo cierto, significa que los cambios en la memoria producidos con la vejez tienen tanto efectos positivos como negativos. En lugar de anunciar otras futuras pérdidas, esas lagunas en la memoria —el nombre de un antiguo profesor que no recordamos, el final de una película que vimos el mes pasado— podrían ser una compensación adaptativa ante las pérdidas. Olvidamos y recordamos información porque lo necesitamos. Significaca que podemos llevar una vida de calidad incluso con la pérdida de memoria, una perspectiva que nunca me había planteado. Aprender a usar la pérdida de memoria como una ventaja es, por lo tanto, de lo más sensato.

3

Por qué nos volvemos más sabios con los años

«Cuando eres joven tienes más preocupaciones.»

Al principio creía que las personas mayores no se explayaban a gusto por no querer airear su descontento en los medios de comunicación. Su generación, a diferencia de la mía, no es famosa por quejarse. Pero a medida que pasaban los meses y las pautas de conducta se iban repitiendo, me di cuenta de que su memoria selectiva —recordar con viveza los buenos tiempos y olvidar los malos— les beneficiaba en la vida cotidiana. El deterioro del cuerpo era ineludible, pero al menos podían controlar su pasado y moldearlo para sentirse bien en la vejez.

«Cuando pienso en mi vida, la veo como una vida feliz», me manifestó Ruth, como si también estuviera en nuestras manos elegir haber sido felices en el pasado. Los malos tragos que recordaban eran una ventaja en el presente. ¿Acaso no habían superado la Gran Depresión o la muerte lenta y agónica de su pareja?

En nuestras conversaciones, Ruth solía hablar de los años en los que estuvo cuidando a su madre moribunda, a su esposo agonizante y a su hermana mayor —«la más lista de nosotros»—, que había muerto tras un largo deterioro causado por el alzhéimer. Esos recuerdos, en lugar de ser dolorosos, parecían evocarle tiempos más agradables. Judy, su hermana mayor, que dirige una agencia especializada en cuidar a ancianos con bajos ingresos, afirmó ver a menudo esa resiliencia en las personas mayores de las que se ocupaba. «Cualquier persona que llegue a los ochenta y cinco o a los noventa años tiene unas cualidades tremendas», afirmó Judy. «Alguien como mi madre, que perdió a su marido y a sus padres, sabe gestionar las pérdidas. No significa que le resulten menos dolorosas por ello, pero los seres humanos tenemos una gran capacidad de aguante y podemos aprender mucho de las personas mayores que han sobrevivido a todo tipo de desgracias. La vejez no tiene por qué ser bonita, pero tampoco es siempre terrible. Aunque el dinero ayuda. Y estar arropado por la familia, también. Pero conozco a ancianos que, a pesar de no tener ni una cosa ni otra, están viviendo una buena vejez.»

Una pérdida severa de memoria es horrible y es lógico temerla, pero el olvido selectivo puede ser la mejor parte de la sabiduría de la vejez. A los cuarenta y cinco años, vale la pena recordar todos los errores cometidos en nuestro matrimonio o en nuestra carrera profesional para aprender de ellos. Pero a los noventa es mejor —más sensato— olvidarlos. Los recuerdos solo nos causarán más sufrimiento. En la madurez tenemos que saber quién nos hizo una jugarreta al zanjar un trato, pero en la vejez no perdemos nada si olvidamos este desagradable incidente. La memoria selectiva también tiene un efecto acumulativo en el que los ricos se vuelven más ricos: los nietos visitarán más a una abuela que les cuente historias felices de la juventud que a otra que no haga más que lamentarse de los agravios sufridos en el pasado.

Un día que había ido a visitar a Ping Wong le pregunté si a los noventa años se arrepentía de algo. Su piso estaba siempre limpio como una patena, por modesto que fuera. Había dejado de comprarse ropa y el jersey que lucía se veía un poco desgastado en el cuello. Se ocupaba de las plantas que tenía junto a la ventana como parte de su rutina cotidiana. «Son muy importantes para mí», me aseguró. «Me gustan las flores, son buenas para mi salud.» Al oír mi pregunta sobre si lamentaba algo en su vida, sacudió la cabeza. «Es imposible. Ya no puedo volver atrás. Lo que está hecho, hecho está.»

Ping me describió su rutina diaria. Le gustaba acostarse tarde. Por la mañana se calentaba el desayuno que la cuidadora le dejaba preparado la noche anterior. Esta llegaba a las diez y le lavaba los platos. Por la mañana, Ping regaba las flores; antes iba a esa hora a una clase de ejercicio, pero últimamente prefería quedarse en casa sentada en el sillón. Después de almorzar, hacía una siesta, y a las tres iba a la planta baja para jugar al mahjong un par de horas, siempre lo hacía con las mismas tres mujeres de la provincia de Guangdong del sur de China. Me contó que un buen día para ella era cuando ganaba una partida. Cada noche hablaba con su hija por teléfono y luego bajaba a la sala de actividades de la vivienda tutelada a leer o charlar un rato. No miraba la televisión por la noche, porque cuando estaba sentada mucho tiempo le dolía la espalda, prefería leer un libro estirada en la cama antes de irse a dormir. Varios años atrás su hija le había regalado un portátil para que pudiera comunicarse por correo electrónico o por Skype con sus parientes en China, pero no sabía dónde meterlo y era demasiado pesado para llevarlo a cuestas por el piso. Probó con una tableta, pero no le funcionó, al intentar usar la pantalla táctil las manos le temblaban demasiado.

Ping se había quedado al final con un pequeño círculo de amistades y actividades, y este se había reducido más aún con la muerte reciente de una amiga íntima suya del edificio. Pero su círculo era muy selecto. Cada uno de sus miembros significaba mucho para ella. No gastaba la energía en personas que no le importaban o en actividades que no le gustaban. No tenía que hacer un trabajo que detestaba o ir a un colegio donde sus compañeros de clase le hacían la vida imposible. Ya no le preocupaba que la despidieran ni que la suspendieran en matemáticas. Su mayor preocupación era ahorrar el dinero necesario para su entierro y este asunto ya lo había resuelto. Las preocupaciones sobre el trabajo, los problemas conyugales, la mala economía, los conflictos modernos y el estrés diario solo me quitaban el sueño o me hacían infeliz a mí; para Ping y los otros ancianos, no existían. La vida era ahora mucho más llevadera, me dijo. «Cuando eres joven, tienes toda la vida por delante y no sabes lo que te pasará ni lo que ocurrirá en el mundo. A esa edad tienes más preocupaciones que la gente mayor. Pero ahora ya no me preocupa nada.»

Imagínate ser libre del futuro, es decir, de la suma de todas las cosas que probablemente no te ocurrirán menos una que sí te pasará, la de tu propia muerte. Aunque solo nos lo imaginemos por un minuto, es como si voláramos por primera vez, livianos y libres. La mayoría de nosotros vivimos con ese futuro cada día, cumpliendo con nuestras obligaciones cotidianas cargados con esta pesada mochila a nuestra espalda. Pensar como un anciano es como viajar de lo más ligero.

⠒⠒

En la década de 1980, Lars Tornstam, un sociólogo sueco,[13] se llevó una gran sorpresa al ver hasta qué punto predominaban los ancianos como Ping que, a pesar de todo lo que habían perdido, se sentían satisfechos en la vejez. Descubrió, como yo, que se les encontraba con facilidad. Cuando empezó a entrevistarlos para conocer sus vidas, le contaron que con el paso de los años sus valores también habían ido cambiando. Uno de los cambios era haberse vueltos más selectivos respecto a cómo pasaban el tiempo y con quién lo hacían. Ya no les interesaba conocer a gente en fiestas o charlar con los desconocidos. No buscaban trabar nuevas amistades o hacer contactos. Otro cambio era que ya no estaban tan centrados en sí mismos y eran más conscientes de ser parte del universo. En lugar de sentirse solos, le comentaron que valoraban gozar de tiempo en soledad para dedicarse a la contemplación. Mientras otros científicos sociales se devanaban los sesos para crear actividades nuevas con el fin de entretener a las personas

---

13. Lars Tornstam, «Maturing into Gerotranscendence», *Journal of Transpersonal Psychology* 43, n.º 2, 2011, pp. 166-180.

mayores, Tornstam acuñó la palabra «gerotrascendencia» como una forma distinta de ver la vejez: no era una etapa de deterioro, sino un punto culminante en el que uno dejaba atrás las preocupaciones materiales para centrarse en lo primordial. Los años que llevaban a la vejez, razonó, no eran más que la preparación para esta etapa de la vida.

En su encuesta realizada con sujetos de 74 a 104 años de edad, en la que les preguntaba hasta qué punto habían cambiado sus valores comparados con los que tenían a los 50, cerca de tres cuartas partes de participantes estuvieron de acuerdo con la afirmación «Ahora me interesan menos los contactos sociales superficiales», y dos terceras partes afirmaron: «Ahora prefiero disfrutar de mi mundo interior». El 81 por ciento coincidieron en que «ahora las cosas materiales me importan menos». Se habían vuelto más altruistas y aceptaban mejor que la vida tenía unos misterios que nunca resolverían. Era un descubrimiento extraordinario: en la etapa en que no se dedicaban a lo que se considera una vida en activo, como progresar en el trabajo o adquirir habilidades nuevas, seguían con todo progresando de un modo más profundo. Uno de los hallazgos más impactantes fue que los ancianos parecían vivir en el pasado y en el presente a la vez, no distinguían los recuerdos de las vivencias actuales. Rememoraban conversaciones antiguas, pedían perdón a los difuntos con los que se habían portado mal y agradecían los placeres del pasado.

Los sujetos de Tornstam eran, como es lógico, suecos y daneses arropados por la segura red social que tanta fama ha adquirido por su generosidad, pero su concepto de gerotrascendencia también ha tenido eco en Estados Unidos. Me lo presentó Monika Ardelt, de la Universidad de Florida, una científica dedicada a estudiar la sabiduría y el envejecimiento. Ardelt cree que algunas de las tendencias descubiertas en las personas mayores, como aceptar las emociones contrapuestas y moderar los sentimientos negativos, constituye una especie de sabiduría que va aumentando con los años. No se trata de genialidad ni de omnisciencia —ni tampoco de descubrir la relatividad o de resolver la crisis de Oriente Próximo—, sino de la sabiduría de la experiencia. Mozart era un genio; en cambio, nuestra madre es sabia. Al menos, la mía lo es.

Para comprobar si los ancianos son realmente más sabios, Ardelt creó un sistema de evaluación al que llamó «escala tridimensional de sabiduría», o 3D-WS, la cual determinaba la sabiduría en tres dimensiones: la cognitiva (la capacidad de entender la vida), la reflexiva (la capacidad de ver la vida desde distintos puntos de vista) y la afectiva (la sabiduría emocional). La gente tal vez había desarrollado una dimensión más que otra, pero las personas sabias usaban las tres de un modo que se reforzaban entre sí. Sirviéndose de esta escala, Ardelt descubrió que la sabiduría de la gente sabia de por sí aumentaba con los años, y que esa sabiduría se correspondía con una mayor sensación de bienestar. Los efectos eran en especial más acusados en los estudios con ancianos de residencias o de asilos, lugares donde se da un bajo grado de bienestar. Los más sabios, según la escala de Ardelt, se sentían más satisfechos con su vida, tanto como las personas de su edad que vivían de manera independiente. La sabiduría les permitía tomar mejores decisiones, tener unas expectativas más realistas y llevarse menos decepciones cuando las cosas se torcían. Los ancianos no pierden la cabeza por fortunas que nunca llegarán a gastar ni por conquistas sexuales que nunca llegarán a consumar; no viven deseando vengarse por unas ofensas de las que ya ni se acuerdan.

Cuando son conscientes de que no les quedan demasiados años de vida, tanto las personas jóvenes como las ancianas eliminan a su propia manera las distracciones superfluas de su vida, afirmó Ardelt. «Viven menos centradas en ellas mismas. Toda la energía que antes gastaban en actividades superficiales la concentran en lo esencial, en lo primordial. Los ancianos suelen aceptar que tienen los días contados y lo asumen. No les da miedo el proceso de morir. Las personas sabias aceptan mejor este proceso.»

Jonas Mekas tenía una explicación más sencilla de por qué era feliz. «Creo que es normal serlo», dijo. Elegir ser feliz era el camino de la menor resistencia, era mucho más fácil que la agitación que muchos de sus amigos se causaban a sí mismos al preocuparse por lo que aún no había ocurrido, luchando por cosas que no necesitaban, propasándose con las drogas, el alcohol o el sexo. Incluso las atrocidades sufridas en manos de los soviéticos y los nazis habían sido positivas para él, pues lo habían llevado a Nueva York y a la vida que se había creado.

«Sí, creo que contemplo la vida desde una cierta distancia», afirmó un día en su casa. «Ahora sé más cosas sobre lo que se puede cambiar, lo que siempre seguirá igual y lo que solo se puede cambiar un poco. Algunos amigos piensan: "¡Vaya, esto lo puedo yo cambiar sin ningún problema!"»

En lugar de preocuparse por lo que no podía cambiar, volcaba su energía en actividades nutritivas tanto para él como para los demás. La decisión estaba en su mano. ¿Por qué elegir lo que le haría infeliz? «No es más que una cuestión de convicciones», afirmó. «Yo elijo el arte y la belleza, por vagas que sean estas palabras, en lugar de optar por la fealdad y los horrores en los que vivimos hoy día. Contemplar una flor o escuchar música te produce un efecto positivo, en cambio estar rodeado de fealdad y horrores tiene un efecto negativo. Por eso siento que mi deber es no traicionar a los poetas, los científicos, los santos, los cantantes y los trovadores del pasado que hacían todo lo posible para que la humanidad fuera más bella. Debo continuar con su labor a mi modesta manera.»

Empezar a ser sabio a cualquier edad tal vez sea aceptar que vamos a morir —aceptarlo de verdad— y sentirnos más satisfechos con los límites en lugar de menos. La medicina moderna nos anima a considerar la muerte como una prueba que se gana o se pierde, como algo en manos de expertos vestidos con una bata blanca. Pero los ancianos nos ofrecen un punto de vista más sabio. Nadie se irá de este mundo con vida, así que vivamos mientras podamos. Si muriésemos más como nuestros antepasados, me pregunté —en casa, rodeados de los seres queridos, siendo el centro de sus atenciones—, ¿viviríamos nuestra vida procurando cultivar ese amor?

Hace dos mil años, Séneca, el filósofo estoico,[14] sostuvo: «Apreciemos y amemos la senectud, pues está llena de goces si sabemos aprovecharla... En la edad avanzada, antes de la abrupta caída de la decrepitud, es cuando más deliciosa es la vida. Incluso aquella que se bambolea en el borde del tejado tiene sus propios deleites. O, si se quiere, aquel placer sublime de no necesitar placer alguno. ¡Cuán dulce es estar hastiados de nuestras apetencias y haberlas dejado atrás!»

Carstensen cita las palabras del rabino Joshua L. Liebman que nos producen un efecto parecido: «Siento con frecuencia que la muerte no es la enemiga de la vida, sino su amiga, pues saber que nuestros años en este mundo son limitados es lo que hace que sean tan valiosos».[15] La vejez ha obligado a las personas mayores a verlo, algunas más gustosamente que otras. Pero no es necesario esperar a ser viejos para tener esta perspectiva. Solo hace falta elegir adquirirla. Tuve a seis personas dispuestas a enseñarme una forma más feliz de ver la vida, tanto la mía como la suya. No tenía nada que perder, salvo las historias que ya conocía.

---

14. Lucio Séneca, *Letters from a Stoic*, epístola xii.

15. Rabino Joshua L. Liebman, *Peace of Mind: Insights on Human Nature That Can Change Your Life*, Carol Publishing, Nueva York, 1994, pp. 106.

4

El amor en la época del Lipitor

«Nunca eres demasiado mayor para el sexo.»

La historia de Helen y Howie no dejaba de sorprenderme. Se llevaban veintiún años de diferencia, tenían distintos temperamentos y proclamaban su devoción por el otro como si fuera el mayor logro de sus años tardíos. Sin embargo, hablar con los dos a la vez era como mantener dos conversaciones simultáneamente, una con Helen y la otra con Howie. No tenían nada que ver una con otra, era de lo más surrealista. En lugar de completar las frases de su pareja, esperaban a que esta dejara de hablar y entonces se ponían a charlar de otro tema totalmente distinto. Salvo cuando no esperaban y hablaban a la vez.

Aquel invierno yo ya llevaba un año saliendo con una mujer que había conocido en el trabajo, mi primera relación desde 1980. Ella era de Kentucky y trabajaba demasiado. Necesité que alguien me empujara para decidir preguntarle si quería ir conmigo a la ópera, e incluso cuando aceptó la invitación ninguno de los dos sabía si nuestro primer encuentro era una cita. Quizá no se lo pedí con demasiada maña. En aquella época vivía en un piso enorme que no podía pagar solo, aún no me había divorciado y estaba intentando averiguar cómo debía ser el amor en la madurez. Sin duda, se inflamaba con más lentitud, pero también estaba cargado de menos expectativas. No nos peleábamos, algo nuevo para mí. Tampoco nos necesitábamos demasiado el uno al otro, o sea que, fuera lo que fuese lo que obtuviéramos, era de propina. Si me guiaba por los ancianos, me quedaban todavía treinta o cuarenta años por delante. Intenté imaginarme qué quería de una compañera, o qué tenía para ofrecerle.

«Es otra clase de amor», me dijo Helen un día en su habitación, sonriéndole de oreja a oreja a su pareja. Howie llevaba un colgante de cobre esmaltado que ella le había hecho, y Helen lucía un alfiler hecho por él. «La segunda vez es mejor», afirmó Helen. «Es una relación más estrecha. Por ejemplo, a veces, cuando a Howie no le gusta lo que miro por la tele, se va a su habitación, que está al lado de la mía, y cuando acaba el programa, le llamo y le digo: "Ven a casa". Y él me responde: "Ahora voy"».

Aunque pasaban la mayor parte de las horas de vigilia juntos y vivían solo a pocos metros de distancia, el teléfono jugaba un papel esencial en su relación. Una noche de julio, mientras miraban la tele, Helen se quedó dormida, y entonces Howie la besó en ambas mejillas y se despidió. «Le dije en la puerta: "Buenas noches, cariño, hasta mañana"», me contó él. «Luego la llamé y le dije: "Nunca he amado tanto a nadie como te amo a ti".»

Helen le pidió que me contara el accidente de tráfico que sufrió al acabar la universidad. Había cambiado el rumbo de su vida. «Howie estuvo en coma nueve semanas», me confió ella, como si estuviera pregonando los logros de su hombre. Cincuenta años más tarde, todavía construía las palabras con gran lentitud, dejando vacíos en medio. Se tomó su tiempo antes de describirme los acontecimientos de ese día de 1968. Viajaba en coche con sus amigos para asistir a un partido de baloncesto en Jackson, Tennessee. Al adelantar a un camión, chocaron de frente con otro coche que se dirigía al norte. Howie, en el asiento del copiloto, fue el que salió peor parado en la colisión. «No me preguntes por dónde salí despedido», me dijo. «¡Adivínalo! ¿Salí por el parabrisas o por la puerta?» Los médicos del hospital le practicaron una traqueotomía de urgencia para abrirle la tráquea aplastada. Howie no sabía si su lesión cerebral se debía a la fuerza del impacto o a la falta de oxígeno.

Mientras me contaba la historia, Helen le escuchó con empatía. Después me ofreció un bombón.

«Cuando llegué aquí estaba muy delgada. Pero ahora peso sesenta y pico kilos», admitió ella.

A Howie no parecía importarle. Me mostró su colgante, una estrella de David rodeada por un círculo. «Me lo ha hecho la mujer de mi vida, Helen», afirmó.

Helen le dijo que también podía comer un bombón, si quería. «Me gustan los hombres», aclaro. «Las mujeres no me atraen.» Luego, añadió girándose hacia mí: «Espero que tu novia sea una buena chica. ¿Tienes hijos? Vuelve mañana».

Hacía solo media hora que nos conocíamos. Para Helen —y pronto descubrí que su hija también era igual en este sentido—, los límites apenas existían.

Howie se quedó en silencio un rato. «Ojalá estuviéramos casados, pero no es así», dijo de repente.

Helen quiso que yo entendiera algo de Howie. «No habla demasiado», me comentó. «A veces se pasa una hora sentado a mi lado sin abrir la boca. Yo le digo: "¿Howie, estás aquí? No importa, lo estarás".»

«Dile que hiciste una carrera», le pidió ella con insistencia. Yo no fui a la universidad. Mi madre no creía que tuviera madera para estudiar».

Helen me fascinaba. Tras el fallecimiento de mi padre en 2004, mi madre nunca había mostrado interés alguno por salir con otro hombre, y todas sus amigas de la residencia estaban viudas como ella. No me la podía imaginar de otra manera. En cambio, Helen confiaba mucho en su habilidad para atraer a los hombres, sobre todo en un lugar donde había muchas más mujeres que hombres. Vestía con esmero, se maquillaba y se ponía las alhajas que su hija le regalaba. Me confesó que se quería inyectar bótox.

«Cada mañana me pinto los labios. Quiero que los residentes que esperan recibir la medicación se mueran de envidia. Siempre me arreglo mucho», admitió Helen.

Zoe, su hija, de cincuenta y nueve años, creía que su madre debería ser más generosa. Era un tema habitual en sus conversaciones. «Pero los otros residentes también tienen muy buena pinta, ¿no crees?», terció.

«No, ninguno tiene buena pinta.»

¿Cómo era posible que a algunas personas mayores ya no les interesara tener pareja en la vejez y, en cambio, para otras fuera el centro de su vida? Pasados los ochenta y cinco, solo el 27 por ciento de estadounidenses siguen casados, y menos de un 1 por ciento viven en pareja sin haber formalizado la relación. El 40 por ciento viven solos. En este grupo de edad, las mujeres doblan a los hombres. Ruth y Ping, como mi madre, afirmaban no haber pensado demasiado en un idilio tras la muerte de sus maridos. En cambio, Fred hablaba de ello constantemente, incluso iba a ver a las cajeras del supermercado de su barrio para descubrir cuál era la más guapa, pero a esa edad no estaba dispuesto a los tira y afloja de una relación, ya no era el rey de la selva. El matrimonio de Jonas terminó en 2004, y en 2007 ya salía con otra mujer. Estuvo grabando un diario en vídeo durante un año para celebrarlo, inspirado por Petrarca, el humanista del siglo catorce que se dedicó a escribirle durante un año un poema cada día a Laura de Noves, su amada. Pero la relación de Jonas había terminado, y las entradas del diario, que recopiló en su «Proyecto de 365 días», no dejaban entrever la naturaleza ni el desenlace del romance. Consideré brevemente intentar emparejar a John Sorensen con un hombre del edificio de mi madre que había perdido a la pareja con la que llevaba viviendo cincuenta y nueve años, pero ninguno de los dos estaba en forma para un nuevo capítulo.

Helen y Howie habían dado de algún modo un paso que los demás no daban o no querían dar. Tal vez pareciera un asunto de poca monta, pero era un proyecto importante y arriesgado: asumir las necesidades de la otra persona sabiendo que esas necesidades no harían más que aumentar, mientras que su capacidad para satisfacerlas no haría más que disminuir. Uno de ellos sobreviviría al otro, probablemente pronto. A Helen le preocupaba dejar a Howie solo en este mundo, pero la otra opción era más dura aún de contemplar. Mientras tanto, mantener una relación significaba adaptarse a los hábitos y las pequeñas manías del otro, y también asumir un compromiso. A veces me daba la impresión de que estaban enamorados del enamoramiento y del estatus que conllevaba. Allí estaban Howie y Helen, la *pareja* a la que todos conocían. Cuando Helen anunció en mayo que quería casarse —«tal vez en verano»—, sugirió ella, significaba otro nivel de riesgo y de compromiso.

O, al menos, eso creía yo.

«Nunca he sido demasiado mayor para nada. Nunca eres demasiado mayor para el sexo», me comentó Helen.

¿Se refería a que le interesaba?

«¡Claro!»

¿Lo habían ya hecho?

«No.»

¿Tenía ella ganas de hacerlo?

«Supongo que sí. Tenemos que esperar a que le operen de la hernia. ¡Me estás haciendo unas preguntas muy personales! Cuéntanos cómo te va con tu chica.» Cuando Zoe, la hija de Helen, sopesó la cuestión del matrimonio, las cosas solo se complicaron más aún.

❖

Helen Auerbach conoció a Bernard Moses el primer día en que fue al jardín de infancia y se casaron en 1946, cuando él se licenció del Ejército después de participar en la Segunda Guerra Mundial. Ella tenía veintidós años. «Nunca había tenido la oportunidad de salir con un chico», me comentó. «Mi marido me dijo: "Te casarás conmigo", y luego hicimos primaria, fuimos al instituto, y él se marchó al frente, y al regresar nos casamos.» Bernard trabajaba de cortador en una fábrica de ropa masculina y fumaba Lucky Strikes, y Helen se ocupaba de criar a sus tres hijos; «era la mejor madre, pero una pésima cocinera», según las palabras de su hija. Al principio trabajó en una clínica dental y más tarde en el Gap, cuando su hijo mayor ya había ido a estudiar a la universidad. Cuando su marido falleció en 2001, no le apetecía en absoluto salir con otro hombre. «Estaba demasiado ocupada pasándomelo bien. No pensé en ello. Ya no quedaba nadie de mi promoción. Todos habían fallecido», me aclaró.

En otra visita, cuando le pregunté si había conocido a alguien, me repuso: «Nadie me lo ha pedido. Y me he dicho: "Es mejor que yo también me muera"».

Howie Zeimer salió con chicas en la universidad, pero después del accidente de tráfico no había tenido una relación seria con nadie. A los sesenta, las cosas cambiaron. A esa edad conoció a Cher Thompson: «Creí que era la mujer idónea para mí», afirmó. También creyó que se llamaba Tina. Era una chica que rondaba los treinta años, pecosa, con dos ojazos color avellana y una protuberancia de boxeadora en el puente de la nariz. Contrajeron matrimonio en 2008. En 2010, cuando ella se declaró culpable[16] de haberle robado más de 100.000 dólares a Howie y a otro hombre, declaró en el tribunal: «Siento haberles causado tantas molestias a John Grant y al señor Howard Zeimer». Howie recordó que el juez se llamaba Shlomo Hagler. «Fue un hombre muy amable y considerado conmigo», apuntó.

«¡Pero qué dices!», exclamó Helen.

Helen fue la primera en ir a la residencia de ancianos. Cuando se dirigía a la tienda para comprar leche, sufrió un derrame cerebral y la encontraron inconsciente detrás de un hospital próximo a su casa, con una fractura múltiple en el brazo. Tenía ochenta y cuatro años y estaba acostumbrada a caminar dos horas diarias antes de ir a trabajar, y lo hacía a un paso tan ligero que su hija

---

16. Daniel Bates, «Gold-Digger, 27, Jailed for Fleecing Two Disabled Lonely Hearts Out of $110.000», *Daily Mail,* 23 de diciembre de 2010.

apenas podía seguirle el ritmo. «Me encantaba andar», precisó Helen. «Sobre todo cuando vivía en el condado de Rockland. En ese lugar las hojas y los árboles son preciosos, y ahora todo está lleno de flores. Lo echo de menos», se quejó. Le encantaban sus compañeras de trabajo en Gap. Pero, después del ictus y de fracturarse el brazo, de pronto fue incapaz de cuidar de sí misma.

«Tuve que rogarle que usara un andador. No quería saber nada de él», terció Zoe, su hija.

Helen no quiso ni oír hablar del tema.

«Ando con un bastón», replicó. «No podría ir con uno de esos andadores horrorosos, como los plateados. No los soporto. Parezco una jorobada.»

Después del accidente, Helen intentó vivir con su hijo pequeño, pero las peleas estallaron casi de inmediato. Cuando la conocí, los dos llevaban ya más de seis años sin hablarse. Ella me aseguró que, si se casaba algún día con Howie, no invitaría a su hijo a la boda. No creía que fuera ella la que tuviera que pedir perdón. «Cada Día de la Madre me digo: "Este año me llamará". Pero no lo hace».

En la residencia conoció a Paul, un hombre que le hizo una pulsera en el taller donde esmaltaban el cobre, y se la ofreció como gesto de cortejo. «Me la mandó con una nota: "Ven a verme a mi habitación a las siete y media de la noche"», me contó. «Yo me dije: "¿Pero qué se cree?"»

¿Y?

«Y fui», repuso. «Solíamos mirar la tele juntos. Pero un día otra chica se metió por medio y a él le gustó más ella. Le canté las cuarenta, no sabía con quién se había topado.» Helen contaba la misma historia de distintas maneras para conseguir el máximo efecto. Otro día me dijo, hablando de Paul: «Me alegro de que encontrara a otra que le gustara más que yo. Ahora está muy enfermo».

Howie llegó a la residencia cuatro meses más tarde que ella, y lo alojaron en la habitación de al lado. Helen era atractiva y además tenía un dinamismo que él no tenía. Howie me contó que se sintió enseguida atraído por ella. Pero a Helen él no le impresionó tanto.

«Al principio no me llamó la atención», reconoció ella. Helen tendía a hablar de manera exagerada, u odiaba algo o le encantaba, a veces pasaba de un tema a otro en medio de la conversación. «Estábamos sentados en la sala donde se encuentra el televisor y me pidió si podía agarrarle de la mano. Le dije que no. "Yo no hago esas cosas", le solté. "No te conozco ni tú tampoco me conoces a mí, y eres un fresco por pedírmelo".»

Pero Howie no se dio por vencido. «Me gusta su personalidad extrovertida y maravillosa», asintió él.

«¡No me dejaba ni a sol ni a sombra!», exclamó Helen. «Cada vez que volvía la cabeza, lo pillaba pegado a mis talones.»

Tuvieron la suerte de que les tocara un ala de la residencia donde la gente era muy sociable y cordial. Los residentes iban a ver a sus vecinos de la habitación de al lado con frecuencia, y los que llevaban un tiempo viviendo allí esperaban con ilusión a los recién llegados. Normalmente solo se quedaban dos años en la Residencia Hebrea; al cabo de este tiempo ya empezaban a deteriorarse, por lo que las amistades tenían que trabarse con rapidez. A Helen le sentó de maravilla ese ambiente. Su hija la visitaba con asiduidad y le llevaba comida para todo el mundo. Helen compartía la habitación con una mujer generosa que «cuidaba de mí como si yo fuera su hija», apuntó ella. «Era una señora encantadora. Cuando murió no podía parar de llorar.»

«Al principio, me gustaba la residencia. Me gustaba mucho. Pero cuando conocí a Howie, me gustó todavía más.»

A Howie, afectado aún por la muerte reciente de su madre y por la catástrofe con Cher Thompson, Helen le pareció una mujer vivaracha y atenta, a pesar de su pinta quisquillosa. «Creí que podía ser el amor de mi vida, y ha demostrado que lo es», afirmó. «Quiero ser parte de su encantadora familia, a fin de cuentas yo ya no tengo a nadie.»

Helen advirtió que Howie nunca hablaba mal de ninguno de los residentes y que necesitaba a alguien que cuidara de él. Tenía un tutor que iba a verle, pero ya no le quedaba ningún familiar con vida. Además, era un forofo de los Mets, y ella también. Odiaba a los Yankees, al igual que Helen. Al final, ella dejó que la tomara de la mano en la sala del televisor.

«A partir de entonces siempre vamos a todas partes agarrados de la mano. Me pareció un buen hombre.»

El primer beso llegó al cabo de poco. Helen dijo haber estado esperando recibirlo. Quería que fuera él quien la besara. «¡Fue delicioso!», exclamó ella.

«¿Sabes dónde nos lo dimos?», me preguntó Howie. Era una lumbrera para los detalles. «Estábamos en la sala de estar, al final del pasillo».

«Nos pillaron besándonos», confesó Helen. Siempre se alegraba de decir que había escandalizado a alguien. «Nos dijeron que parecíamos dos tortolitos.»

Después del primer beso, dijo ella, llegaron otros «de manera automática. Se convirtieron en una costumbre. *De lo más delicioso*». En aquella época Howie podía andar, pero al cabo de poco los cuidadores lo pusieron en una silla de ruedas para reducir las posibles caídas. Su relación con Helen seguía yendo viento en popa.

Cuando los conocí por primera vez, me pregunté qué ganaba Helen con la relación aparte del patente afecto que Howie le mostraba. Ella tenía más movilidad y era una conversadora más ágil. Cuando Howie tardaba demasiado en acabar una frase, Helen parecía desconectar de la situación. Y, sin embargo, la relación los sustentaba a ambos. Helen tenía a sus espaldas el conocimiento adquirido de un matrimonio de cincuenta y siete años, incluidos los trece posteriores al quíntuple *bypass* que le practicaron a su marido. Como me acababa de separar y estaba empezando a salir con una chica, me preguntaba qué sabía Helen del amor que yo ignoraba. Me ofreció un consejo práctico: «Ahorra dinero, porque todo es caro».

También estaba segura de lo que era realmente importante. Había perdido al hombre que había sido el centro de su vida desde el día en que se conocieron en el jardín de infancia, y más tarde había visto morir a amigas de la residencia y, con todo, encontró la forma de salir adelante. Cuando le pregunté qué era lo que hacía que la vida valiera la pena, me contestó sin dudarlo: «Tengo a Howie. Sé que por la noche es nuestro momento. Y me alegro de que venga a verme a esa hora. Consulto el reloj. No tendrían que llamar a la puerta para recordarnos que ha llegado la hora de que se vaya». Me comentó que en los seis años que llevaban juntos, no se habían peleado una sola vez. «¿Quieres saber por qué? Porque le parece bien todo lo que le digo. ¿Verdad, Howie? Así es. Luego te llevo a la habitación.»

A Helen le gusta llamar la atención y sabe cómo atraerla. Con frecuencia me comentaba los rifirrafes que tenía con las enfermeras. Pero de Howie recibía otra cosa, era alguien por el que podía sacrificarse. Desde que sus nietos eran adultos, nadie la había necesitado tanto como él. Un día, mientras se quejaba de las tensiones entre Zoe y Howie, por un momento puso una cara de estar perdida. Era muy raro verla así. «Dinos qué podemos hacer. Estoy buscando un camino. ¿Cómo será nuestra vida, la de Howie y la mía? En mi vida nunca he conseguido nada. Me dediqué a criar a mi hija y a mis dos hijos, y ahora uno no me habla. Pronto hará siete años. Eso es lo que he conseguido en la vida. A veces me dan esta clase de bajones. No sé por qué», me confesó.

En cambio, cuidando a Howie se sentía útil. Cuanto menos capaz era de valerse por sí mismo, más cosas podía hacer por él, y cuanto más la necesitaba, más recibía ella a cambio. Su asimetría —todo lo que los convertía en una pareja extraña y la oposición de sus hijos ante la relación— le daba a Helen una dirección y un propósito en la vida. No se estaba sacrificando por Howie, sino adoptando de nuevo el papel con el que se había sentido llena la mayor parte de su vida. A diferencia de una amante más joven que espera cambiar a su pareja, Helen no esperaba que Howie un día le diera algo más. No vivía en el futuro, esperando una situación mejor. No era esta la cuestión.

«Le cuido porque es hijo único y está solo en este mundo, y cuando su madre y su padre murieron solo me tenía a mí», me confió. «He intentado serlo todo para él. Y creo que lo estoy consiguiendo. Soy una madraza con Howie.»

En numerosos estudios, los investigadores han descubierto que la gente mayor que se siente útil cuidando de otras personas vive más años y de mejor forma, con menos discapacidades, una mayor movilidad y más resistencia al dolor artrítico. Helen no conocía esta investigación. Lo que sabía era hacer la colada. «Le lavo la ropa», me confesó un día. «La llevo al piso de abajo, donde está la lavadora. No se lo digas a mi hija. Me mataría. Y todavía no me apetece morir. Aún me quedan tres años más de vida.»

Este era el papel con el que se había identificado la mayor parte de su vida. Le gustaba la limpieza —detestaba cocinar, pero limpiar le encantaba—, así como ocuparse de sus tres hijos, había seguido los pasos de su madre. «Mi madre era una gran mujer», afirmó. «Fuera quien fuese quien trajéramos a casa, siempre tenía bastante comida para invitarle a cenar. "Siéntate a la mesa y come", le decía. Mi marido no le entusiasmaba, pero lo toleraba. Era mi mejor amiga. Trabajó sin descanso. La vi envejecer. La amaba.» Zoe me contó que Helen era igual en este sentido: «Amaba a mis amigos y odiaba a mis novios. Mis hermanos y yo siempre la invitábamos a todas las fiestas que dábamos», añadió.

Durante nuestras conversaciones a lo largo del año, en varias ocasiones Helen rompió a llorar al hablar de su madre, que murió en 1969. «Todavía sigo soñando con ella», me confesó. Sus padres habían abandonado Rusia para mudarse a un barrio apenas desarrollado, al norte de la ciudad de Nueva York, a principios del siglo veinte, equipados con una nevera y una estufa de carbón para calentar la casa. Su padre trabajaba en la industria textil, y su madre se dedicó a criar a Helen y a sus tres hermanas, todas rubias y guapas. «Éramos como cuatro gotas de agua», observó Helen.

Cuando su madre sufrió un ictus, Helen y sus hermanas se ocupa-
ron de ella. «Dormía con mi madre muchas noches. La amaba con
locura. Fue la etapa más dura de mi vida. Y siempre temía que se
muriera», me confesó.

«Cuando falleció mi madre, me sentí perdida. Lo había perdido todo», me dijo.

Para Helen, envejecer había significado ver morir a su madre
y luego perder su papel de madre. Y ahora su hija era la que la
cuidaba. «Lo siento, mamá, pero es como tener una niña que vuelve al cole», le dijo Zoe después de que Helen sufriera una caída en
su habitación. «Estoy pasando por lo que hice por mi hija, y por lo
que tú hiciste por mí. Es una situación totalmente nueva».

La caída de Helen le había mostrado hasta qué punto los papeles habían cambiado. Eran las seis de la mañana y se disponía a
ir a buscar su medicación; «quería ir temprano para no perderme
nada», puntualizó. De pronto se descubrió en el suelo, no se podía
levantar. «Estuve aporreando el suelo un montón de tiempo, pero
nadie me oía. Al final, me fui arrastrando de espaldas hasta la
puerta, la abrí y grité: "Por favor, que alguien me ayude". Y entonces trajeron una silla de ruedas, me sentaron en ella y me manda-
ron al lugar donde recibes ayuda. Fui a rehabilitación cada día.
Solo me prescribieron una semana. Zoe les cantó las cuarenta. Así
que me concedieron dos semanas más de rehabilitación.»

El nuevo papel en esta relación entre madre e hija tenía sus
beneficios, pero no era con el que Helen se había identificado durante tanto tiempo. ¿Acaso no seguía siendo la madre? Ahora le
replicaba a Zoe, como sus hijos habían hecho con ella de pequeños. «Se ocupa de mí», me contó Helen. «Me llama por teléfono
para preguntarme: "¿Has hecho hoy ejercicio?" A veces le cuento
una trola. No me gusta mentir, pero en ocasiones tengo que hacerlo. Antes de mudarme a la residencia, mi hija nunca tuvo la oportunidad de hacerlo. Pero ahora cuando viene a verme, me suelta:
"¡Vaya, mamá, te está saliendo barriga!" No tiene pelos en la lengua.» Cuando le señalé que Zoe le decía esas cosas porque la que-

ría, Helen no cedió un ápice. «Siempre le digo, "no me quieras tanto, hija. No voy a estar aquí siempre"», me contó. «¿Adónde vas a ir?», le respondía Zoe.

Ir a visitar a Helen implicaba un largo viaje en tren, y durante el trayecto de vuelta a casa solía pensar en mi matrimonio. Mi mujer y yo habíamos volcado la mayor parte de nuestra energía en criar a nuestro hijo, pero en cuanto se hizo mayor ya no supimos con qué reemplazarlo. Necesitábamos una manera nueva de estar juntos —nuevos papeles y apoyos—, pero estábamos demasiado desgastados o demasiado osificados para encontrarlos. Mientras yo lavaba los platos en el fregadero, mi mujer me sugirió como si nada que nos divorciáramos. No creo que ni siquiera me detuviera al oírla. Éramos un coche que se había quedado sin gasolina, machacado por los miles de kilómetros recorridos. Separarnos era una decisión fácil. Más que una pérdida, en ese momento sentí cansancio. La sensación de pérdida la había notado años atrás.

Terry Eagleton, el crítico cultural británico, escribe que el significado de la vida radica en aprender a mantener unas relaciones mutuamente enriquecedoras, como la de los músicos de una banda de jazz que crean espacios melódicos para los otros músicos al improvisar notas melodiosas. El amor, escribe, «significa darle a tu pareja espacio para que florezca y que ella te lo dé también a ti. La plenitud de cada uno se vuelve el terreno para la plenitud del otro. Cuando descubrimos nuestra naturaleza de este modo, sacamos nuestra mejor versión».[17] Esto es quizá un giro más ambicioso que el de la idea budista de que el amor es desearle la felicidad a tu pareja. En una ocasión usé la fórmula de Eagleton con mi mujer, sugiriéndole que nuestro matrimonio se había roto cuando dejamos de intentar ayudarnos lo máximo posible. Pero ella me dijo que no, que el problema estaba en que yo era un cretino. Normalmente tenía razón. También creía en las ecuaciones de suma

---

17. Terry Eagleton, *The Meaning of Live: A Very Short Introduction,* Oxford University Press, Oxford, 2007, p. 168.

cero. Pero Howie, pese a todas sus discapacidades, desempeñaba ese papel para Helen, y ella hacía lo mismo por él. Juntos eran más que la suma de sus partes.

Si en mi año con los ancianos iba también a vivir una historia de amor, esta era la lección que necesitaba aprender: en una relación, tomar a veces —dejar que el otro haga algo por ti, en lugar de insistir en hacerlo tú— es también una clase de dar. Lo mismo es aplicable a las amistades o las relaciones del mundo de los negocios. La generosidad auténtica incluye dejar que los demás sean generosos. Howie no tenía demasiada elección; realmente necesitaba los cuidados de Helen, pero había aún algo que aprender de la forma en que ambos aceptaban el acuerdo, tanto él como ella. En un lugar donde Helen estaba rodeada de cuidadores dispuestos a prestarle todo tipo de cuidados, Howie le daba el espacio para que hiciera cosas por él.

La vejez nos obliga en un determinado momento a aceptar la ayuda de los demás. Quizá sea duro para el ego, porque significa aceptar que ya no tenemos el mundo bajo control. Pero también les da algo valioso a los que nos ayudan. A Helen y Howie los liberaba de las matemáticas destructivas que envenenan las relaciones: el hecho de cuestionar continuamente si estamos dando demasiado o recibiendo demasiado poco a cambio. Era evidente que ellos estaban dando demasiado. No querían que fuera de otro modo.

A lo largo del año, los planes de matrimonio iban y venían una y otra vez. Zoe siempre los bloqueaba. Constituía una danza entre tres personas que se necesitaban unas a otras. Todos sabían que la residencia era la última parada para Helen y Howie. Lo que querían era llevar la mejor vida posible en el tiempo que les quedaba. Algunos de los residentes que habían conocido al llegar ya habían fallecido. Siempre que me iba me decía a mí mismo que volvería a verlos, pero no podía asegurarlo con absoluta certeza.

«Nunca reflexioné sobre la vejez», admitió Helen un día. «Pero me he hecho mayor. Noventa años son muchos. La vida pasa en un suspiro. Recuerdo que, a los trece, volvía a comer a casa cada día. Y cuando bajaba la colina, me decía: "¡Vaya, ya tengo trece años!" Y aquí estoy ahora, con noventa. Así es la vida.

«Cuando cumplí los cincuenta fue el peor día de mi vida», me confesó. «Estaba envejeciendo. Pero ahora no está tan mal, porque he conocido a Howie», añadió enviando besos hacia donde él estaba. «Y nadie me dice lo que tengo que hacer.»

El trayecto en tren de vuelta a casa desde Riverdale discurría por el sur a lo largo de la orilla este del río Hudson. Los rayos sesgados del sol de la tarde caían sobre las ventanillas o, si ya se acercaba el ocaso, centelleaban en el agua del río. Empezaba el viaje rememorando las conversaciones que habíamos mantenido varias horas antes, pero con la ventaja de poder considerarlas desde una cierta distancia. A los noventa y en una residencia, Helen se había hecho una vida más llena y con más sentido que la de las personas que yo conocía con la mitad de años. Ella era esencial para las dos personas que más le importaban en el mundo. ¿Se casarían Helen y Howie algún día? ¿Practicarían el sexo? Estas preguntas eran idóneas para crear una gran tensión narrativa, pero parecían menos importantes en su vida. Amar a Howie y a Zoe, y ser amada por ellos, significaba amar la vida que tenía y el cuerpo en el que residía, tal como eran en ese momento.

Esta parecía la mejor definición de la felicidad que se me había ocurrido. Helen había encontrado a alguien que la necesitaba, se ocupaba de sus necesidades y aceptaba el amor de Howie a cambio. Respondían a los vacíos y no a las perfecciones del otro. Cada uno prosperaba dándole a su pareja lo que necesitaba, es decir, permitiéndole florecer. No era una fórmula fácil, pero podía intentar aplicarla en mis propias relaciones. La felicidad no era algo esotérico, sino que consistía en valorar lo que ya teníamos en nuestra vida. A veces era una anciana en una residencia con la pareja postrada en una silla de ruedas, contando la misma historia por decimonovena vez.

¿Cómo se podía ser feliz? Esta era una forma de empezar a serlo. Aceptar cualquier acto de bondad que los demás nos ofrecieran y corresponderles con lo que estuviera a nuestro alcance. Deja que una amiga te compre el almuerzo y devuélvele luego el detalle con otro de valor. Te beneficiarás de los favores recibidos, pero incluso ganarás más aún de los que les hagas a los demás. No les guardes rencor a las personas que te necesitan, dales las gracias por permitirte ayudarlas. Olvídate de la obsesión de ser independiente, de todos modos es un mito. Ninguno de estos descubrimientos salió espontáneamente de mí mismo, e incluso ahora mientras los escribo me parecen demasiado fáciles. Pero en Helen y Howie los vi aplicados en acción, una y otra vez, y eso fue lo que vi, que funcionaban. No eran genios, eran personas sabias.

Los trenes no solían ir llenos en el trayecto de vuelta a casa, una zona colchón entre la residencia de ancianos y el trasiego de la terminal Grand Central, y los movimientos oscilantes envolvían la tarde en un suave capullo. El día había llegado a su fin y lo que no se había hecho, quedaría sin hacer. Si no había nadie que estuviera disponible, llamaría a mi novia para que viniera a verme, y si era un buen día, le diría que la amaba. Después de visitar a Helen y Howie y ver su manera, a la antigua usanza, de apoyarse el uno al otro, casi siempre acostumbraba a ser un buen día.

5

Por otro lado...

«No me interesaba en lo más mínimo.»

Era tentador creer, al observar a Howie y Helen, que habían dado con todo lo que querían a su edad: una segunda (o tercera, o novena) oportunidad para amar, un nuevo comienzo y un compañero con el que compartir los días y las noches. Amor romántico, sexo, camaradería, colada…, estas cosas sacan lo mejor de nosotros, sea cual sea nuestra edad. Sin ellas, los datos sugieren una historia áspera. Las personas que viven solas tienen más problemas de salud, índices más elevados de depresión, y mueren antes, y los riesgos de aislamiento social aumentan con la edad. En el pasado, la gente mayor que sobrevivía a su cónyuge podía contar con que los hijos o los parientes les harían compañía. Pero en la actualidad solo uno de cada cinco ancianos que ha sobrepasado los ochenta y cinco años vive con miembros de la familia. Mientras subía las escaleras para ir al solitario piso de Fred Jones, o viajaba en el largo trayecto en metro para visitar a Ruth Willig, esperaba ver los efectos de este aislamiento. Los gerontólogos los comparan con los de fumar.

Pero esas personas de edad avanzada volvieron a sorprenderme. A pesar de quejarse de echar en falta otras cosas de su vida, ninguno de los dos me dijo que deseara una pareja.

«¡Oh, no!», exclamó Fred cuando le pregunté sobre qué le parecía la idea de tener una pareja. «Prefiero tomármelo con calma.»

Hacía solo unos días que había cumplido ochenta y ocho, y se jactó de dos mujeres que se habían peleado por cuál de ellas celebraría el día con él. Al final no se había presentado ninguna y tuvo que celebrar su cumpleaños solo, pero no se llevó ningún chasco. A medida que envejecía, afirmó, veía que lo suyo era la vida solitaria. Sus horas le pertenecían, y no tenía que adaptarse a los hábitos o gustos de ninguna mujer. Si le apetecía estar despierto la noche entera o pasar todo el día en pijama, no había nadie a su lado para decirle que no podía hacerlo. Tras la última novia con la que vivió en 1979, se había prometido esperar cinco años antes de encontrar a otra, y luego los alargó a diez. Después, con el paso del tiempo, descubrió que le gustaba tener el piso para él solo.

«Nunca quise formar una familia», dijo. «Siempre intuí que la vida me reservaba algo mejor. Me dije, después de los cincuenta lo haré. Pero los cincuenta llegaron tan deprisa que luego me dije que a los sesenta me casaría y me asentaría. Pero los sesenta y los setenta pasaron con tanta rapidez que no lo hice. Ahora quedo con una chica de vez en cuando, tiene coche. No verme obligado a ir andando a los sitios me parece genial. Le dije: "Mira, lo único que puedo ofrecerte son mis platos favoritos, comida china". No es algo sexual, ni siquiera nos besamos románticamente. Solo le doy una palmadita en la mejilla y nada más.»

Se me ocurrió que a Fred le iría bien una pareja para compartir comidas y gastos, le daría razones para volver a ser un seductor. Era un adulador al que le gustaba que le adularan, y con frecuencia me recordaba que era conocido por su elegancia en el vestir, por ser un *bon vivant*. Aunque en mis visitas siempre estaba alegre, me preguntaba cómo se sentiría durante las largas temporadas en las que nadie iba a verle. Si tuviera una pareja, podrían asistir a los servicios religiosos o salir a pasear juntos. Y redescubrir las alegrías del sexo, significara lo que significara a esa edad. También le obligaría a seguir una rutina, la cual tal vez estabilizaría su dieta y le ayudaría a recordar tomar la medicación, los fármacos reguladores para la diabetes que le provocaba las infecciones ulcerosas en los dedos gordos de los pies. A lo mejor, el piso de una pareja estaba en un edificio con ascensor.

Fred no quería ni oír hablar del tema. «Mi hermano se enfadó conmigo. Me dijo: "¿Estás loco? Si es guapa y crees que tiene una casa, habla con ella". Pero no lo hice. Y ahora no me apetece. Si ella me pidiera: "Cariño, sal afuera a limpiar el coche", lo haría si tuviera ganas. Y si no, me negaría, y lo más probable es que ella se cabreara. Además la mayoría son demasiado viejas para mí», añadió.

Fred era un caso complicado. A menudo me pedía que le concertara una cita con «una de esas bellezas» que pensaba que yo conocía. «A lo mejor puedo convencer a alguna dama para que se venga a vivir conmigo y me deje darle una palmadita en las nalgas de vez en cuando», me dijo. Notaba que cada vez le quedaba menos espacio en su abarrotado piso, sobre todo desde que su hija estaba demasiado enferma como para visitarlo con regularidad. Pero el sexo, que había sido lo que lo había motivado durante una buena parte de su vida, había perdido su encanto, y ya no le apetecía, un efecto secundario común de la diabetes crónica. «Nunca creí que el sexo me dejara de interesar», admitió, «pero después de mi setenta y ocho cumpleaños he tenido varias oportunidades y no he hecho más que juguetear con los pechos femeninos y nada más. No me apetecía llegar más lejos. Al menos, ahora no tengo que preocuparme por si me meto en algún problema.» Cuando le pregunté qué le hacía ilusión a los ochenta y nueve años, me respondió que el sexo, pero solo de forma indirecta.

«Procuro tomar tres comidas diarias, charlar con señoras», añadió. «Irlas a visitar, quizá que vengan a verme, ir a la iglesia, y en verano contemplar plantado frente a las escaleras de la entrada de mi casa a las mujeres saliendo de trabajar. Solo quiero vivir y seguir siendo feliz. Espero que mi hermano siga llevando una buena vida. Quiero empezar a visitarle más a menudo.» En el espacio de tiempo que pasé con Fred, no pudo hacer ninguna de estas cosas.

❖

Un mito especialmente perjudicial sobre la vejez es que a esa edad la gente ya no trabaja ni practica el sexo, las dos cosas más menospreciadoras que se pueden decir de alguien en Estados Unidos. Pero ninguna tiene por qué ser verdad. El amor entre los ancianos es un tema que incomoda a mucha gente, sobre todo cuando conlleva sexo, y si los ancianos son nuestros padres, lo cual suele ocurrir, aún nos escandaliza más. Los colgajos, los huesos frágiles, la mala circulación y las crecientes lagunas de memoria no son precisamente las cualidades que se celebran en los anuncios de lencería de Victoria's Secret o en las comedias románticas. Las personas de la generación de mi madre raras veces veían a sus padres volverse a casar o tener citas en la vejez, y muchas llegaron a octogenarias o nonagenarias con experiencias románticas limitadas. Se casaron jóvenes y siguieron con su pareja. En un estudio de la Universidad de Chicago titulado «Vida social nacional, salud y proyecto de envejecer»,[18] solo una de cada cinco mujeres de setenta y cinco a ochenta y cinco años dijeron haber tenido más de dos parejas sexuales en su vida, y solo la mitad de los hombres afirmaron lo mismo. Si este grupo de edad quería ahora adoptar una nueva forma de amar que no estuviera chapada a la antigua, tendría que inventársela, sin seguir los modelos ni los consejos por los que se había estado guiando.

Los sociólogos esperan ver grandes cambios con las personas nacidas en la década de 1960, que ya participaron en una revolución sexual. Pero algunos ancianos han gozado siempre de una vigorosa vida sexual. Un estudio llevado a cabo en 2010 por los investigadores del Centro para el Fomento de la Salud Sexual de

18. Linda J. Waite, Edward O. Laumann, Aniruddha Das y L. Philip Schumm, «Sexuality: Measures of Partnerships, Practices, Attitudes, and Problems in the National Social Life, Health, and Aging Study», *Journals of Gerontology Series B: Psychological Sciences and Social Sciences* 64B, supl. 1, noviembre de 2009, pp. i56-i66.

la Universidad de Indiana[19] reveló que de un 20 a un 30 por ciento de hombres y mujeres seguían siendo sexualmente activos a los ochenta. (Sobre todo, los hombres a partir de los setenta años para arriba estaban ofreciendo más sexo oral que recibiéndolo; en cambio las mujeres no estaban haciendo demasiado ni lo uno ni lo otro, probablemente porque su pareja había fallecido.)

Pero, con la edad, el sexo puede traer nuevas complicaciones. Después de los ochenta y cinco, más de una cuarta parte de sujetos afirman tener una cierta dificultad cognitiva. El sexo con demencia plantea preguntas relacionadas con el consentimiento que solo estamos empezando a abordar, aunque cada vez haya más ancianos lo bastante longevos como para internarse en este territorio. Muchas residencias, el lugar donde suelen acabar los ancianos con demencia senil, han sido muy lentas a la hora de redactar políticas formales para sus trabajadores sobre cómo tratar a los residentes que quieren tener sexo, y mucho más aún a la hora de comunicar directrices a los residentes y a sus familias. Así es que el sexo es como la muerte: la gente lo practica, pero nadie habla del tema, al menos en público.

El lugar donde Helen y Howie viven, la Residencia Hebrea en Riverdale, es una excepción respecto a esta norma, como en muchas otras cosas. Desde la década de 1990 la residencia ha tenido la política de fomentar las relaciones íntimas entre los residentes, incluidos los que sufren alzhéimer, y también de permitir la literatura o los vídeos con un contenido sexual explícito. Las enfermeras observan los cambios de conducta que puedan indicar que un anciano es infeliz en una relación, como la pérdida de apetito (el personal también celebra ceremonias cada mes para aceptar las muertes de los residentes, algo que es incluso más inusual aún en una residencia.) Hace poco añadieron un servicio de citas llamado Citas-A o Citas de Abuelos, pero no han tenido demasiado éxito: en un recuento reciente, solo cerca de 40 de los 870 resi-

---

19. *El* gráfico aparece en www.nationalsexstudy.indiana.edu/graph.html.

dentes tenían relaciones de pareja. Muchos habían cuidado de sus cónyuges hasta el final durante un largo periodo que los había dejado agotados emocionalmente y no querían volver a pasar por lo mismo.

Ruth Willig conocía bien la experiencia. Cuando empecé a visitarla, hacía ya veintiún años que su marido había fallecido y durante ese tiempo no había salido con ningún otro hombre. Al preguntarle a qué había tenido que renunciar en la vejez, tras hacer una pausa, repuso: «Como es natural, lo más evidente es al sexo, pero esto no me preocupó demasiado. Y también me encantaba andar». Me dejó claro que echaba más de menos lo último.

Los gerontólogos se preocupan por personas como Ruth porque viven solas y deciden no participar en actividades grupales, como las que les gustaban en el pasado. «El aislamiento social mata», afirmó Donna M. Corrado, comisaria del Departamento de Nueva York para el Envejecimiento. «Las personas mayores no salen, no comen, no se toman la medicación, y mueren prematuramente.» Cuando visitaba a Ruth, ella me solía mencionar que había acabado cancelando un paseo o una clase de gimnasia que pensaba realizar. Para ella, una vida social feliz era la que llevaba en el edificio donde antes vivía.

No obstante, también es posible que los mayores, simplemente, pierdan el interés por ciertos tipos de contactos sociales a medida que acumulan años y que decidan invertir su energía en personas o en relaciones que les parecen más significativas. Ruth a veces se preocupaba por sus hijos o sus nietos, pero nunca me dijo sentirse sola. Los sociólogos lo ven como una clase de preservación: los ancianos saben que tienen los días contados y los llenan con personas que les apoyen y se olvidan de las que les agotan o les exigen cosas. En lugar de establecer contactos nuevos, dependen mucho más de los que ya tienen. Encontrar pareja no es tan importante como mantener fuertes vínculos sociales, y estos solo son valiosos si son de naturaleza positiva. Mantener una relación negativa o pasar tiempo con parientes tóxicos es tan malo para los jóvenes como para los ancianos. Como Laura Carstensen escribe: «Las relaciones negativas nos hacen más daño de lo que nos benefician las positivas».[20]

Ruth creció en el barrio de Brownsville en Brooklyn, conocido en el pasado como el Jerusalén de América, donde hay más de setenta sinagogas y residentes como Mel Brooks, Danny Kaye, Norman Podhoretz y Jerry Stiller. La calle estaba sin pavimentar, y una mujer que vivía en la misma manzana tenía una cabra. Ruth, como Helen, conoció a su marido en la niñez y nunca sintió la necesidad de salir con otros chicos. A los once años él era un amigo del barrio, procedente de una familia pobre que se negó a pedir ayuda durante la Gran Depresión. Estuvieron juntos hasta que la guerra los separó.

A diferencia de Helen, Ruth siempre planeó de antemano su educación y su carrera profesional. Era la benjamina de cuatro hermanos, la rebelde de la familia. A los dieciséis, sin que en su clase hubiera un solo chico por haberse ido todos a la guerra, se matriculó en la Universidad de Brooklyn, en aquella época gratuita, y estudió bacteriología. Durante la guerra mantuvo una relación epistolar con su futuro marido, y cuando él regresó, se casaron y se mudaron a un vecindario situado junto a la playa en Far Rockaway. Vivieron la época del auge de la posguerra, y criaron a dos hijos y dos hijas.

Cuando la conocí a los noventa y un años, Ruth estaba perdiendo movilidad debido a la obturación arterial en una pierna, pero seguía siendo intelectualmente curiosa, mantenía contactos esporádicos con las amistades que había trabado desde la muerte de su esposo y hablaba a diario con sus hijos. «Cada mañana tengo que enviarles un correo electrónico a mis cuatro hijos. Si no lo hago, me llaman para preguntarme: "¿Mamá, estás bien?" Les respondo que no se preocupen, se supone que en un

---

20. Laura Carstensen, *A Long Bright Future: Happiness, Health, and Financial Security in an Age of Increased Longevity,* PublicAffairs, Nueva York, 2009, p. 108.

lugar como este comprueban que lo estés.» Si el acceso a Internet es defectuoso, a estas alturas sabe que tiene que llamar a su hija antes de que los otros hijos empiecen a dejarse llevar por el pánico.

Ruth estaba decidida a no abandonarse en la vejez. Llevaba el pelo blanco corto y se planchaba la ropa antes de salir a la calle, pero vestía con elegancia más bien para lucir un aspecto prolijo que para ir de punta en blanco. Una blusa bien planchada era como una casa limpia, algo que podía controlar, se negaba a prescindir de ello. Tomaba ocho medicamentos, incluido un antidepresivo para los bajones anímicos ocasionales que le daban, pero en general su salud era buena. Había descubierto que si quería libros de la biblioteca se los llevaban a casa sin necesidad de ir a buscarlos personalmente a una en concreto. Cada vez que yo la visitaba estaba leyendo algo nuevo. Era su actividad preferida en lugar de hacer vida social o de apuntarse a las salidas que organizaban en la vivienda asistida.

«¿Quiero llegar a centenaria?», se dijo un día. «Pues la verdad es que no. Reconozco que me alegré al cumplir noventa años. Me pregunto de qué me moriré. Toda la gente mayor, a mi edad, decimos que queremos morirnos rápido. Pensamos en nuestros hijos. No querer ser una "carga", son las palabras que antes se decían. Pero tampoco queremos sufrir demasiado. Me digo: "¿Será de cáncer? ¿Me fallará el corazón de nuevo? ¿Caeré fulminada al suelo?" Es en eso en lo que pienso. Pero no le doy vueltas a esas cosas.»

No pensaba en lo de envejecer, me confesó, «porque si lo hiciera me deprimiría mucho».

Con Ruth podía hablar de mi madre más que con los otros ancianos. Ambas eran mujeres cultas con carrera que, a pesar de vivir en la ciudad de Nueva York, no eran demasiado urbanitas que digamos, y habían criado a sus familias fuera del centro de la ciudad. Ruth había crecido en un Brooklyn que ahora ya no existía, y mi madre, en la zona rural holandesa de Pensilvania, y había criado a sus tres hijos en Nueva Jersey. Ambas se habían entregado en cuerpo y alma a su papel de esposas, y luego de madres, y ahora no sabían dónde buscar un papel con el que se sintieran útiles. Ninguna de las dos había salido con ningún hombre tras la muerte de sus maridos.

A esas alturas de la vida, reconoció Ruth, echaba de menos que alguien la necesitara. Sus hijos ya eran mayores y sus nietos apenas la necesitaban. «¿Qué sentido tiene seguir viviendo si ya no les soy útil?», me dijo un día. Más tarde me enteré de que en invierno, cuando los días eran más cortos y el clima más inhóspito, tenía siempre el ánimo más bajo. La estación le hacía sentir su edad. Me contó que ahora la única responsabilidad que tenía era la de mandarles correos electrónicos a sus hijos para decirles que aún seguía con vida. «A lo mejor eso es lo que echo en falta», afirmó, «Si lo piensas, ahora ya no me necesita nadie. Sé que les importo. Mis hijos me quieren mucho, y lo noto. Pero, aparte de darles dinero cuando puedo, no tengo ninguna... Supongo que este es el problema de la longevidad.»

Sin embargo, me dejó claro que no quería volver a compartir su vida con ningún hombre. Su vida conyugal había girado en torno a la familia y al trabajo, y habían logrado que sus cuatro hijos fueran a la universidad. Cuando su marido llegó a la cuarta fase de un linfoma con cincuenta y pocos años, Ruth lo cuidó durante el duro tratamiento de quimioterapia, y también durante el trastorno oportunista del herpes que le causó unas tremendas ampollas en la piel. Pero los tratamientos consiguieron acabar con el cáncer y le permitieron vivir diez años más con buena salud. Fue un tiempo de más con el que no contaban. Cuando él desarrolló un cáncer pancreático en 1994, esta vez la enfermedad también se cebó con ella: Ruth tuvo un infarto en la habitación del Sloan Kettering Memorial Hospital donde estaba ingresado su marido. Él abandonó este mundo antes de finalizar el año.

Después de esa experiencia, ella se dijo: «Nunca creí que alguien me importara tanto. Nunca me imaginé amar tanto a una persona».

A lo largo de aquel año, de vez en cuando yo le preguntaba a Ruth sobre los años que había estado cuidando de otros seres queridos enfermos, aparte de su marido, ya que su madre y una hermana mayor habían tenido alzhéimer. Ruth quitó importancia a sus sacrificios diciendo: «Cuando lo haces por amor, te sale de manera natural. Judy me dice: "Mamá, no te acuerdas de lo que llegaste a hacer". Supongo que se me da bien cuidar de los demás. Pero nunca he guardado ningún rencor por ello».

A Ruth, su matrimonio le ofreció décadas de compañerismo y cuatro hijos. Se conocían desde la infancia y habían envejecido juntos. Cuando oía historias de mujeres de su edad que tenían una nueva pareja, las recompensas le parecían triviales en comparación, y los compromisos, demasiado grandes. Empezar una nueva relación, con todas las responsabilidades que entrañaba, era saltar a lo desconocido, y en su vida ya había bastante incertidumbre como para aumentarla más aún. Al poco tiempo de fallecer su marido, un amigo del templo al que iban perdió a su esposa. Las dos parejas habían salido juntas y tenían intereses en común. Cuando él la llamó y le propuso ir a comer fuera, ella notó que se sentía solo y que necesitaba estar con alguien. Pero Ruth no lo necesitaba. Estaba ocupada rehaciendo su vida, seguía conduciendo y entablando nuevas amistades en el centro cívico próximo a su casa. «Fui a comer con él, pero no pude llegar más lejos», me confesó. «No me atraía para nada la idea. Y después seguí viéndole, y él necesitaba de verdad a alguien, así que al final le dije: "Mira, tú no eres el problema", y era cierto. Es que no me apetecía salir con nadie. Nunca se me presentó ninguna otra oportunidad, pero tanto me daba. Amaba a mi marido, y nuestro matrimonio fue maravilloso. No sentía que necesitara otro hombre en mi vida. No me interesaba en lo más mínimo.»

«En cambio, otras mujeres desean tener una nueva pareja», añadió.

❖

La historia de Ruth es muy habitual. Las parejas que envejecen juntas tienden a afirmar que su matrimonio mejora con la edad. Son más tolerantes con los pequeños desacuerdos, no saltan a la menor ocasión y están más dispuestas a perdonarse tras una pelea. Pero empezar una relación nueva, sobre todo después de la muerte de una pareja con la que uno llevaba mucho tiempo, exige mucho esfuerzo. Con frecuencia, las personas mayores dicen que desean disponer de una red de contactos, alguien con quien desayunar, alguien con quien hablar sobre acontecimientos actuales y otros temas de conversación. Los que han establecido estas redes a lo largo de su vida están en mejor posición en la vejez, pero también pueden crearlas más tarde.

Una noche en la que estaba en el piso de mi madre, le pregunté por qué nunca había salido con ningún hombre tras la muerte de mi padre. Habían transcurrido casi doce años desde su fallecimiento, y a esas alturas mi madre solo era capaz de dar varios pasos sin el andador o la silla de ruedas, pero seguía tan lúcida como siempre. En una ocasión me pidió que le comprara marihuana para que le aliviase el dolor de espalda, creía que una droga ilegal sería más potente que los opioides tan fuertes que tomaba, pero el humo le irritó los pulmones, así que la marihuana —la había escondido para que la cuidadora no la descubriera— se quedó acumulando polvo, probablemente hasta el día de hoy. Charlamos sobre mi padre y sus últimos días de vida, ella los recordaba de distinta forma que yo.

La última vez que lo vi en buena forma fue en otoño de 2004, en una fiesta literaria que tuvo lugar cerca de mi casa en el East Village. Llegó en coche de Nueva Jersey con mi madre —había renunciado a conducir largas distancias después de haberse dormido al volante en un viaje a Carolina del Norte, pero seguía conduciendo trayectos cortos—, y estaba feliz de encontrarse entre mis amigos y colegas. Después regresaron a su casa, y a partir de entonces empezó a sentirse agitado por la noche, a tener episodios de sonambulismo y a decirle cosas sin sentido a mi madre. Había sufrido dos ataques al corazón y al menos un ligero derrame cerebral, y tomaba tantos medicamentos que no se podía descartar que cualquier cambio en su conducta fuera de naturaleza farmacológica. «Creo que era, simplemente, un excéntrico», apuntó mi madre. Pero, a medida que él deambulaba por la casa, ella empezó a sentir que tal vez no podría afrontar sola esa gran responsabilidad. Cuando faltaba poco para Halloween, un día mi padre se desplomó en mitad de la noche y no pudo explicar por qué se había levantado de la cama.

Cuando mi madre se planteó salir con otro hombre, reflexionó sobre las seis o siete semanas siguientes al incidente. Después de ingresarlo en un hospital; lo trasladaron a una residencia de ancianos para que hiciera rehabilitación y luego volvió a casa. Pero a los pocos días tuvieron que ingresarlo de nuevo en un segundo hospital, su estado era tan grave que había muy pocas esperanzas de que saliera con vida. Los riñones, el corazón y los pulmones le estaban fallando, cada uno aceleraba el deterioro de los otros. Este estado se conoce como iatrogenia en cascada, significa que el efecto dominó te ha fastidiado la salud. No le llegaba bastante oxígeno al cerebro y a menudo se le iba la cabeza, revivía conversaciones de su niñez en Alabama, una agradable alternativa al ambiente deprimente de la habitación del hospital. Un día me contó que el mundo se estaba volviendo un lugar mejor y que lo podía constatar en sus tres hijos. Esta fue siempre su actitud ante la vida, pero nunca la había expresado de una forma tan personal. Me gustaría decir que esas fueron sus últimas palabras, pero también recuerdo que me dijo con gran claridad, después de que yo intentara cambiarle la mascarilla de oxígeno sobre la cara: «Me voy a morir», refiriéndose a por qué seguíamos haciéndole sufrir si ya era un caso perdido.

Pero su calvario no había terminado aún. Tras debatirlo con la familia, autorizamos a los médicos para que le insertaran un tubo de ventilación por la garganta para bombear aire rico en oxígeno a los pulmones. Significaba que no podría hablar ni ingerir comida o agua por la boca. Ahora estaba inmóvil, con los ojos mirando hacia arriba y las manos atadas a los costados para evitar que se arrancara el tubo. Nos despedimos de él, cada uno a su propia manera. Al cabo quizá de uno o dos días, les pedimos arrepentidos a los médicos que le quitaran el tubo. Pero mi madre ya no se pudo desprender del recuerdo de esos últimos días ni de los remordimientos por haber autorizado que lo intubaran.

Fue lo primero que me dijo cuando le pregunté si no le apetecía salir con algún hombre. «No te imaginas lo mal que lo pasé con la muerte de tu padre. Estaba de lo más demacrado. Y sufría. A decir verdad, antes de que lo ingresaran en el hospital por última vez, me dijo que se quería morir. Y lamento haber permitido a los médicos que siguieran intentando que viviera. Pero vosotros llegasteis y dijisteis: "Queremos que se haga todo lo posible para que papá se recupere". Y no tuve la fuerza para negároslo.» Después de esa experiencia, se dijo: «No pienso pasar por lo mismo con nadie más. Ha sido una escena horrible».

Mis padres venían de unas comunidades muy unidas en las que la mayoría de sus integrantes se quedaban toda la vida, y se conocieron en el Greenwich Village, donde todo el mundo era de alguna otra parte. En la década de 1930 eran unos niños criados por unos padres que habían crecido en la primera década del siglo veinte. Hacían hincapié en la independencia, en el trabajo duro, en la frugalidad y en no llamar la atención hacia uno mismo, y otorgaban una gran importancia a «manifestar todo el potencial que llevamos dentro», como decía mi padre en cualquier conversación larga. Mi madre era hija única, la primera de su familia de Pensilvania en ir a la universidad. Mi padre se fue de Alabama para combatir en la guerra y nunca volvió allí. A ambos se les daba mejor cortar los lazos afectivos que establecerlos, unos rasgos de carácter que nos transmitieron a sus hijos. No recuerdo haberlos visto nunca abrazarse o besarse.

«Siempre he sido muy independiente en mi mente», me contó mi madre. «Voluntariosa, supongo. Temeraria. En mi matrimonio siempre sentía que nunca me sumergí de lleno en él, cuando os tuve a vosotros apenas me quedaba tiempo para hacer lo que quería, pero siempre me gustó ser independiente, y en la etapa en que trabajaba me sentía más contenta.» Cuando le pregunté si había sido feliz en su matrimonio, repuso: «Nunca pensé en ello. En un matrimonio siempre hay temporadas en la que quieres dejarlo correr. Pero tu padre y yo habíamos compartido demasiadas vivencias, demasiados años juntos como para separarnos. A cualquiera que lleve casado mucho tiempo le entran ganas de dejar a su pareja en alguna ocasión. Pero ante todo, el matrimonio es una promesa que haces y no debes romperla. Al menos, a la ligera».

Ruth se centraba en los buenos momentos de su matrimonio, sentía que cualquier otra pareja no estaría a la altura comparada con su difunto esposo; en cambio, mi madre se centraba en la tristeza que le produjeron los últimos días de vida de mi padre, una experiencia que nunca quería volver a vivir. Pero los resultados eran los mismos.

Un día, mi madre me sorprendió al hablarme de un hombre que estuvo interesado en ella. Fue a los dos años de mudarse a un piso asistido, de eso hará unos diez años, y me dejó claro que para ella no significó nada. Se llamaba Frank y era irlandés, y cuando se trasladó a la vivienda estaba tan esquelético que la ropa le iba grande por todas partes. «Tenía un aspecto terrible y pensé que nadie más se interesaría por él», me contó. «Algunas mujeres del edificio solían revolotear alrededor de cualquier residente nuevo que estuviera de buen ver, pero Frank no llamaba esta clase de atención», añadió.

«Se veía de lo más escuálido. Supongo que había estado muy enfermo. Empecé a desayunar con él y me pareció un hombre muy interesante. Era economista y tenía una titulación en Economía. Iba a crear un blog y me dijo que me enseñaría a hacer uno. No me enamoré de él. Solo era un tipo agradable con quien hablar.

Fue un alivio dejar a las mujeres con las que siempre me sentaba. No fue más que un capricho. No fue nada serio. No estaba enamorada de él.»

Pero la estancia de Frank fue muy breve. Después de desayunar durante varias semanas con él, un día desapareció de golpe, algo muy habitual en las viviendas tuteladas, donde las leyes de privacidad y tal vez el miedo a que los otros residentes se lleven un gran disgusto impiden a los empleados dar ningún tipo de explicación sobre la desaparición repentina de alguien. Mi madre se enteró por unos cotilleos de que Frank había muerto. Ni siquiera sabía si él tenía a alguien en este mundo, nunca había conocido a ningún familiar.

«Fue mi única aventura», reconoció ella. «Pero solo me gustaba como amigo.»

⠿

En la actualidad se sabe que las personas casadas viven más años. El razonamiento es convincente: las parejas se ayudan mutuamente a no saltarse los chequeos médicos, a seguir las dietas bajas en sodio y a llamar al teléfono de urgencias si uno sufre una caída, y además tienden menos a ser pobres. La compañía también es buena para el estado de ánimo, sobre todo cuando las redes sociales se empiezan a reducir. Pero cuando los psicólogos[21] Howard S. Friedman y Leslie R. Martin ahondaron más en los datos sobre el matrimonio y la longevidad, descubrieron que la historia tenía unos matices que no se apreciaban a simple vista. Era cierto que los *hombres* casados vivían más años. Pero también descubrieron que las mujeres sin pareja, que tenían más tiempo libre para ellas, eran tan longevas como las casadas. En un estudio que siguió a 1.500 californianos durante ocho décadas, Friedman y Martin descu-

---

21. *The Longevity Project: Surprising Discoveries for Health and Long Life from the Landmark Eight-Decade Study,* Hudson Street Press, Nueva York, 2011, p. 180.

brieron que «las mujeres viudas prosperaban, vivían más años que las casadas». Establecían redes sociales, cohesionaban a sus hijos, podían hacer todo aquello a lo que renunciaron cuando sus maridos estaban enfermos. Los hombres viudos, en cambio, morían antes.

Me pareció que la vida de mi madre en lugar de achicarse tras la muerte de mi padre, se estuviera ensanchando. Tenía amistades regulares por primera vez en su vida, al menos que yo supiera, y podía volcarse de lleno en sí misma. Estaba aprendiendo español, se había apuntado a clases de cerámica e iba a conciertos con sus amigas, que solo esperaban de ella compañía y nada más. Es cierto que se sentía sola, y esta no era su única carencia. Pero con Frank, el economista, tenía lo mejor de los idilios; no era una pareja estable en su vida, sino la posibilidad de un hombre con el que pasárselo bien, sin tener ninguna obligación por su parte. Tanto daba que no estuviera enamorada de él. Lo último que necesitaba era a otra persona de la que cuidar.

Ruth, Helen, Ping y John habían cuidado a sus parejas enfermas hasta el último día, un rito generacional compartido sobre todo por mujeres. A los amigos de John les preocupaba en especial cómo él saldría adelante sin Walter, si sería capaz de seguir haciendo vida social, de pagar las facturas, de tomar la medicación y de moverse por la ciudad con su visión defectuosa. Durante la crisis del sida muchos hombres gais cuidaron de sus parejas hasta presenciar muertes horrorosas, pero en la actualidad se está dando el problema de los gais mayores que llevan décadas viudos y no tienen hijos, por razones obvias.

Sin embargo, John, como Ruth y mi madre, no estaba interesado en salir con otro hombre después del fallecimiento de Walter. Seguía pensando en el sexo a todas horas y estaba colado por Hugh Grant, pero ahora el sexo solo estaba en su cabeza, afirmó. «Me sigue interesando, pero mi cuerpo ya no está para esos trotes. Siento deseo sexual todo el tiempo, pero no hay nada que hacer. Ya no me funciona. Y supongo que sueño con el sexo. Sin duda, me encantaba.» Me contó que anatómicamente estaba regresando a la niñez.

John Sorensen conoció por primera vez a Walter Caron en una fiesta el verano de 1950, cuando este llegó de Boston para visitar Nueva York. Aquella noche John le había echado el ojo a otros dos hombres, pero acabaron interesándose el uno por el otro. «No tuve suerte. Así que decidí probar con Walter», me contó. Walter tenía una atractiva piel tostada como la del actor Josh Brolin, mientras que John era más alto y de tez clara, ambicioso en su carrera como decorador. Aunque Walter le sacara un par de años, tenía muy poca experiencia en el amor. Los amigos le advirtieron que John era demasiado libertino para él. Se fueron juntos a casa de John en Washington Square, esperando tener poco más que una aventura de una noche.

«Nunca esperé que lo nuestro fuera duradero», admitió John. «No creía que pasara entre dos hombres. Pero ocurrió. A las tres semanas de salir con él, seguía viéndolo como una relación pasajera.» Un día en que Walter estaba fuera de la ciudad, a John se le presentó la oportunidad de acostarse con uno de sus antiguos amantes, pero no quiso. «"Vaya, ¿qué diantres me está pasando para que no haya aprovechado la situación?", me dije. No fue hasta un mes o dos más tarde cuando reconocí que me había enamorado de Walter. Fue una de las mejores decisiones de mi vida.» La víspera de Navidad —dos días antes de cumplir John veintinueve años— se fueron a vivir juntos y no se separaron hasta la muerte de Walter en el 2009.

Como mi matrimonio acababa de romperse, les pedía a todas las personas mayores con las que conversaba que me revelaran el secreto de una relación larga de pareja. Sus respuestas parecían siempre demasiado sencillas. «Si quieres que te funcione, asegúrate de que tengáis muchas cosas en común», me aconsejó John. «Y recuerda que no siempre estarás de acuerdo con tu pareja. A nosotros nos pasaba todo el tiempo. Pero no te lo tomes a pecho. Si no coincidís en algo, no coincidís y punto. Crecí en una casa donde mi padre era un demócrata acérrimo y mi madre, básicamente, una republicana.»

Estos consejos me parecieron muy poca cosa teniendo en cuenta los sesenta años de vida conyugal de John. Todos sabemos que debemos intentar llevarnos bien con nuestra pareja. Pero a lo largo del año, me di cuenta de lo sabia que había sido su observación. Reflexioné sobre las numerosas veces en las que me había enojado con mi mujer por caer ella repetidamente en el mismo error, pese a mis esfuerzos por evitarlo. ¿Cómo era posible que quisiera ir de vacaciones a Cape Cod si no sabía nadar ni le gustaba tomar el sol? Por no hablar de esos momentos en los que no quería tener sexo conmigo por estar volviéndose loca con su trabajo. Discutíamos sobre las mismas cosas año tras año, incluso mes tras mes, en vez de aceptar como válidas las opiniones del otro. En su lugar, esperábamos que el otro cambiara y nos enojábamos cuando no ocurría.

El consejo de John no era tan sencillo como parecía a simple vista. Cuesta una barbaridad aceptar algo en lo que no crees. John, por ejemplo, era rígido en lo referente a sus opiniones sobre el aspecto que debe tener un hogar o a cómo un tenor debe cantar un aria. Esos juicios de valor reflejaban quién era él. Pero en su relación no solo estaba dispuesto a dejarse influir por las opiniones de Walter, sino también a aceptarlas, simplemente, por venir de su pareja, aunque no coincidiera con ellas. Conozco a personas exitosas que creían tener una mentalidad abierta por estar dispuestas a escuchar opiniones contrarias a las suyas antes de rechazarlas. Pero la sabiduría, afirmaba John, radicaba en aceptarlas a pesar de no compartirlas tras haberlas escuchado.

A lo largo del año en que conversé con John, nunca se entristeció por hablar de Walter ni incluso de su muerte. Tenía problemas con la memoria a corto plazo, pero los recuerdos de Walter le venían como si nada a la mente con gran viveza. No estoy seguro de cuántos tenía, solía repetir unos pocos una y otra vez, en algunas ocasiones con las mismas palabras. Mis transcripciones de las entrevistas de principios de año se podían en buena parte intercambiar por las de finales de año. John vivía rodeado por el tierno influjo del pasado.

«¿Que si sigo llorando su muerte? Así es, lo echo mucho de menos», repuso. «A veces, al girarme en la cama, descubro que no está a mi lado, y entonces me despierto de golpe. De vez en cuando siento casi como si siguiera aquí. Un día, mientras miraba la tele, empecé a hablar con Walter del programa, y luego comprendí que se había ido. En otras ocasiones me olvido de que ya no está conmigo. Es un chico maravilloso.»

Para John, Walter siempre estaba presente, aunque aquella presencia no fuera más que una ausencia. Era posible que ahora pensara más en él que cuando su pareja vivía y no necesitaba evocarlo. Cuando Walter vivía, era un anciano, o un hombre maduro, o un joven. Pero ahora que ya no se encontraba en este mundo, era todas esas cosas a la vez con tanta viveza como John fuera capaz de recordarle. Era una historia sobre la que John tenía el control, podía cambiar cualquier parte que no encajara con la narrativa. Cuando su pareja vivía tal vez fuera aburrida o trivial, pero ahora John nunca la recordaba así.

La pérdida de John era distinta de la de mi madre o de Ruth, porque para él era como si hubiera ocurrido ayer. Nunca intentó rehacer su vida. Tampoco lo había querido: si la rehacía, la distancia entre él y Walter no haría más que aumentar. En su lugar, llenó su piso con pedazos de Walter para que nunca se fuera de verdad. Las incómodas butacas Luís XVI, la seda de damasco desgastada de los asientos, eran recuerdos de cuando John se sentaba en ellas con Walter. El sofá, desfondado, era un recuerdo abollado del día en que Walter lo encontró en una tienda de segunda mano y llamó a John desde la cabina más cercana, sabiendo que quedaría precioso cuando lo restaurara. Y en esos recuerdos John también seguía siendo tan joven y atractivo como Walter. Mientras no cambiara la decoración de su piso, la vida seguía teniendo sentido para él.

Una de las cosas que había aprendido en sus nueve décadas de vida era a consolarse a sí mismo. «Me recetaron unas pastillas para la depresión», me contó. «Pero siempre estoy de buen humor. Solo me compadezco de mí de vez en cuando, y entonces me enojo. Pero si escucho música, me siento bastante feliz. No tanto como me gustaría, pero lo máximo que podré serlo.» Recordó haber escuchado recientemente en la radio la Quinta Sinfonía de Tchaikovsky. Se la sabía de memoria, pero hacía veinte años que no la oía. Cerró los ojos, recordándola, las arrugas del estrés en sus sienes parecieron desprenderse de las frustraciones del día. «Me quedé sonriendo», dijo. «Me había olvidado de la Quinta Sinfonía y, al mismo tiempo, recordaba cada una de sus notas. Fue maravilloso volver a escucharla. La música me ayuda a no perder las ganas de vivir.»

Al cabo de un tiempo, me acostumbré a la forma de conversar de John. Recordar a Walter le hacía pensar en la música, y la música despertaba en él todo tipo de recuerdos. De este modo, Walter seguía siendo el centro de su vida, una fuerza activa. Los ojos le estaban fallando, pero Walter le ofrecía un mundo de sensaciones visuales. Un día, en el salón de su casa, tras mantener una larga conversación sobre la vida social que llevaban juntos, John me describió un lunes por la noche en la Ópera Metropolitana de Nueva York, el teatro donde iban las mujeres neoyorquinas de la alta sociedad engalanadas con sus mejores joyas y trajes de noche, y los hombres lucían fracs y pajaritas blancas. Admiró, en especial, la elegancia con la que una mujer manejaba su fragilidad y su vejez. «Había una dama llamada George Washington Kavanaugh que llevaba una diadema y un montón de pulseras», me contó. «Justo antes de que se apagaran las luces, llegaba acompañada de dos hombres sosteniéndola. Andaba con un bastón. Tras separarse de ellos, les entregaba el bastón, se enderezaba y cruzaba el pasillo sola mientras las luces se apagaban. Era mayor. Y apenas podía andar.»

Se me ocurrió que John seguía intentando también andar sin ayuda por Walter. Se negaba a usar una silla de ruedas o un andador al igual que Lady Kavanaugh se separaba de los dos hombres que la escoltaban, y entraba justo en el momento en que la función iba a empezar, para que su imagen fuera lo último que el público viera antes de que se apagaran las luces. A los noventa y uno, John sabía que pronto sería incapaz de andar por sí solo, y al menos quería dar los últimos pasos de un modo que honrara la relación que había mantenido con Walter. En sus recuerdos, Walter estaba en todo su esplendor, por lo que él también lo estaba. El amor lo conectaba con lo que había perdido, aunque no pudiera devolverle lo que más deseaba.

A lo largo del año en el que conversamos hablamos muchas veces de su propia muerte, pero John nunca dijo que esperara reunirse con Walter. A pesar de haber crecido en un hogar muy cristiano y haber sido un niño del coro, no creía en el otro mundo. «No siento que haya una vida después de la muerte», reconoció. «En realidad, espero que sea así. No me puedo imaginar viviendo eternamente. Echo de menos a Walter y ojalá pudiera reunirme con él en el otro lado, pero sé que no ocurrirá. A decir verdad, me produce incluso alivio. Todo se acaba, y me parece bien.» Esperar reencontrarse con Walter en el otro mundo significaría volver a perderlo.

A pesar de las distintas creencias religiosas de los ancianos con los que conversé, ninguno me habló de reunirse con los seres queridos. Habían visto la muerte de cerca al cuidar de sus padres enfermos y ya no tenía ningún misterio para ellos. «Cuando te mueres, te mueres y punto», me dijo Helen en más de una ocasión. Incluso Fred, que afirmaba que el cielo estaba en su propia casa, no tenía prisa por visitarlo. Prefería la vida terrenal. «Mi abuela decía: "Está bien, porque un día me iré al cielo, donde las calles están pavimentadas con oro y hay miel y leche para tomar por todas partes"», me contó. «Y yo no quería llevarle la contraria, pero pensaba que debemos intentar sacarle el máximo partido a la vida en este mundo. Más tarde oí la expresión "No ser más que pura ilusión". Mi abuela estaba soñando con una vida maravillosa en el cielo, pero en su lugar debería estar hablando de llevar una buena vida aquí abajo, en la Tierra.»

En cada caso, lo último que el amor les había ofrecido era un vislumbre de lo que significa morir, de la proximidad y la irrevocabilidad de la muerte. Sabían que correrían la misma suerte que su pareja y lo aceptaban. Ver el futuro de ese modo les arrebataba cualquier ilusión que hubieran albergado sobre sí mismos, como la de ser una persona más humana, más rica, más feliz, más atractiva, más delgada, más querida. Podían mirarse al espejo y ver quiénes eran realmente, lo único que haría el futuro era despojarles de más cosas aún.

Tal vez sea un atrevimiento de los jóvenes creer que la mejor pareja es la que aún no tienen: un desconocido que todavía no se ha presentado en su vida o una versión mejorada de su pareja actual. Favorece al futuro por encima del presente y del pasado, lo cual es natural cuando el futuro parece largo y lleno de potencial, aunque no nos ocurre tanto cuando sabemos lo que nos espera. Pero también oculta o menoscaba a la pareja que tenemos. Ruth, John y mi madre preferían las satisfacciones de las parejas que habían tenido de por vida, fueran cuales fuesen sus defectos, a las que pudieran encontrar en lo desconocido. Vivir en el pasado quizá sea una renuncia cuando necesitas dar forma al futuro, pero en la vejez es un lugar seguro donde residir. El impulso de cambiar una cosa por otra, de desear lo nuevo y lo mejor, quizá estimule el progreso de la humanidad, pero también genera un montón de insatisfacción y ansiedad. Las personas mayores dejan de hacerse daño de esta forma.

También han llegado a su manera a la esencia del amor, a lo que recibimos cuando damos sin esperar nada a cambio, en lugar de actuar esperando una recompensa. Es mucho mejor para nosotros amar incondicionalmente: aceptar las perfecciones en nuestra pareja imperfecta, reconocer que nunca cambiará, volvernos más perfectos al amar sus imperfecciones. A todos los ancianos con los que conversé les hubiera gustado recuperar a su pareja. Pero su pérdida les había permitido descubrir determinados recursos en su interior. Helen, en su relación con Howie, había descubierto lo mismo. No iban a encontrar la felicidad fuera, sino dentro de ellos, en lo que ya tenían. No dependía de Howie, de Walter, del marido de Ruth ni de mi padre. Mi felicidad conyugal, acabé descubriendo, nunca había dependido de lo que mi mujer pudiera darme, ni tampoco de lo que yo veía como sus carencias, sino que había estado todo el tiempo en mis manos, y en lo que yo le pudiera ofrecer a ella.

Tras llevar un año conversando con personas mayores por fin lo comprendí, y este hallazgo me ayudó en todas mis relaciones, no solo con la que mantenía con mi pareja, sino también con mis amigos, colegas y parientes. La satisfacción siempre había estado a mi alcance, solo tenía que reconocerla. Probablemente a ti también te ocurra lo mismo. Los ancianos te aconsejarían que la aproveches mientras puedas, en lugar de inquietarte buscando algo mejor. No les queda tiempo para ilusiones, como la de tener toda una vida por delante. Están demasiado ocupados amando como si no hubiera un mañana, porque para cualquiera de nosotros tal vez no lo haya.

6

¿Más años, menos vida?

«El día a día es bastante duro.»

El censo estadounidense no nos ofrece una imagen atractiva del tramo final de nuestra vida. A partir de los ochenta y cinco años para arriba, una de cada tres personas afirma tener problemas auditivos; el 31 por ciento tienen problemas para cuidarse solos, la mitad tienen dificultades para andar y vivir de manera independiente, y el 28 por ciento afirma tener problemas cognitivos. Tal vez estos no sean los resultados que tengamos en mente después de haber estado todos esos años alimentándonos con quinoa. Cardiopatías, cáncer, diabetes, artritis, alzhéimer y otras clases de demencias seniles, todos estos trastornos aumentan significativamente a partir de los setenta y se aceleran a cada cumpleaños celebrado. Tal vez estemos viviendo más años, pero, como Sporting Life señaló: «Dime, ¿quién puede llamar a eso vida / cuando ninguna mujer se entregará»[22] a ningún hombre que considere un anuncio de Viagra como un buen entretenimiento? Lo que se puede afirmar de los tigres con dientes de sable o de la peste bubónica es que reducen las posibilidades de desarrollar un cáncer de próstata. Al igual que ¡la tos ferina!

---

22. Sporting Life pronuncia estas palabras en la primera escena del segundo acto de «Porgy and Bess», ópera del compositor norteamericano George Gershwin. *(N. de la T.)*

En 1977 el psicólogo y epidemiólogo Ernest M. Gruenberg, de la Universidad Johns Hopkins, llamó al aumento de estas enfermedades devastadoras los «fracasos del éxito»: cuanto más nos permite el sistema sanitario sobrevivir a la vejez, más aumentan las enfermedades crónicas que nos impiden llevar una vida de calidad. Gruenberg sostuvo que debemos ver la atención sanitaria como una fuerza epidemiológica, como un patógeno que reduce los índices de mortalidad, pero que aumenta los índices de enfermedades y discapacidades. Gruenberg creía que las prioridades del sistema sanitario eran erróneas, porque intentaba alargar la vida de los pacientes en lugar de centrarse en la salud. Se invirtieron miles de dólares en investigaciones para descubrir las causas más importantes de muerte, las cuales solían actuar muy deprisa, en lugar de invertirlos en retrasar o prevenir enfermedades crónicas que no desaparecían nunca, por lo que familias enteras se vieron inmersas en el círculo de dolor que causaban. Para Gruenberg, este proceder iba en contra del juramento hipocrático de los médicos. Por ejemplo, si los pacientes con cáncer suelen morir de neumonía y se crean tratamientos para curarla, lo único que se habrá conseguido es asegurar que esos pacientes pasen más años muriendo de cáncer. En lugar de estar agonizando un día, les habremos hecho agonizar un mes, y a eso lo llamamos progreso.

«Esta forma de pensar tan perniciosa, en lugar de fomentar la salud, ha estado aumentando las enfermedades y discapacidades de los pacientes», escribió. «Ahora que se reconoce que la tecnología para salvar vidas de las últimas cuatro décadas ha superado a la tecnología para mantenernos sanos, y que los resultados netos han sido empeorar la salud de los pacientes, se deben empezar a buscar las causas evitables de las enfermedades crónicas que hemos estado alargando.»[23] Sí, la medicina nos ha ayudado a vivir más años, afirma Gruenberg. Pero estos años extra nos los ha

---

23. Ernest M. Gruenberg, «The Failures of Success», *Milbank Memorial Fund Quarterly: Health and Society*, 55, n.º 1, invierno de 1977, pp. 3-24.

dado cuando estamos demasiado débiles o enfermos como para disfrutarlos.

En parte, Gruenberg estaba reaccionando a un cambio demográfico. Yo no llegué a conocer a ninguno de mis abuelos; en cambio mi hijo conoció a tres de los suyos, y hay la remota posibilidad de que sus hijos conozcan a uno o más de sus bisabuelos (ya sabes a lo que me refiero). La distribución de la población estadounidense, que en el pasado tenía forma de pirámide —la base se componía de muchos recién nacidos y en la punta se encontraban los ancianos de sesenta y cinco años más o menos—, ahora cada vez se parece más a un rectángulo, con una menor cantidad de recién nacidos en la base y un mayor número de ancianos viviendo pasados los ochenta. Las personas de la parte superior del rectángulo sobrecargan el sistema de la atención sanitaria y de la Seguridad Social. No obstante, tener una cantidad de ancianos nunca vista también conlleva sus beneficios. Algunos son económicos. Todas estas personas mayores sanas, cultas y experimentadas pueden contribuir a la economía de formas que las generaciones anteriores no hicieron. Pero igual de importante es además la sabiduría que pueden ofrecernos. No solo sobre el pasado, sino sobre el futuro, a aquellos que un día esperamos también envejecer. Si los vemos solo como un pasivo en el balance financiero federal, estaremos desaprovechando un recurso que aún está por evaluar.

La visión de Gruenberg sobre la prolongación de la vida ha vuelto a tomar impulso recientemente a raíz de lo manifestado por el oncólogo y bioético Ezekiel Emanuel, uno de los arquitectos de la Ley de Atención Médica Asequible del gobierno de Obama. En un ensayo de gran divulgación,[24] titulado: «¿Por qué espero morirme a los 75», publicado en la revista *The Atlantic,* Emanuel, que en aquella época tenía cincuenta y siete años y gozaba de una salud envidiable, sostenía que vivir hasta la vejez «hace que muchas personas, en el caso de no sufrir alguna discapacidad, experimen-

---

24. Ezekiel J. Emanuel, «Why I Hope to Die at 75», *The Atlantic,* octubre de 2014.

temos el declive de nuestras facultades, un estado que tal vez no sea peor que la muerte, pero que nos despoja de muchas cosas. Nos arrebata la creatividad y la capacidad para contribuir en el ámbito laboral, la sociedad, el mundo... Ya no nos recuerdan como unas personas dinámicas y participativas, sino como unos ancianos débiles, ineficaces e incluso patéticos». Emanuel rechazó las encuestas que revelaban que la gente mayor era más feliz en su vida, afirma que las encuestas no reflejaban la opinión de los residentes de hogares de ancianos ni la de las personas mayores con demencia, las cuales, sin duda, no eran tan felices como se proclamaba.

El título del ensayo es un tanto engañoso, Emanuel no esperaba morirse a los setenta y cinco, solo no quería prolongar su vida con los recursos de la medicina a partir de ese punto. Así que no más exploraciones para detectar un cáncer, no más antibióticos, no más operaciones para reemplazar las válvulas cardíacas, o cirugías de *bypass*. No más vacunas para la gripe, diálisis, clases de aeróbic con plataforma ni ensaladas de kale. Si se perdía alguna de las recompensas de los años tardíos, como ver a los nietos crecer, jugar al póker con los amigos o la satisfacción de aconsejar a la siguiente generación, esas bendiciones no se debían a la abundante generosidad de la vida, sino a una compensación por la pérdida de todo cuanto hacía que la vida tuviera sentido.

El ensayo provocó una gran indignación, sobre todo por parte de los ancianos de setenta y ocho años, a los que no les gustó un ápice oír que ya era hora de que se largaran de este mundo. Pero también sacó a relucir la valiosa cuestión de que la fantasía nacional de los estadounidenses de vivir eternamente, a la que Emanuel llama el «americano inmortal», nos lleva a desaprovechar los años que nos quedan. Si sabemos que el telón empezará a bajar poco a poco pasados los setenta y cinco —o que nadie intentará detenerlo en cuanto empiece a descender—, tenderemos más a sacarle el mayor jugo a la vida en la madurez. En su práctica oncológica, Emanuel afirmó que en un momento dado todos sus pacientes describían el cáncer como lo mejor que les había pasado nunca, porque les había obligado a centrarse en lo más importante de la vida.

Esto es, realmente, lo que muchas personas ancianas hacen de manera natural y la razón esencial por la que se sienten más satisfechas y menos estresadas. La arbitraria fecha límite de Emanuel le obligó a pensar en ese momento como un anciano de setenta y cinco años, sin los inconvenientes de la vejez. Además de la vanidad del americano inmortal, existe la vanidad de querer vivir solo si podemos hacer todo lo que estamos haciendo ahora. El gerontólogo Bill Thomas[25] lo llama «la tiranía del *aún*»: insistir en que los ancianos, a diferencia del resto de colectivos, no maduran ni se desarrollan, por lo que su objetivo en la vida debe ser seguir exactamente como son o, mejor aún, volver a una etapa anterior de la vida. Thomas sostiene que las pérdidas que entraña la senectud también van unidas a ganancias, en lo que se refiere a la perspectiva de las cosas, la experiencia vital y la acumulación de placeres diarios. En lugar de fijarnos en las pérdidas o de aferrarnos desesperadamente a la idea de que *aún* seguiremos jugando al tenis o limpiando nuestra casa, podemos ver la vejez como un proceso de cambio y aprender a apreciar las recompensas a medida que las vayamos descubriendo. Las pérdidas son las que infunden una mayor sabiduría en la vida, como la de saber compensar con otras cosas la pérdida de unas capacidades sin las cuales creemos no poder vivir. Solo los californianos quieren que haga sol cada día.

⚏

Además, el deterioro de la vejez ya no es lo que era. Comparados con las generaciones anteriores, los estadounidenses alcanzan la vejez con un cuerpo en mejor estado: menos debilitado por los traba-

---

25. Bill Thomas, *Second Wind: Navigating the Passage to a Slower, Deeper, and More Connected Life,* Simon & Schuster, Nueva York, 2014, p. 130.

jos manuales, con una cantidad menor de cigarrillos y menos enfermedades calamitosas o infecciones en la vida temprana. El deterioro es, por lo tanto, más bien una relación o una negociación, un camino flexible que nos ofrece un cierto espacio para movernos, en lugar de ser un camino fijo. Las personas mayores disponen ahora de estatinas para que el corazón les siga latiendo, de operaciones de cataratas para conservar la vista, de caderas y rodillas artificiales para seguir andando y de modernos escúteres para seguir desplazándose cuando tienen las rodillas hechas polvo. Las imágenes más perfeccionadas de IRMf han revelado también que, al contrario de lo que la ciencia médica nos ha estado diciendo durante décadas, el cerebro sigue creando neuronas nuevas a lo largo de toda la vida, y que podemos aumentar nuestra cantidad de neuronas de la misma forma que podemos desarrollar los bíceps con un ejercicio regular.

Tres años más tarde de que Gruenberg diagnosticara los fracasos del éxito, James F. Fries, un reumatólogo de Stanford,[26] propuso un modelo de la vejez totalmente distinto. En lugar de los fracasos del éxito, Fries destacó los éxitos del éxito. Si bien era cierto que los cambios relacionados con la medicina y el estilo de vida no podían eliminar las enfermedades ni la fragilidad de los ancianos, al menos podían retrasar su aparición y condensar todo lo peor en el último par de años de vida. En lugar de añadir años al final de la vida, cuando todo nos está fallando, los añadimos en la mitad. Llamó a este efecto «condensación de lo malsano» y propuso métodos sencillos para fomentarlo, desde reducir la obesidad y la diabetes temprano en la vida hasta reemplazar los riñones o el hígado que no funcionan más tarde en la vida. Fries ha seguido perfeccionando la teoría y respaldándola mediante varios estudios a largo plazo, y aunque su paradigma no se haya llegado a aplicar al cien por cien, sus recetas para mejorar la vejez se han adoptado extensamente.

---

26. James F. Fries, «The Compression of Morbidity», *Milbank Quarterly* 83, n.º 4, diciembre de 2005, pp. 801-823.

En un tercer modelo de vejez denominado «equilibrio dinámico», los progresos médicos nos permiten recuperarnos de infartos o cánceres que en el pasado nos habrían matado o hecho entrar en espirales cada vez más deprimentes. Este modelo de vejez es como la metáfora de Fred del puente-túnel de la bahía de Chesapeake: lo cruzamos por arriba durante un tiempo, luego por abajo y a continuación por arriba de nuevo, hasta que al final nuestro reloj se para.

Estos modelos de vejez tienen implicaciones políticas tremendas, sobre todo dados los gastos generados por los cuidados paliativos. El tubo de ventilación que le insertaron a mi padre por la garganta le permitió vivir unos pocos días más, pero en esos días sufrió lo indecible y tuvieron muy poco valor para él, un caso clásico de los fracasos del éxito. Por otro lado, después de sufrir su primer infarto, empezó a hacer ejercicio. Salía a caminar con regularidad y tomaba la medicación para la hipertensión, y a los setenta estaba más saludable que a los sesenta, por lo que su estilo de vida seguía el modelo de la condensación de lo malsano o el del equilibrio dinámico.

Pero, tanto si en el último capítulo de nuestra existencia se da una condensación de lo malsano como una prolongación de la vida, todos acabaremos envejeciendo. Las arterias se endurecen, las articulaciones se hinchan, el cabello se cae o encanece, los riñones pierden su magia y la elasticidad de la piel se reduce. El alzhéimer, por desgracia, también tiene su propia fecha de aparición, y la medicina apenas ha sido capaz de retrasarla.

A lo largo del año fui viendo el progreso de la edad en la mayoría de las personas mayores con las que conversaba. Se volvieron más olvidadizas y menos vitales, y el cuerpo les dolía un poco más por culpa de los achaques. Las conversaciones con Ping eran más inconexas, y la fluidez de sus frases, hablara en inglés o en cantonés, se redujo de una forma muy peculiar. «Para serte sincera, a estas alturas todo me cuesta una barbaridad», me confesó un día.

Pero la pérdida cognitiva no se da de manera monolítica. Tenemos muchas clases de facultades cognitivas, y estas están regidas por distintas regiones cerebrales a las que la edad afecta de distinto modo. La memoria de trabajo —es decir, la capacidad de recordar series numéricas que acabamos de oír— se reduce, pero la memoria a largo plazo es capaz de recordar los años de la época del instituto con gran viveza. Esos recuerdos han ganado una prueba darwiniana, seguirán almacenados en el cerebro y no desaparecerán fácilmente. En la vejez procesamos la información más despacio, y apenas somos capaces de hacer varias cosas a la vez. Pero también es cierto que ya no necesitamos tanto procesar información nueva, porque no estamos explorando nuevos territorios ni intentamos dominar tecnologías nuevas. El neurobiólogo Elkhonon Goldberg, de la Universidad de Nueva York, lo llama «paradoja de la sabiduría», y señala que, de algunas formas útiles, la mente se vuelve más fuerte a medida que el cerebro envejece. «Es hora de dejar de ver el envejecimiento de la mente y del cerebro como pérdidas mentales y nada más. El envejecimiento de la mente también comporta sus propias ganancias.»[27]

Los neurocientíficos diferencian el procesamiento de la información del reconocimiento de patrones. Ambas actividades tienen lugar en distintas partes del cerebro y son muy diferentes a medida que envejecemos. Hablando en términos generales, las funciones de procesamiento se dan en la corteza y en la subcorteza, en el hemisferio derecho del cerebro. Y el reconocimiento de patrones se da en la neocorteza y el hemisferio izquierdo. Procesar la información exige mucha energía cerebral; en cambio, el reconocimiento de patrones requiere relativamente poca. A medida que envejecemos, nos dedicamos menos a lo primero y más a lo segundo. En lugar de buscar nuevas experiencias gastronómicas, que nos exigen aprendernos nuevos trayectos para llegar a los res-

---

27. Elkhonon Goldberg, *The Wisdom Paradox: How Your Mind Can Grow Stronger as Your Brain Grows Older*, Pocket Books, Nueva York, 2007, p. 18.

taurantes y procesar nuevo platos, reconocemos que los sábados es cuando más fresco es el beicon en el restaurante Chez Oeuf.

Ezekiel Emanuel lamenta que los científicos y los artistas alcancen en muy pocas ocasiones sus grandes logros cognitivos pasados los cuarenta, porque las neuronas del cerebro ya no se activan con la fuerza necesaria para dar con nuevas soluciones en campos complicados de por sí. Significa que a Emanuel a los cincuenta y siete años es muy poco probable que se le ocurran nuevas formas de conceptualizar el linfoma o el cáncer de mama. Sus viejas células corticales y subcorticales —las responsables de resolver problemas complejos— no se activan con la suficiente fuerza como para tener ideas brillantes.

Pero su percepción acerca de que todos los pacientes de cáncer le habían contado que su enfermedad les había mostrado lo que era importante en la vida no venía de un procesamiento complejo de la información, sino de la experiencia y la capacidad de reconocer patrones. Él no podría haberlo descubierto a los veinticinco años, cuando los centros de procesamiento de su cerebro estaban rindiendo al máximo, porque no había visto aún los suficientes pacientes como para reconocer la pauta. Sin embargo, esta percepción le resultó probablemente tan útil como cualquier otro avance de laboratorio; le enseñó, literalmente, cómo quería vivir y morir. La capacidad del cerebro de reconocer pautas disminuye con bastante lentitud en la vejez. Los cerebros de las personas mayores también tienen más patrones con los que trabajar, ya que a esa edad disponen de más experiencias. Si hubiéramos vivido la Gran Depresión, no nos habría desconcertado tanto la bancarrota de Lehman Brothers.

▪▪

A lo largo del año, los paseos de Helen y Ruth se hicieron menos frecuentes, a pesar de afirmar que andar era uno de sus mayores placeres en la vida. John sufrió una serie de pequeñas recaídas, y cada una le dejaba un poco más débil y frágil y más dependiente de Anne Kornblum, una sobrina de Walter, a la que consideraba una santa por ser su cuidadora. Sufrió un desgarro en el manguito de los rotadores del hombro derecho y perdió la mayor parte de la movilidad del brazo por ello, un problema que se habría solucionado con una operación sencilla si hubiera sido más joven, pero que era imposible a su edad. Cuando, tras pasarse un par de noches en vela, se cayó en la cocina, se dio cuenta de que si se volvía a caer acabaría en una residencia de ancianos, una perspectiva que temía más que la propia muerte. En octubre tuvo una infección en el tracto urinario que le obligó a tomar antibióticos, y la complicación de acordarse de tomar un medicamento más le superó: acabó tomando el primer día lo que equivalía a una dosis de tres. En la clínica especializada en urología le hicieron esperar más de una hora en la salita, y cuando le tocó el turno, le contó al urólogo que se le había pasado por la cabeza suicidarse.

«No puedo apuñalarme con mis propias manos», se quejó John.

«No creo que sea una buena idea», repuso el médico.

«Ni tampoco puedo arrojarme por la ventana, está protegida con una verja. Y además no creo que me matara, el piso donde vivo no tiene la suficiente altura. El problema es que estoy demasiado sano como para morirme.»

De vuelta a casa, después de sentarse a charlar con Anne, volvió a sacar el tema del suicidio. Anne trabaja como investigadora criminal en el US Postal Service y no es una mujer a la que se pueda manipular con estupideces. Al cabo de poco, John se olvidó de su teatral desesperación, estaba agotado. Había conseguido una vez más salir a la calle y volver a casa sano y salvo, pero ahora necesitaba reponer fuerzas.

«Hay momentos sumamente placeros. Pero el día a día es bastante duro», reconoció.

Para Fred Jones había sido el peor año de su vida. Era el pequeño de seis hermanos; sin embargo, su dieta era poco sana y tenía a sus espaldas un historial de problemas cardíacos. Había empezado el año contrayendo una infección en el pie derecho tan virulenta que le daba el aspecto de un soldado herido en combate. Para llegar hasta su apartamento tenía que subir tres pisos, viéndose obligado a detenerse en la mitad de cada planta para descansar en el rellano. A veces la pierna sana le dolía más que la infectada. «Cuando subo los escalones siento casi como si alguien me estrujara la espalda», me comentó. «Y al cabo de un rato el dolor se extiende hasta la pierna, es como si un bicho me estuviera picando en la espinilla, la rodilla, el muslo, la espalda y la parte superior del brazo. Me duele todo el cuerpo.»

A lo largo de los años se había estado diciendo que debería mudarse a otro edificio con ascensor, pero como solo pagaba trescientos dólares de alquiler al mes, siempre se las acababa apañando para seguir en ese piso un poco más. Ahora su hogar no era adecuado para su cuerpo, el barrio se había aburguesado y el precio de los alquileres se había quintuplicado incluso en las viviendas sin ascensor. A Fred no le quedaba más remedio que subir las escaleras, y al final de cada jornada, cuando se sacaba el calcetín, estaba empapado de sangre y pus. Su piso apenas le compensaba y era lo bastante listo como para verlo. «Cuando te quedas atrapado entre un alquiler barato en un lugar incómodo y un alquiler caro en un lugar mejor, te dices: "Este piso deja mucho que desear, pero ya llevo viviendo en él una pila de años", y al final siempre acabo igual», me contó. Necesitaba como agua de mayo una enfermera particular para que le ayudara a vendarse la herida y una asistenta para mantener el piso en condiciones. Pero Fred se encontraba en lo que se conoce como el agujero del dónut de la atención sanitaria. Había trabajado de funcionario y cobraba una pensión de dos mil dólares al mes, más otra prestación de la Seguridad Social de mil dólares. Pero debido a estos ingresos no tenía derecho a la ayuda económica de la asistencia social para pagar los servicios que cada vez necesitaba más, y mucho menos a una vivienda subvencionada en un edificio con ascensor. Era una situación que no podía durar, me decía yo, pero Fred no parecía desanimarse nunca. Mientras se despertara por la mañana, era otro buen día.

Un día del mes de mayo, cuando le llamé por teléfono, me salió de pronto un mensaje diciendo que la línea estaba desconectada temporalmente por petición del cliente. Llamé al hospital vinculado con su podólogo, luego a otro donde había estado ingresado el año anterior a causa de la hipotensión y más tarde al resto de hospitales de Brooklyn. Nada de nada. En ninguno había un paciente llamado Frederick Jones. ¿Fred Jones no estaba en ningún hospital de Brooklyn? La agencia que le entregaba la comida a domicilio me contó que estaba vivo, que les había llamado para cancelar el servicio y que la ley de privacidad no les permitía darme más información. Seguí llamando a los hospitales, me decía que al final aparecería en alguno. Por fin, un hospital me contestó que sí, que había un paciente llamado Frederick Jones en la unidad de geriatría.

Cuando entré en su habitación, Fred me recibió con una sonrisa y me contó que los cirujanos le habían amputado parte de los dedos gordos de los pies debido a la gangrena. La operación le producía un dolor «atroz», reconoció, pero no quería morfina porque creaba adicción. Se lo habían llevado directamente de la consulta del médico de cabecera del centro de atención primaria al servicio de urgencias del hospital, por lo que no tenía una sola muda ni su agenda telefónica. Ni siquiera pudo decirles a los amigos o a los vecinos dónde estaba. No sabía cuándo le darían el alta ni la clase de facturas que se acumularían durante su ausencia. Les había comunicado a la compañía eléctrica y a las empresas de las tarjetas de crédito que tal vez no podría pagar las facturas por un tiempo.

Procedente de otra habitación, oí a una mujer gritar: «¡No, no, por lo que más quieras, no te mueras! ¡Sabía que esto ocurriría!»

En el pasado la infección de Fred, de haber vivido lo bastante como para contraerla, se lo habría llevado a la tumba. A lo mejor, en el futuro, la diabetes, la culpable de la infección, se podría curar del todo y los médicos tendrían a pacientes como Fred subiendo los escalones de su piso de dos en dos como gazapos. Pero por ahora los problemas de Fred lo habían metido en una guerra de posiciones somática en la que lo máximo que podía esperar era lentificar el avance del enemigo. De forma lenta o rápida, la situación se le estaba yendo de las manos. El año anterior había pasado sesenta y cuatro días en el hospital, o en rehabilitación, por culpa de la hipotensión. Ahora estaba ingresado por una temporada incluso más larga. Mientras lo contemplaba al mes siguiente intentando dar unos pocos pasos, con una mueca de dolor en la cara, me pregunté cómo se las apañaría para subir las escaleras de su piso. Las piernas se le estaban atrofiando por llevar varios días sin andar. Los médicos ni siquiera parecían darse cuenta de la situación. «Me han dicho que necesitaré usar un andador. Ya tengo uno en casa. En realidad, tengo tres. Pero no podré cargar con él cuando suba y baje los tres pisos», me dijo.

Fred era el problema que le quitaba el sueño al sistema de atención sanitaria, al menos la parte que se ocupaba de pagar las facturas. Gruenberg había creado el paradigma de los «fracasos del éxito» en 1977, doce años después de que el presidente Lyndon Johnson firmara las modificaciones de la Seguridad Social que establecían que Medicare era la red de seguridad para la población económicamente vulnerable. El sistema era perfecto mientras no se topara con ancianos como Fred, enfrentados a posibilidades limitadas y a facturas ilimitadas. Después de ingresarlo en una residencia de ancianos para que hiciera rehabilitación, no le apetecía para nada irse mientras las facturas se le fueran acumulando, al contrario, en la residencia tendría cubiertas las facturas más elevadas.

Un día le pregunté en la residencia qué era lo que los jóvenes no debían saber de la vejez. La pregunta pareció desconcertarle: la vejez no era más que una etapa de la vida como cualquier otra. El hoy no era demasiado distinto del ayer, y mañana no sería demasiado distinto de hoy. «Salvo el fastidio de abrocharme la ropa, o de agacharme y dolerme la espalda cuando intento atarme los zapatos o recoger algo del suelo, o de verme el pelo blanco al mirarme al espejo, todo lo demás de la vejez no me sorprende», afirmó. «Sabes que te harás viejo y que es un proceso de la vida. Que irás acumulando años. Esta etapa no me produce una sensación distinta en especial.»

Fred, al contrario que yo, nunca dudó de que volvería a su piso. Jamás perdió el interés por el mañana ni se planteó en qué momento la vida ya no valdría la pena. La vida era la vida, fuera en la cama de una residencia de ancianos o en un *jacuzzi* lleno de billetes de cien dólares y de jóvenes estrellas de un millón de dólares. Los problemas de salud que a mí tan terribles me parecían eran para él de lo más habituales. Vivía su vida adaptándose a las circunstancias. Había crecido en Norfolk (Virginia) en medio de la pobreza, y antes de cumplir los tres años su padre ya se había ido de este mundo a causa de una perforación de apéndice. En la niñez había visto a su abuela y a su madre enfrentarse a una pobreza y un racismo que superarían con creces cualquier otra peripecia vital suya. Para Fred vivir era adaptarse a todas las pruebas de la vida. Había superado las expectativas al estudiar en la Universidad Estatal de Virginia gracias a la ley aprobada en 1944 en beneficio de los soldados estadounidenses que habían combatido en la Segunda Guerra Mundial, fue el primero de su familia en licenciarse, y además contra todo pronóstico, a los ochenta y ocho años seguía vivo y coleando.

«Ya no conozco a nadie de mi edad», me comentó. «Una buena parte de mis compañeros de trabajo han muerto. Tengo que ser realista. Como sé que no estamos en este mundo para siempre, intento disfrutar día a día. Le pido a Dios que me permita llegar hasta los ciento diez o los ciento quince años. Quizá me salga con la mía. Ignoro cómo es el cielo, pero sé que la vida en la Tierra me gusta. Y me encanta la vieja frase "El cielo es mi hogar, pero no lo añoro", quiero quedarme aquí y disfrutar de la vida.»

Nos encontrábamos en el comedor de la residencia de ancianos, Fred llevaba puesta la ropa que le habían proporcionado los cuidadores, hacía mucho que había perdido el rastro de las prendas con las que ingresó en el hospital un mes atrás. Ahora que no se lo podía teñir como de costumbre, el pelo se le estaba encaneciendo en la raíz, y alguien le había afeitado el bigote sin consultárselo. «No sé de quién será la ropa que llevo», admitió. «A lo mejor es de un difunto. Supongo que se quedan con la ropa de los antiguos residentes. Vete a saber de dónde la habrán sacado.» Para alguien como Fred, acostumbrado a vivir a su aire, el estricto programa de la residencia era una sacudida para su sistema. Comía siempre en el mismo lugar con las mismas personas. Esa mañana los cuidadores no lo habían llevado a cepillarse los dientes por haberse levantado tarde.

Como cualquier otra persona mayor, hacía lo imposible para ser el agente de su propia vida, una batalla que se volvía más dura a cada año que pasaba. Pero en lugar de quejarse por el programa estricto de la residencia, se lo tomaba con filosofía, disfrutando de los placeres de la compañía. Había trabado amistad con residentes y miembros del personal, y participaba en los oficios religiosos celebrados en la capilla del centro con su compañero de habitación, un Testigo de Jehová. El día del karaoke cantaba «I Apologize» de Billy Eckstine. En lugar de lamentarse por la pérdida de los dedos gordos del pie, esperaba con ilusión la vuelta a casa, pensando en «todo lo bueno de la vida que me estoy perdiendo», aunque significara subir doblado de dolor las escaleras de un piso que estaba hecho un desastre. «Parece un basurero, pero me he acostumbrado a vivir en él», afirmó. Me fui de la residencia cargado de ganas de vivir.

Para Fred sus últimos años de vida no eran tan buenos como cuando era más joven, pero solo en el sentido de que una bolsa pequeña de patatas fritas no era tan fabulosa como una grande. Aunque seguían siendo patatas fritas. Y además, ¿qué otra cosa podía hacer con su tiempo sino vivirlo? La otra opción era la muerte, que equivalía a quedarte sin patatas fritas. «Mi momento preferido del día es cuando me despierto por la mañana y le doy las gracias a Dios por haberme concedido un día más», me contó esbozando una gran sonrisa mientras pronunciaba estas palabras. «Este es mi momento preferido».

❖

La vejez no está hecha para cobardes, dicen que afirmó Bette Davis. Pero es un error. La vejez está hecha para cobardes; a decir verdad, es buena prácticamente para todo el mundo gracias a los progresos de la medicina y la higiene moderna. Tanto si su ataque contra el cuerpo es comprimido como prolongado, en algún momento de la vida el cuerpo de cualquier persona que viva muchos años habrá envejecido.

Pero ¿qué es la vejez? Hasta cierto punto la hemos convertido en un veredicto, en algo que les acontece a los que no tuvieron la sensatez de hacer yoga antes de que fuera demasiado tarde, es decir, a los veinte más o menos. Significa que la vejez es un concepto definido en buena parte por los que nunca la han vivido. Los que se encuentran en la mitad de la tercera parte de la vida, etapa descrita interesadamente como la flor y nata de la vida, se las han ingeniado para tachar la perspectiva de los más jóvenes de «locura juvenil» y la de los ancianos de «charla senil».

Mi relación con mi madre ilustra lo distinta que es la visión de la vejez de los mayores de la de sus hijos. Se negaba a hacer ejercicio o a adelgazar, aunque esto fuera lo único que le aliviara de forma duradera el dolor de espalda crónico. Afirmaba que la terapia física no era más que una «moda». Aunque en su edificio tutelado hubiera una piscina cubierta, no nadaba por el doloroso calvario de ponerse el bañador. Las clases de taichí, a las 10 de la mañana, le parecían demasiado temprano. A medida que su dolor en la espalda y las piernas empeoraba, mis hermanos y yo la disuadimos de comprarse una silla de ruedas motorizada. Cuando dejara de andar, sostuve, sus pulmones dejarían de trabajar, y la falta de ejercicio le pasaría factura en todo el cuerpo.

Pero andaba errado. La silla de ruedas la liberó y le permitió ir a museos y obras de teatro, y beneficiarse a menudo de descuentos. Fue toda una lección de aceptación y adaptación. En una cultura que nos está diciendo constantemente que superemos nuestras limitaciones, a veces es más productivo encontrar la manera de vivir con ellas. Para las personas que andan escasas de tiempo, las soluciones a corto plazo —o la aceptación— son a veces lo mejor. Y a nadie le sobra el tiempo, la única diferencia es que los ancianos lo entienden de una forma más visceral.

Durante mis visitas a lo largo del año, Helen renunció al bastón para usar un andador, pero no se veía como si estuviera al borde de caer en picado; los que estaban en esta posición eran los ancianos con demencia senil de las residencias. Nunca quiso ser una de ellos. Ruth tampoco caminaba tan ligera como antes, pero se sentía satisfecha por no estar postrada en una silla de ruedas o perder las facultades mentales. La vida merecía la pena. Fred estaba deseando despertarse a la mañana siguiente, siendo un día más viejo y más frágil, pero conservando su identidad. Salvo John, todos parecían volver a trazar la línea entre lo aceptable y lo desmesurado, empujándola más allá del grado de minusvalía. Los problemas de salud que a mí me parecían demoledores no eran para ellos sino parte del progreso de la vida pasados los ochenta y cinco, lo peor siempre se encontraba a un paso más abajo del camino.

En lugar de idealizar su lado más joven, cada uno se centraba en aquello que más reflejaba quiénes eran, es decir, en lo que les hacía ser más ellos mismos. Para Jonas era crear arte, para Helen era Howie. Ruth, que detestaba haber tenido que dejar su antiguo hogar, había estrechado los lazos con sus hijos y su clan familiar, y había aprendido a manejar el correo electrónico y Facebook para estar al día. John rememoraba los recuerdos de Walter, y Ping seguía jugando al dominó chino con su entrañable grupo. Para Fred cada día era un regalo, cada momento una oportunidad para ser feliz. «Es como el partido [televisado] de ayer noche», me sugirió.

«Por unos minutos no pensé más que en el partido. Pegué un montón de brincos. Me alegro de no tener una esposa a mi lado pensando que estoy mal de la cabeza por pegar esos saltos en la cama. Por el momento, eso es la felicidad para mí. Creo que la tristeza es cuando estás ensimismado en un revés que te ha ocurrido.»

Al principio, estas compensaciones parecían muy poca cosa comparadas con aquello a lo que habían renunciado. Pero a lo largo del año aprendí que eran lo bastante jugosas como para llenar su vida. No habían podido elegir las condiciones en las que estaba su cuerpo, nadie puede hacerlo a ninguna edad. No se veían como la suma de sus discapacidades, sino como la suma de sus estrategias por vivir con ellas. Recordé los últimos días de vida de mi padre, en la deprimente habitación de un hospital de Newark, conectado a unas máquinas que le prolongaban la vida. Esa clase de vida no valía la pena, ni nadie la desearía. Pero en su cabeza se dedicó a recordar capítulos agradables de su existencia que nunca antes había compartido, tal vez por no necesitarlo cuando estaba sano. Empecé a ver que los ancianos con los que conversaba, además de haber aprendido a prepararse para la muerte, habían descubierto una receta para ser felices a cualquier edad.

Mis visitas se convirtieron más bien en seminarios sobre la vida que sobre la vejez. Las dificultades de mi vida, como mi divorcio y la rotura de un ligamento del pie que me obligó a llevar una bota ortopédica, ya no me afectaban como antes. Las visitas que le hacía a mi madre también se volvieron más agradables y estimulantes. Cada una de las personas mayores con las que conversé me enseñó una lección distinta. De Fred aprendí el poder del agradecimiento; de Ping, a elegir ser feliz; de John, a aceptar la muerte; de Helen, a aprender a amar y a que te necesiten; de Jonas, a vivir con un propósito en la vida, y de Ruth, a sustentar a tu gente. Durante siglos las sociedades han dependido de los mayores para hacer suyas estas lecciones y otras más. Solo es en los tiempos modernos cuando no escuchamos esta sabiduría. Yo no estaba radiante por explorar nuevos horizontes, sino por redescubrir antiguas conexiones. Mi gran alegría me venía de lo feliz que me hacían las lecciones, ojalá las hubiera aprendido antes.

SEGUNDA PARTE

Las lecciones

7

Las lecciones de Fred

**«Digo: gracias, Señor, por concederme otro día,
voy camino de los 110.»**

Mi propósito es vivir, ser feliz, disfrutar de la vida, conversar.
Pasármelo bien con los amigos. Ir a misa los domingos. Haz
vida social, sal a comer fuera de vez en cuando. Y los días te
pasarán volando.

Frederick Jones, ochenta y ocho años

Las visitas que le hacía a Fred siempre eran pedagógicas. Me
contaba su deseo de ir al Red Lobster, el restaurante donde solía
antes llevar a sus citas, y que evitaba pasar por una calle cercana
por haber una funeraria. Me dijo que a una de sus antiguas novias le «encantaban los pirulís» y me mostró cuadernos de notas
llenos de letras de canciones o de palabras sabias escritas a mano
que quería recordar. El precio de las corbatas de seda en
Bloomingdale's, bailar en el Salón de Baile del Savoy de Harlem
los domingos por la tarde; el pasado de Fred era una caja de
bombones que nunca se cansaba de picotear. Un día encontró un

gran sobre lleno de medicamentos caducados. No se acordaba de si los había sustituido por otros o si se había olvidado de tomárselos.

«Escucha esto», me dijo hojeando uno de los cuadernos de notas. «"No dejes que el entorno te limite la visión"». Es de Joel Osteen.» Fred veía a ese telepredicador cada domingo, sobre todo desde que había dejado de ir a misa. Admiraba la mata de pelo de Joel y su guapa esposa. Hizo una pausa para considerar las palabras y luego las releyó en voz alta. El siguiente aforismo no sabía de quién era: «El sacrificio es el mayor acto de amor», leyó.

¿Estaba de acuerdo con ello?, le pregunté.

«Depende de la envergadura del sacrificio», repuso sin necesidad de guiñarme el ojo. Conocía bien la vena bromista de Fred.

El 29 de mayo le amputaron parcialmente los dedos gordos de los pies, el 8 de junio lo transfirieron a la residencia de ancianos para que hiciera rehabilitación y a mediados de agosto le comunicaron que se preparara porque lo darían de alta. En medio del vacío de información que hay en la vida de un paciente, sintió como si se lo estuvieran sacando de encima por razones económicas. «La compañía de seguros del Plan de Salud llamó a la residencia para comunicarles que ya llevaba allí tiempo de sobra y que no les iban a seguir pagando la estancia», me comentó. Le había ocurrido lo mismo en otra residencia ocho meses atrás. «Ahora o la pago de mi bolsillo o se lo pido a Medicaid, y como no me lo concederá por mis ingresos, tendré que largarme de aquí.» El 28 de agosto, después de haber estado tres meses fuera, regresó a casa.

A los cuatro días de volver a su piso ya se sentía agotado, tenía náuseas y el cuerpo le dolía mucho, se quejó de que lo habían dado de alta demasiado pronto. En la hoja del alta, ponía:

El señor Jones se levanta solo de la cama, pasa de la silla de ruedas a la cama por sí mismo y se desplaza con un andador. El señor Jones necesitará que le vigilen mientras se ducha. Necesita ayuda para prepararse la comida, limpiar la casa y hacer la colada. Va al lavabo y se viste solo. Seguirá realizando actividades recreativas diarias tras ser dado de alta. Y gozará además de los servicios de enfermeras a domicilio. El residente dispone de horas de Medicare. Goza de un servicio de comidas entregadas a mano y de los beneficios farmacéuticos de los miembros del Express Scripts. La familia le ayuda y apoya.

Algunas de estas afirmaciones eran correctas. La residencia lo había mandado a casa con un andador, además de los tres que ya tenía, pero, a no ser que aprendiera de golpe a subir y bajar las escaleras con el andador a cuestas, no llegaría demasiado lejos con él. Todavía no había recibido la atención sanitaria a domicilio a pesar de habérsela prometido. Era cierto que su hija le ayudaba y apoyaba, pero estaba demasiado enferma como para hacer algo más que comprarle un poco de comida el primer día que regresó a casa. Fred estaba haciendo todo lo posible por moverse en un sistema que era opaco incluso para los pacientes con energía y con un título en administración sanitaria. Y él no tenía ni una cosa ni la otra.

Me encontré a Fred en pijama y sin afeitar, era la primera vez que lo veía bajo de ánimos. Apenas había comido desde su regreso. En el hogar de ancianos no le habían teñido el pelo y ahora estaba canoso por primera vez, ya que llevaba tiñéndoselo desde los veinte años. Se asustó al ver su imagen en el espejo.

«Me gustaría volver a la residencia, pero no me aceptarán», admitió. «Un amigo mío me está diciendo que para salirme con la mía llame a una ambulancia y vaya al hospital. Y que cuando me den de alta, me transferirán a otra residencia. Pero estoy cansado de esos centros y de los hospitales. Supongo que me las tendré que apañar solo.»

Anduvimos un poco más, pero Fred apenas tenía energía para hacerlo. Le había llevado comida china, la suficiente como para que le durara varios días. Comió con prudencia y me agradeció no solo la comida, sino también el gesto. En la residencia de ancianos al menos podía conversar con otros residentes durante las comidas y ganar fuerzas con los menús regulares. Había engordado un poco y la tensión le había subido, a veces la tenía tan baja que era peligroso. Pero en la residencia no disponía de privacidad ni de libertad para hacer lo que le viniera en gana. Ahora había vuelto a acostarse tarde y a comer solo cuando le apetecía cocinar. Intentaba ser optimista acerca de salir a la calle de nuevo, pero por primera vez la idea no parecía entusiasmarle demasiado. «No lo sé. Me estoy tomando mi tiempo, no me apetece. Ni siquiera tengo ganas de vestirme», me confesó.

Lo sorprendente sobre Fred no era que se sintiera así, sino lo poco que le duraba ese estado de ánimo. Lo había incluido en el grupo de personas de edad avanzada porque saltaba a la vista que su vida estaba tomando unos malos derroteros, era un anciano aislado con el corazón frágil y una movilidad cada vez más reducida. Sin embargo, Fred nunca se veía a sí mismo de esta manera. Daba las gracias a Dios por haberle concedido otro día, por tener un visitante, por saborear una comida caliente, por una tarde soleada, aunque no pudiera salir a la calle para disfrutarla. De entre las personas que yo conocía, era la que más vivía el momento, agradecido por los placeres de los que aún podía gozar. Los dolores eran temporales, insistía. No le preocupaba el mañana, salvo por desear seguir vivo para disfrutarlo. Cuando me sentaba a charlar con él, me sentía mezquino por no valorar lo que yo tenía.

A mitad del año, intenté adoptar la actitud de Fred en lugar de calentarme la cabeza con mis quejas. Empecé a agradecer lo que daba por hecho. Mi bienestar era tan mayúsculo comparado con el suyo que lo mínimo que podía hacer era dar las gracias por mi situación. Empecé por lo más fácil: agradecí el amor de mis padres y de mi novia, los momentos con los amigos, lo afortunado que era por mi trabajo. Esta actitud generó otro hilo de ideas menos evidente. Ser agradecido significaba reconocer las fuerzas benévolas del universo que actuaban a mi favor. La vida no era solo una batalla que debía lidiar por mi cuenta, también tenía la suerte de recibir su abundancia, de disponer de apoyo. Poco a poco, empecé a entender la gratitud como Fred la veía. En lugar de ser una reacción a esta o aquella otra circunstancia, era más bien una forma de ver el mundo. La misma vida ya era una buena razón para dar gracias. Desde esta perspectiva, tenía sentido que Fred se sintiera agradecido, aunque los demás esperaran no llevar la misma vida que él. Al poco tiempo, yo ya había vuelto a su piso para recibir otra calada de lo que Fred estaba fumando, porque nuestras conversaciones me estaban cambiando la vida. Era mucho mejor que estar ansioso, deprimido o decepcionado.

Una semana después de abandonar la residencia volvía a ser tan optimista como siempre, y a bajar y subir en parte las escaleras de su vivienda para mantenerse en forma. Esperaba con ilusión sentirse incluso mejor en los días siguientes. Seguía alimentándose de la comida china que le quedaba. Lo peor ya había pasado, como siempre le había ocurrido en la vida, y ahora las cosas estaban mejorando. Vivir el momento era disfrutar de cada escalón que hoy había subido. La idea de llegar a los ciento diez años le seguía atrayendo y, dado el ritmo al que mejoraba, lo más probable es que lo consiguiera. Dedicó un momento para agradecer las bondades de su vida, por modestas que fueran. «Con la ayuda de Dios, la semana que viene saldré a la calle», me aseguró.

⠗

Fred Jones nació en Filadelfia en 1927, cuando la esperanza de vida de los hombres afroamericanos no llegaba a los cincuenta. Tras morir su padre cuando tenía dos años y medio, su madre y su abuela trabajaron en empleos de baja categoría para mantenerlo a él y a su hermano mayor. Su madre ganaba veinticinco dólares a la semana como costurera, y su abuela limpiaba casas. Creció seducido por los misterios del sexo, y en la vejez seguían cautivándole.

Antes de conocernos en persona ya me contó que algunas mujeres habían intentado manipularlo desvergonzadamente para acostarse con él; por lo visto, era su tema favorito de conversación.

«En realidad, no sé lo que es estar enamorado», admitió un día en su apartamento, sentado en medio de los objetos acumulados a lo largo de toda una vida. Un televisor que apenas funcionaba encima de otro estropeado, una bicicleta que no usaba desde 1967 pugnando por el espacio con folletos religiosos, ofertas de seguros y sobres sin abrir con fotografías reveladas en la parafarmacia. «Me refiero a que quiero a mi hermano. Me gustan las mujeres. Me encanta estar con ellas, pero nunca me he enamorado hasta el punto de olvidarme de todo lo demás. Las novias no me duran demasiado.»

Pegada en la nevera tenía la foto de una mujer, pero me contó que había dejado de llamarla por teléfono hacía mucho, cuando ella había empezado a hablar de casarse. Le importaba más la foto del dormitorio en la que aparecía con su madre. Doblada en las puntas por el paso del tiempo, mostraba una mujer atractiva de mediana edad con una sonrisa resuelta, un cabello rizado impecable y la misma frente ancha de Fred, aunque era más joven que cuando yo lo conocí a él. Lucía probablemente su mejor vestido.

«Me alegro de vivir solo, si estuviera con una mujer creería que estoy loco», admitió. «Porque hablo con mi madre plantado ante su fotografía. "Te quiero, mamá, y valoro mucho todo lo que hiciste por nosotros. De niño no sabía que éramos pobres por los bonitos juguetes que recibíamos siempre en Navidad y la ropa de buena calidad que llevábamos para ir al colegio", me gusta recordar todas esas cosas.»

Me contó que el momento más triste de su vida fue cuando su madre murió en 1979. Aquella tarde la dejó en la cama del hospital, y luego se fue a ver *El cielo puede esperar* en el cine de un centro comercial cercano. A la mañana siguiente, al volver a la habitación del hospital, se encontró con el colchón enrollado. «Sabía lo que aquello significaba», apostilló. «Las piernas me flaquearon, desde entonces no he vuelto a ir al cine.» Me confesó que, a partir de aquel día, «pienso en lo ocurrido y tengo unos sueños muy largos con mi madre, pero ella siempre acaba desapareciendo».

Si hay un momento en el que Fred empezó a sentirse agradecido fue a partir de la niñez, arropado por los cuidados de su madre y su abuela. Muchas de las historias de Fred que no tenían que ver con el sexo, giraban en torno a esas mujeres, a la vida dura que llevaban y a los sacrificios que hicieron por él y su hermano mayor. Fred se acordaba de que cuando su madre se quedó sin trabajo durante la Gran Depresión, en su casa hacía tanto frío que todos se apiñaban alrededor de la estufa de leña de barriga que calentaba solo parte de la habitación; la comida les llegaba de una organización benéfica. Pero no eran recuerdos tristes. «Cuando eres niño, si estás con tus padres y ellos hacen todo lo posible por ti, aunque seas muy pobre, eres feliz, porque es la única clase de vida que conoces.»

Aun así, me contó: «No supe que era pobre hasta los diecisiete o los dieciocho años, y entonces empecé a leer sobre los Rockefeller, los Kennedy y otras figuras poderosas forradas de dinero. Teníamos juguetes nuevos en Navidad, ropa, pequeños mocasines para ir al colegio. Podía comprar por diez centavos un paquete de seis dónuts cubiertos de azúcar glas del día anterior. Ese era mi desayuno». La experiencia le enseñó a una edad temprana que los problemas no eran más que problemas si los veía así. Al fin y al cabo, formaban parte de la vida, todo dependía de cómo te los tomabas.

Más tarde, cuando pudo ir a la universidad gratuitamente gracias a una ley aprobada en 1944, tras haber prestado servicios en la Segunda Guerra Mundial, su gran pesar fue no haberle devuelto a su abuela toda su bondad. Me contó que, cuando cobrara la primera paga, tenía planeado reunir toda la ropa interior que su abuela se había hecho. «Buscad la bolsa de basura más grande que encontréis y meted toda la ropa dentro. Pienso gastarme mis primeros doscientos dólares en comprarle ropa interior a la abuela», les dijo a su familia. «Pero ella murió un año antes de que me licenciara y no pude hacerlo. Después empecé a enviarle dinero a mi madre cada mes.»

El milagro de Fred era que a pesar de todas sus dificultades, siempre encontraba razones para sentirse afortunado. El sistema de atención médica lo estaba dejando continuamente en la estacada de un modo u otro, sufría un molesto dolor crónico y, además, se encontraba más aislado del mundo exterior a cada día que pasaba. Su hija se estaba muriendo y con sus otros cinco hijos apenas se relacionaba. Su hermano, la persona a la que más unido se sentía, había sufrido una contusión en la cabeza por culpa de una caída y estaba siendo presa de ataques epilépticos que le habían afectado el habla, por lo que ya no podían comunicarse por teléfono. Pero Fred se lo tomaba todo con filosofía. «La vida me resulta bastante agradable», me dijo un día en la residencia de ancianos.

¡Qué gran lección sobre dejar de intentar tenerlo todo bajo control! Si creemos que lo tenemos todo controlado, que somos los que llevamos las riendas de nuestra vida, en ese caso la ancianidad se convertirá en una ofensa, en un destino que no hemos elegido. Pero si vemos la vida como el fluir de unos acontecimientos imprevisibles que debemos aceptar, es decir, si respondemos al mundo tal como es, la vejez no será entonces sino un capítulo más de una larga historia. Los acontecimientos de la vida son distintos, pero siempre lo son, y algunos parecen incluso insoportables.

Estaba seguro de que Fred no podría seguir en su piso a la larga. Parecía casi temerario en su negativa de afrontar la situación. Era la otra cara suya de vivir plenamente en el presente, no planeaba para el futuro. Podría haber controlado la diabetes comiendo menos helados y Pringles, se podría haber planteado con una mente práctica buscar otro piso equipado con ascensor. Pero no pensaba de esta manera. Ahora que había vuelto a casa, parecía evidente que no podría cuidar de sí mismo. Su jovialidad era una virtud, pero no cargaría con su cuerpo arriba y abajo de los treinta y siete escalones.

Con todo, después de un par de semanas, se las apañó para bajar las escaleras e ir por su propio pie a una tienda de ultramarinos, incluso cruzó una concurrida avenida sin semáforo. En octubre fuimos a dar un paseo juntos, tras haber insistido él, aunque yo le ofreciera ir en coche. Hacía una tarde de veranillo espectacular. Fred lucía una chaqueta deportiva a cuadros de lana y una camisa granate de punto y zapatos ortopédicos. Como llevaba un buen retraso en hacer la colada —tal vez un par de años—, no se había puesto los calcetines granate a juego con la camisa que le hubiera gustado llevar, o un pañuelo en el bolsillo del pecho, pero saltaba a la vista que se sentía de lo más feliz por estar dando un paseo. Su lúgubre estado de ánimo de los primeros días de su vuelta a casa hacía mucho que había desaparecido.

«Nunca me he querido comportar como un anciano», observó un día. «Sentados sin hacer nada, exclaman: "¡Vaya, sabía que llovería, porque el lumbago me está fastidiando!" No le veo la gracia en hablar de los achaques de uno. Prefiero charlar de otras cosas, como de canciones y de quién las ha compuesto, y del partido de fútbol americano del domingo. Son los temas que más me gustan. Pero las personas mayores dicen: "¡Oh!, ayer por la noche oí un ruido. Creía que había alguien pegado a la puerta intentando meterse en mi casa para robar". No quiero oír esta clase de sandeces. Sé que a veces ocurre, pero esas conversaciones no me hace ningún bien.»

Se puso a cantar una canción de Billy Eckstine, entonándola de maravilla:

Nena, nena, nena,
no me puedo sacar a mi nena de la cabeza.

«¿La conoces?», me preguntó.

Tras la publicación de uno de mis artículos en el periódico, tres lectores se habían puesto en contacto con Fred. Uno quería ir a rezar con él, y otro irlo a ver porque parecía estar aislado del mundo. Fred los animó a los dos a hacerlo. El tercero, Jim Healy, un ejecutivo jubilado, se lo llevó a comer al Burger King que había cerca del piso de Fred, y luego le preguntó qué haría si se encontrara con un par de billetes de cien dólares en la calle.

«Comprarme un traje», repuso Fred.

Así que fueron a comprarlo.

A Fred le hacía ilusión uno morado, por lo que la cosa se complicó un poco, pero se había pasado años mirando los escaparates y sabía dónde encontrarlo. En cuanto a los accesorios para caballero, había heredado la pasión por los colores de su madre. Según sus cálculos, en el pasado llegó a tener ochenta y tres pares de calcetines, veinticinco cinturones y diez o quince pañuelos; los guardaba en bolsas de la compra después de que la última novia que se fue a vivir con él lo dejara, llevándose la cómoda.

El traje cruzado morado a cuadros le sentaba de maravilla. Era un león en invierno, quizá incluso otoñal. Su sonrisa me alegró la vida ese año. Cuando hablé con Jim Healy, se sentía tan eufórico como Fred, y también tan agradecido como él. Al igual que me ocurría a mí, sabía que estaba recibiendo de Fred tanto como le estaba dando.

❖

Así es como las cosas funcionaban con Fred. Nunca estaba bajo de ánimos, nunca se preocupaba por el futuro —por lo que no había ocurrido— y nunca había dejado de maravillarse del mundo donde había nacido. Al fin y al cabo, ahora tenía un traje morado. El mundo estaba lleno de regalos. Incluso en los días malos le gustaba deleitarse en los recuerdos de otros momentos más dulces.

«Tío, el desfile del Domingo de Pascua de Nueva York ya no es lo que era», me aseguró un día, otro bombón sacado de la caja. Me lo dijo después de haberle mostrado yo en mi móvil el vídeo del desfile de «segunda línea» de Nueva Orleans, donde aparecía una mujer moviendo su voluminoso trasero. «Recuerdo a una mujer con un herrerillo vivo sujeto de alguna forma a su sombrero, haciendo pío pío», me contó Fred. «Me dije, tío, este desfile es una pasada.» Era típico de Fred. De pronto, recordaba algo divertido, bueno o, simplemente, peculiar, y todo su cuerpo parecía haber cobrado vida. ¿Un herrerillo vivo amarrado a un sombrero? ¡Por qué no! Otro día fue la historia de unos marineros en Norfolk (Virginia) que le dieron una propina, cuando él tenía apenas dieciséis años, para que los llevara al barrio de las prostitutas. O la de los peligros que corrieron otros compañeros de viaje en el mar del amor. Eran algunas de sus memorias preferidas. «Recuerdo el Club "21", esa mujer salió de una limusina tan larga como esta habitación», me contó. «Llevaba un abrigo de piel, no sé cuánto debió costarle, pero le quedaba impresionante. Y lo llevaba arrastrando en parte por el suelo. Ya venía borracha perdida de vete a saber dónde y ahora se disponía a entrar en el Club "21". Eran dos mujeres y un hombre. Me dije: "Vaya, te has metido en un buen lío. ¿Dos mujeres medio borrachas? Eso no hay quien lo aguante".»

Fred nunca culpaba a nadie de sus dificultades. Su vida era un desastre, pero era su propio desastre y tenía la suerte de disfrutarla. Superaba con creces la vida desastrosa de cualquier otro mortal. Hasta la pérdida del sexo no era más que otra cosa más a la que adaptarse. Después de todo, el arte de vivir estriba en vivir la vida que tienes, en el cuerpo que tienes. El sexo seguía estando presente en su vida, solo que ahora se encontraba en el órgano de la memoria y la imaginación. «No lo echo de menos», me aseguró. «He tenido más que de sobras. No me gusta quejarme.» Se señaló con el dedo la cabeza, dándome a entender que el rey del mambo no se había largado del edificio, solo se había mudado a otro piso. «Ahora está todo aquí», me aclaró. «No es más que eso. Esta es la única diferencia, me digo ahora que no se me levanta.»

Había aprendido a contener un temperamento que su hermano afirmó un día que le haría acabar entre rejas, y a vivir con su alergia al compromiso. Formaba el entramado de la historia de su existencia, su vida era un regalo caído del cielo. Fueran cuales fuesen sus vicios o malos hábitos —Fred era demasiado tacaño como para beber o jugar en el casino—, no constituían más que oportunidades para que Dios le enseñara a amar y perdonar a los demás. «Cuando rezo mis oraciones, le pido a Dios que me haga ser mejor persona este año de lo que fui el anterior», me confesó. «Tengo hijos creciendo por todos lados, no se puede decir que sea un padre ejemplar. Por eso creo que no tienen ganas de venir a verme. Así es la vida.»

❖

El cristianismo, el judaísmo, el islamismo, el budismo, el hinduismo y una pila de libros de autoayuda exaltan las virtudes de la gratitud. Cicerón la describía «no solo como la mayor de las virtudes, sino como la madre de todas». G. K. Chesterton escribió: «Dar las gracias es la clase de pensamiento más elevado, y... el agradecimiento es la felicidad duplicada por el asombro».[28] Adquirió la costumbre de dar las gracias no solo antes de comer, sino «antes de ir a ver una obra de teatro o a la ópera, antes de asistir a un concierto o a una pantomima, antes de abrir un libro, y antes de hacer un esbozo, pintar, nadar, hacer esgrima, boxear, pasear, tocar un instrumento, bailar y mojar la pluma en el tintero».[29]

Prácticamente todos nos sentimos agradecidos en algún momento de la vida, sobre todo cuando esperamos recibir algo en contrapartida. Agradecemos la comida deliciosa de nuestro anfitrión esperando que repita el gesto. La gratitud es, al fin y al cabo, un endulzante social. Las personas que reconocen la bondad ajena son una compañía más agradable con la que estar, por lo que

---

28. Gilbert Keith Chesterton, *A Short History of England,* Renaissance Classics, 2012, p. 43.

29. Citado por la Sociedad Católica G. K. Chesterton, www.catholicgkchestertonsociety.co.uk.

atraen más bondad de la gente. En cambio, ninguno de nosotros queremos a una persona ingrata en nuestra vida.

Pero algunas personas son agradecidas de por sí, aunque nadie las esté observando. Sus vidas no siempre son mejores que la de los demás, pero encuentran más razones para agradecer las pequeñas recompensas. Fred Jones era una de ellas. Dar las gracias le hacía feliz, y entonces se sentía agradecido, y este estado le producía más felicidad aún.

En 2015, investigadores de la Universidad del Sur de California[30] decidieron estudiar lo que ocurría en el cerebro de un sujeto que sentía gratitud valiéndose de imágenes por resonancia magnética funcional. Les dieron a veintitrés participantes unos textos muy cortos escritos por los supervivientes del Holocausto en los que describían los actos de bondad que habían vivido por parte de desconocidos, y les pidieron que se pusieran en la piel de los que recibieron los favores. Algunos de los regalos eran muy pequeños, como una hogaza de pan duro, mientras que otros comportaban un sacrificio y un riesgo mayores, como ofrecerles un lugar para esconderse cuando las tropas nazis se estaban acercando. Les pidieron a los participantes que indicaran con una cifra hasta qué punto se sentían agradecidos por los regalos. Los investigadores mapearon las regiones del cerebro que se activaban.

Las imágenes revelaron actividad en múltiples partes del cerebro y sugirieron que la gratitud comportaba una red de respuestas emocionales, aunque los favores fueran pequeños. Los cerebros de los participantes no solo se activaron en los centros de recompensa, según los beneficios recibidos, sino también en los centros del procesamiento moral y social, respondiendo a la persona que había ofrecido los regalos. Cuanto más agradecidos afirmaban sentirse los participantes, más fuerte era la respuesta en las regiones del cerebro responsables de la cognición moral y

---

30. Glenn R. Fox, Jonas Kaplan, Hanna Damasio y Antonio Damasio, «Neural Correlates of Gratitude», *Frontiers in Psychology* 6, septiembre de 2015, artículo 1491.

social. Aunque la intensidad de la respuesta no solía estar relacionada con el calibre del favor. La gratitud, tal como los participantes la vivieron, entrañaba una relación con los demás y no solo con el beneficio recibido.

Las implicaciones de esos hallazgos son fascinantes. Si un vendedor nos dijera: «Me gustaría saber su opinión sobre un producto nuevo que estamos introduciendo en la zona donde vive», y nos entregara un trozo de pastel de lo más delicioso, en los centros de recompensa de nuestro cerebro saltarían las chispas como candelas romanas, pero los centros del procesamiento moral y social probablemente no se activarían. Responderíamos al pastel y no a la persona que nos lo ha dado. Pero si una vecina nos ofreciera el mismo pastel, se activarían todas las regiones del cerebro. Ocurriría aunque el pastel de la vecina fuera la mitad de grande que el otro o menos sabroso. La gratitud no depende de aquello que agradecemos, sino más bien de nuestro reconocimiento a quien nos lo ha ofrecido. Alguien que no sea proclive a la gratitud recibirá el mismo regalo de la vecina sin que los centros del procesamiento moral y social de su cerebro se activen demasiado.

El experimento también ilustra que la gratitud puede ir acompañada de sufrimiento. Para sentirnos agradecidos no es necesario vivir entre algodones. Nadie envidiaría a un refugiado del Holocausto acurrucado sobre una hogaza de pan seco, salvo otro refugiado sin nada que llevarse a la boca. En una vida dura pueden presentarse tantas oportunidades para la gratitud como en una vida cómoda.

Era fácil verlo ilustrado en Fred, que tenía un montón de razones para centrarse en sus problemas y, sin embargo, no lo hacía. Al dar las gracias por incluso los pequeños placeres de la vida —una cucharada de helado, la sonrisa de una vecina—, magnificaba esos placeres y dejaba menos espacio a las quejas o a la envidia. Dar las gracias también atenuaba su aislamiento, ya que lo conectaba mentalmente con unas fuerzas superiores. Veía el mundo como un lugar benévolo que deseaba que fuera feliz, una forma de pensar extraordinaria para un hombre afroamericano criado en medio de la pobreza en el Sur. A veces me preocupaba estar cometiendo el error del joven Mark Twain, que absurdamente le preguntó a una sirvienta de color esclavizada de la familia: «¿Cómo es posible que hayas vivido sesenta años sin tener nunca ningún problema?», y entonces ella le contó todo el sufrimiento que había experimentado en su vida, dejándole perplejo. Pero Fred siempre era franco respecto a sus dificultades. Simplemente, no permitía que definieran su existencia.

A lo largo del año yo le solía preguntar cómo lo conseguía. La pregunta nunca pareció tener sentido para él; las cosas que agradecía era tan sencillas y asequibles que gozar de ellas era tan fácil como respirar. Su fe también jugaba un gran papel en ello, claro está, pero era más bien una forma de organizar sus emociones positivas que la fuerza que las impulsaba. No quería otra vida distinta a la que llevaba. «Mi objetivo es vivir, ser feliz, disfrutar de la vida, charlar», dijo. «Pasar un buen rato con los amigos. Si vas a misa los domingos, haces vida social y sales a cenar fuera de vez en cuando, los días se te pasarán volando.»

También era fácil ver que mi madre no sabía sentirse satisfecha ni agradecida. Aunque llevara una vida más cómoda que la de Fred, ambos tenían distintas expectativas sobre los días futuros. La experiencia vital de Fred le había enseñado que las peores dificultades solo eran temporales, por eso no se pasaba los días cavilando sobre ellas. Era el mismo optimismo que el de mi padre, que creía que el mundo estaba mejorando, y que las «enfermedades» no eran más que otra palabra para algo que la genialidad humana acabaría eliminando un día. Mi madre, cuyo calvario era el dolor de espalda crónico, sabía que no haría más que empeorar, y gastaba mucha energía buscando tratamientos que acababan decepcionándola la mayoría de las veces. Fred confiaba en que la terapia física le permitiría subir y bajar de nuevo las escaleras de su piso; en cambio, mi madre se revolvía contra su situación, sabedora de que el dolor de espalda no haría más que empeorar.

Robert A. Emmons, profesor de Psicología en la Universidad de California, en Davis, lleva buena parte de este siglo estudiando los efectos de la gratitud en individuos como Fred, y cómo se puede infundir esta actitud en las personas que no son por naturaleza agradecidas. En 2003, él y Michael E. McCullough,[31] de la Universidad de Miami, decidieron evaluar si dar las gracias cambiaba la actitud de la gente hacia la vida, o si las personas con una visión positiva tendían a sentirse más agradecidas que el resto. En una serie de experimentos de diferente duración e intensidad, les pidieron a los participantes que escribieran en un diario las cosas que agradecían (un primer grupo de sujetos) o las cosas que les irritaban o molestaban (un segundo grupo de sujetos). A los participantes de un tercer grupo les pidieron que escribieran algo que les hubiera ocurrido, o en qué sentido eran mejores que los demás. En cada experimento, los tres grupos empezaron con unos niveles de gratitud similares. Los participantes de dos de los experimentos eran estudiantes universitarios, en el otro padecían enfermedades neuromusculares. Los experimentos duraban de dos a nueve semanas.

En cada estudio, los participantes que escribieron algo que agradecían en la vida afirmaron sentir unos niveles más altos de bienestar y un mayor optimismo respecto a los próximos días o semanas. Cuanto más a menudo escribían sobre ello, más fuerte era el efecto. Dependiendo de cómo se había elaborado el estudio, afirmaron haber sentido otros efectos positivos: hacían más ejercicio, dormían mejor, se despertaban más renovados o habían tendido más a ayudar a alguien a resolver un problema. En experimentos posteriores, Emmons y otros investigadores han descubierto que los sujetos que daban las gracias tenían una tensión arterial más baja, menos inflamaciones en el organismo, un sistema inmunitario más fuerte y unos niveles más bajos de cortisol, la hormona del estrés.

---

31. «An Experimental Investigation of Gratitude and Subjective Wellbeing in Daily Life», *Journal of Personality and Social Psychology* 84, 2003, pp. 377-389.

Uno de los hallazgos de los estudios de 2003 fue que escribir en qué sentido eran mejores que los demás no producía los mismos beneficios que la gratitud. No bastaba con que los participantes fueran conscientes de las ventajas de su vida; tenían también que sentirse agradecidos por ellas. Fred, que había vivido más dificultades que la mayoría de la gente, era sin embargo de lo más agradecido, quería llegar a los 110 años, mientras que para mi madre, que había tenido más ventajas que la mayoría de los mortales, la vida ya no tenía sentido. No bastaba solo con las ventajas —o incluso con advertirlas—, tal vez porque las podemos perder. En cambio, la gratitud es la afirmación de que el mundo nos ha dado cosas positivas y que puede que siga haciéndolo.

❖

Esta era la clase de frase que siempre hacía feliz a Fred: «Mi esposa nunca me fue infiel, porque nunca tuve una». Cuando la pronunciaba, se le iluminaba la cara y soltaba unas risitas. Me encontraba en su piso a principios de diciembre, y Fred había saciado su apetito con lo que le quedaba de la comida del día de Acción de Gracias que su hija le había llevado. Afuera ya empezaba a refrescar y en el apartamento, sellado el año entero a causa del clima y de los malos servicios del propietario, flotaba un ambiente viciado y frío. La música que le venía a la cabeza era «Coochi-Coochi-Coo» de Ella Fitzgerald, «Prisoner of Love» de Russ Columbo (una versión especialmente sensual y romántica de esta canción) y «Body and Soul» de Coleman Hawkins. Fred recordaba haber bailado al ritmo de la magnífica banda de Hawkins en el Salón de Baile del Savoy: «Madre mía, ese tipo interpretaba un solo sublime con el saxo tenor», recordó. El año en el que habíamos estado conversado terminaría pronto, una ocasión para la reflexión, así que le pregunté sobre su juventud y lo que se esperaba de la vejez cuando era más joven.

Su respuesta fue la de un Fred en estado puro. «Concédeme un día más, Señor, un día más», me dijo. «No pienso más allá del ahora. Y mañana pensaré en ese día y en nada más.»

En retrospectiva, se podrían atribuir muchas de las dificultades de Fred a esta actitud. Pero él no lo hacía. En su lugar, se fijaba en los placeres de los que aún gozaba. Muchos compañeros con los que había trabajado o entablado amistad ya estaban criando malvas y no podían disfrutar de un día soleado o de la llegada de un cheque de la Seguridad Social, pero él seguía vivo y coleando, fueran cuales fueran sus achaques. Se suponía que la vida en la Tierra no era perfecta, no constituía más que un periplo, aunque, si nos paramos a pensar, era lo bastante milagrosa como para merecer la pena.

«No conozco ningún otro lugar», admitió. «El mundo está lleno de cosas para ser feliz mientras siga en él. Pero la etapa hasta los ciento diez años y pico quiero vivirla con salud. Si necesito a alguien para que me cocine, está bien. Pero me gustaría poderme duchar, vestir y peinar por mí mismo. No deseo más que hacer lo que me gusta, como ir a mirar escaparates».

Fred se quedó callado de golpe. El día más corto del año estaba al caer y la luz de las farolas proyectaba sombras sesgadas en la sala de estar. Se dio uno de esos incómodos silencios masculinos en los que ninguno de los dos queríamos decir nada empalagoso, pero tampoco deseábamos despedirnos. De todas las personas mayores con las que había estado conversando, Fred había sido la más difícil de convencer y la más rápida en abrirme su corazón, pero quedaban todavía rincones de su vida que no me quería revelar. Le pregunté qué esperaba con ilusión del año siguiente. Mirar al futuro era siempre un reto para él, quizá porque cada año le traía problemas que no necesitaba.

«¿El año que viene? Tener ochenta y nueve años y llegar en marzo del 2017 a cumplir los noventa», apuntó. Soltó unas risitas. De niño había conocido las calles polvorientas de Norfolk, e incluso ahora le gustaba hacer oscilar el bastón ante él como los contrabandistas opulentos de su juventud. Esperaba ser mejor persona al año siguiente, me aseguró, pero no se lo proponía a toda costa. «No me hago ningún propósito, al final no los cumplo», apostilló.

Había empezado el año en una residencia de ancianos para su primera rehabilitación, así que en cierto modo lo estaba acabando mejor de lo que lo había comenzado. Pero tenía un pie en la tumba y era lo bastante listo como para saberlo. Sin embargo, se negaba a ver su vida de este modo. Quizá era un mecanismo de defensa, al igual que la costumbre de pasar por alto sus dudas como padre y pareja en sus charlas sobre sexo, pero le ayudaba a tirar adelante y le daba un nombre y un lugar a su alegría. En una de mis últimas visitas, algunas partes de su piso estaban casi a oscuras por no poder subirse a las escaleras y cambiar las bombillas fundidas. En la cocina ya no podía levantar el brazo hasta el cordoncito de la luz para encenderla. Un anciano sumido en la oscuridad, esta sería la historia que yo habría escrito el año anterior. Pero ahora ya no me parecía tan reveladora. Su vida era mucho más interesante que esta realidad. Le cambié las bombillas y le alargué el cordón de la luz de la cocina. Era una violación del protocolo periodístico —limítate a transmitir las noticias en lugar de crearlas—, pero me dije que el espíritu de Edward R. Murrow y el de otros periodistas famosos me perdonarían. Antes de convertirse en leyendas, también habían sido mayores.

Me dejó que le echara una mano sin sentirse molesto. Fred estaba tan destartalado como su piso, pero al menos tenía luz. Quién sabe si llegaría a vivir lo suficiente como para necesitar que se las volvieran a cambiar, pero su optimismo era tan desmesurado que estaba dispuesto a salirse con la suya. Fred era así. A lo mejor ya había llegado el momento de empezar a echarle de menos. «¿Recuerdas el antiguo eslogan de los relojes Timex? "¡El reloj que aguanta los golpes y sigue haciendo tictac!"», añadió. Fred no era el famoso telepredicador Joel Osteen, pero tanto le daba. «Así es como me siento. He aguantado varios golpes, pero gracias a Dios sigo haciendo tictac. Si, en efecto.»

8

Las lecciones de Ping

**«Soy más vieja,
debo procurar sentirme bien.»**

Nunca hablamos de la muerte. ¿De qué nos serviría? Cuando te haces vieja, llega un día en que te mueres. Bajamos a la sala de actividades y jugamos al mahjong. A nuestra edad, tenemos que prepararnos para el final.

Ping Wong, noventa años

Comparada con Fred, que había hecho todo lo posible para llegar a viejo en una buena situación económica, Ping Wong apenas tenía ingresos. Había estado cobrando toda la vida un sueldo por debajo del mínimo establecido en la consulta de un médico en el barrio chino de Nueva York y se había jubilado en la antesala de los ochenta, sin ahorros. Dependía de los setecientos dólares mensuales de la prestación económica suplementaria que recibía de la Seguridad Social. Tres décadas más tarde de abandonar Hong Kong para mudarse a Estados Unidos, seguía chapurreando el inglés. Su marido y dos de sus hermanas habían fallecido, y a su único hijo lo habían asesinado en un centro comercial cantonés de China. Incluso después de someterse a dos operaciones para reemplazarle las caderas, la artritis en la espalda y las piernas le provocaba fuertes dolores al andar.

Cuando la conocí en su prolijo piso cerca de Gramercy Park, solo se quejaba de una cosa: de la gente mayor que se quejaba demasiado.

«Los ancianos se quejan de su salud o te dicen: "Hoy tengo que ir a ver al médico», me contó. «Muchos son así. Para serte sincera, una buena parte se comporta de esta manera. Creen que si se quejan los demás se compadecerán, pero creo que es al contrario. ¿Es que alguien te va a ayudar? Aguanta ese pequeño dolor y vuélvete más fuerte. Respira hondo. Haz todo lo posible para curarte.»

A los ochenta y nueve años, cuando la conocí, Ping se había creado una vida mejor de la que podía haber imaginado. Vivía en un piso por un alquiler irrisorio, en una parte elegante de la ciudad, y disponía de una asistenta —por gentileza de Medicaid— que le cocinaba, le limpiaba la casa y le hacía la compra. También tenía derecho a cupones de alimentos y a un servicio gratuito de comida a domicilio, y jugaba a diario al dominó chino con su estrecho círculo de amigas cantonesas en la sala de actividades de su edificio. Por primera vez en su vida se sentía relajada, disponía de tiempo para ella, tenía las necesidades cubiertas y ninguna persona dependía de ella. Nunca se sentía sola, siempre estaba rodeada de amigas. Comparada con las décadas que se pasó trabajando, criando a sus hijos y cuidando de su marido en estado terminal, su situación económica actual era más holgada y tenía menos preocupaciones. «Estamos disfrutando de la vida», afirmó. «Aunque no seamos ricas, llevamos una vida satisfactoria y mejor. Puedo comprarme lo que quiera, incluso lana cara. Antes, apenas podía permitírmelo.»

Las lecciones de Ping empezaron nada más conocerla como quien dice. Parecía estar traduciéndolas constantemente de un idioma a otro, las pronunciaba en un instante en cantonés y al siguiente en inglés, expresando los distintos matices de cada uno. Para ella la vejez era una etapa más de la vida en la que «tenía que intentar ser feliz al máximo». Todos envejeceremos, concluyó. «Es una especie de experiencia. Hay que intentar estar animado a todas horas. No tiene sentido pensar en todas esas cosas tan malas. Hay que pensar en cosas agradables, como cuando eras joven y disfrutabas de la vida, como yo hago. Pienso en mi marido, en lo maravilloso que era. Nunca pienso: "Vaya, mi marido ha muerto. Qué pena tan grande". No, nunca. Siempre pienso que está a todas horas conmigo. Por eso sigo aguantando.»

⠿

Antes de conocer a Ping estuve visitando durante semanas centros de ancianos chinos y coreanos, siempre acompañado de una intérprete, y también conocí a personas mayores por medio de las agencias de servicios sociales que atendían a los latinos. Cualquier retrato de la ancianidad en Estados Unidos, y sobre todo en Nueva York, estaría incompleto sin sus inmigrantes, que llevan todo un mundo de valores y prácticas culturales a la última etapa de la vida. Hace unos pocos años, un grupo de jardineros coreanos mayores[32] de Queens se pelearon violentamente con los empleados del municipio cuando el Departamento de Parques intentó apropiarse del jardín comunitario de esos jubilados; por lo visto, antes no era más que una parcela cubierta de basura, y el centro de ancianos la había recuperado. Uno de los jardineros amenazó con quemarse vivo rociándose con una lata de gasolina y un grupo de la policía experto en negociación de rehenes tuvo que conversar con él para llegar a un acuerdo. En otro incidente, llamaron a la

---

32. Derek Kravitz, «Dispute Grows Tense Over Community Garden in Queens», *Wall Street Journal*, 1 de agosto de 2013.

policía[33] para que sacaran a otro grupo de ancianos coreanos de un McDonald's porque se pasaban el día entero en el local, a veces desde primeras horas de la mañana hasta pasado el anochecer.

Ciudades como Nueva York son unos lugares atractivos en los que envejecer, seas de donde seas. Las tiendas y los médicos se encuentran a una distancia que puedes recorrer a pie, y el transporte público te permite moverte por la ciudad sin necesidad de disponer de coche. Sea cual sea el idioma que hables, encuentras una comunidad que también lo conoce, incluidos médicos y trabajadores sociales. Nadie quiere ser el único en hablar fukienés en una aislada comunidad de jubilados en Arizona, o el único en hablar tagalo en una clase de baile de salón en Steamboat Springs.

Por esta razón la ciudad está presenciando una explosión de inmigrantes de edad avanzada, aunque la cantidad de personas mayores oriundas de Estados Unidos haya descendido. Un estudio del 2013 realizado por el Centro para un Futuro Urbano[34] reveló que cerca de la mitad de neoyorquinos a partir de los sesenta y cinco procedían de otro país. A nivel nacional, la cifra se acerca al 11 por ciento, y ha estado bajando desde 1960. Algunas personas, como Jonas Mekas, llegaron de pequeños y se fueron integrando perfectamente en la ciudad. Otras, como las que conocí en los centros de ancianos chinos o coreanos, habían llegado más recientemente; a menudo, sus hijos se los habían traído a Estados Unidos para que les ayudaran a cuidar de los nietos, ahora que ya no tenían responsabilidades o un propósito definido en la vida. No se movían demasiado fuera de sus enclaves étnicos. Una cuarta parte aproximadamente de neoyorquinos mayores procedentes del extranjero viven en la pobreza, y cerca de dos terceras partes apenas hablan inglés. Solo un 8 por ciento

---

33. Sarah Maslin Nir y Jiha Ham, «Korean Community Leaders Urge McDonald's Boycott», *New York Times,* 16 de enero de 2014.

34. Christian González-Rivera, «The New Face of New York's Seniors», en https://nycfuture.org/pdf/The-New-Face-of-New-Yorks-Seniors.pdf.

de ancianos de China —el segundo país de origen más común, después de los procedentes de la República Dominicana— hablan con soltura el inglés, según el estudio. Estas barreras hacen que los inmigrantes mayores tiendan menos a disponer de servicios de apoyo y suelan sentirse aislados, solos y deprimidos.

En el inmenso Centro de Ancianos Coreanoamericanos de Flushing, en Queens, que atiende a 1.300 personas en un día corriente, Sun Kim, una mujer de ochenta y cinco años, me dio varios consejos: «No te quedes en casa», me advirtió. «Aprende algo.» Había tenido que dejar los estudios cuando su país fue invadido por Corea del Norte. Al preguntarle qué era lo que los jóvenes debían aprender de los mayores, se mofó de la idea. «Tu generación es mejor que la mía, no tienes nada que aprender de mí», afirmó. «Como tú tienes más oportunidades, podemos aprender de tu generación, yo no acabé los estudios por culpa de la guerra. Aunque no supone un trauma para mí. Mis hijas han ido a la universidad y se han licenciado, pero creo que yo podría haber aprendido más cosas.»

Esperaba oír que añoraban o echaban de menos su tierra natal. La cultura americana tiene fama de dejar de lado a las personas mayores. Pero descubrí lo contrario. Ningún anciano de los que conocí quería regresar a su país, la vida de las personas mayores era más dura allí, a no ser que fueran ricos. Me los encontré apiñados en el centro de ancianos, codo con codo, sentados ante las largas mesas iluminadas con fluorescentes para tomar comida caliente y jugar al bingo, o leer el periódico en su idioma materno. Solo unos pocos hablaban inglés. Qian Chin, una mujer que había seguido a su hija desde Hong Kong en la década de 1960, me contó que no le gustaba la forma en que los americanos trataban a los ancianos, pero enseguida se retractó de sus palabras. «Para serte sincera, el gobierno americano se ha portado mejor que el chino», admitió. Recibía casi mil dólares al mes gracias a los cupones de comida y a la prestación suplementaria de la Seguridad Social, y pagaba poco más de doscientos dólares mensuales por un piso subvencionado. «Me basta con esta cantidad para vivir», me aseguró, y añadió que sus hijos le daban de vez en cuando dinero para gastos. «Nueve de cada diez ancianos que conozco disfrutan de estos beneficios.»

Una tarde de invierno, mientras estaba en su piso, me mostró con orgullo las ventanas que daban al sur. «A este piso le toca el sol buena parte del día, los emperadores siempre preferían que las de sus palacios miraran al sur», me comentó. No se quejó de los achaques de la vejez, sino de que su hija, que se había mudado a Carolina del Norte, nunca la llamaba. «Está rodeada de lujos y tiene tiempo para viajar, pero nunca se hace un hueco para venir a verme», se quejó. «No le estoy pidiendo demasiado, solo un par de llamadas telefónicas. Pero no me llama. Se está olvidando de mí como hija. Hace demasiado tiempo que vive aquí, ha adoptado el estilo americano.»

Henry, el hijo de Qian, que vivía en Connecticut y la había ido a ver, me contó que la diferencia entre Estados Unidos y China era que en China se espera que los hijos cuiden a sus padres mayores; en cambio, en Estados Unidos se espera que sea el gobierno quien lo haga. Se puso del lado de su hermana. «La llama por teléfono el Día de la Madre.»

«Me llama en el Año Nuevo chino y en Navidad», terció Quian. «Son las únicas ocasiones en las que lo hace. Llevo tres años sin verla. No espero que me venga a ver todo el tiempo, solo un día. A veces la echo tanto de menos que rompo a llorar cuando estoy sola.»

«Me entristece que mis nietos no hablen chino», añadió. «Todos han nacido en este país. Me conformaría con que hablaran unas pocas palabras en chino, como "hola" o "abuela". Me cuesta una barbaridad comunicarme con ellos. Ni siquiera tengo su número de teléfono por no hablar el mismo idioma, y siempre están muy ocupados.»

Otras personas mayores que conocí en los centros de ancianos estaban integradas socialmente o aisladas, eran activas o sedentarias, se sentían satisfechas o frustradas, listas para morir o deseosas de seguir adelante. Cuando conocí a Ping Wong, cobijaba todas estas emociones y muchas otras más.

❖

«No me siento sola», me dijo la primera vez que la conocí, embarcada en una aventura típica relacionada con el idioma, «porque cuando llegué a este país me salió un trabajo de intérprete en la consulta de un cardiólogo filipino. Trabajé para él ocho años y pico. Como en este edificio hay treinta inquilinos chinos y dieciocho cantoneses, ayudo al propietario con los paisanos chinos. Jugamos al mahjong prácticamente cada día. Sigo siendo feliz, aunque viva sola. Siempre que mis amigas van a jugar al dominó chino, me llaman para que me una al grupo.»

A medida que iba conociendo a Ping, empecé a reconocer su estilo narrativo. Buena parte de sus historias comportaban una incursión a alguna otra parte de su vida, e iban seguidas o precedidas por un pequeño consejo para vivir, y siempre acababan con una partida de mahjong. En varias ocasiones la observé en una y me sorprendió que, aparte de explicarme las normas del juego, las mujeres jugaran casi en silencio. «El mahjong es para jugar y no para hablar. Ponemos toda nuestra energía en la partida», me explicó Ping inclinada sobre las piezas del tablero una tarde en la sala de actividades.

Aquel año el drama de Ping tenía que ver con su viaje anual a Atlantic City con su hija. En los últimos años, muchos de los casinos de esta ciudad habían cerrado, pero para Ping el viaje seguía siendo un gran acontecimiento que esperaba con ilusión. Sin embargo, en abril, dos semanas antes de cumplir los noventa, parecía estar con los ánimos por los suelos, algo inusual en ella. Ping, cuando habla inglés, tiene la costumbre de echarse a reír en los momentos más inesperados, probablemente para ocultar lo incómoda que se siente con este idioma, pero aquel día saltaba a la vista que estaba muy baja de ánimos: había decidido que no se sentía lo bastante bien como para ir a Atlantic City. El viaje de tres horas en coche era demasiado largo para su cuerpo artrítico. «Claro que me doy lástima», admitió con aire derrotado. «No quiero ser tan vieja. Tú cada vez estás más fuerte y yo más débil.»

Su depresión pareció aumentar por momentos mientras hablaba, como si le saliera de una parte de su ser que pocas veces visitaba. «¿Sabes lo más curioso? A veces no quiero vivir tanto. El dolor es demasiado fuerte, y los huesos me hacen ver las estrellas. A veces quiero morirme más que vivir. Noventa años ya son muchos.»

Era inusual verla tan desanimada, pero no le duraba demasiado. Sus palabras parecían hacerle tomar conciencia de su estado, y cuando llegaba la hora de irme, su conversación había ya vuelto a adquirir su tono habitual. Pero yo no sabía hasta qué punto debía creérmela.

Esta clase de cambios en una conversación —alegrarse de su buena suerte en un instante, y desesperarse al siguiente— al principio me confundían y me hacían pensar si la actitud positiva de Ping no sería más que un intento de dar una imagen feliz en su edificio o en su grupo de amigas. Después de todo, nadie quiere que los demás piensen que estamos viviendo en el cenagal del abatimiento. Pero con el paso del tiempo acabé viendo las opiniones contradictorias de Ping sobre su edad avanzada como un mecanismo de adaptación. El contento no era para ella una alegría inmediata, sino que le venía de reconocer sin tapujos las dificultades de la vida, el dolor que le impedía ir a Atlantic City, la pérdida de su marido y su hijo. Cada uno de los ancianos con los que conversé cobijaban esos sentimientos contradictorios hasta cierto punto, pero a Ping se le notaban mucho más debido a su poco dominio del inglés.

Constituían una lección sobre las adversidades de alguien que las conocía íntimamente. Los gerontólogos consideran la tendencia a tener sentimientos encontrados, en lugar de intentar resolverlos, como un componente de la sabiduría de los mayores, como la toma de conciencia de que en la vida no tiene por qué irnos todo bien para que valga la pena, y de que nunca nos saldrá todo a pedir de boca. Siempre habrá problemas, y deshacernos de esta o de aquella otra dificultad no nos hará felices; simplemente, aparecerá una nueva a la cabeza de la lista. Karl Pillemer, de Cornell, diferencia entre[35] ser «feliz a pesar de» y ser «feliz solo si». El primero es un beneficio de la vejez, el segundo una irritación de la juventud. «Feliz a pesar de» comporta la decisión de ser feliz, reconoce los problemas, pero no permite que nos impidan sentirnos satisfechos. «Feliz solo si», en cambio, hace que la felicidad dependa de una situación exterior: si tuviera dinero, menos dolor, una pareja o una casa mejor, sería feliz como una perdiz. Sería «feliz solo si» me gastara millones de dólares en lotería o en compras compulsivas, pero todas estas actividades no nos harán felices. Ping, en cambio, no esperaba que sus dificultades desaparecieran por arte de magia, ni dejaba que su felicidad dependiera de ello. Me contó que cuando era más joven creía que todos sus problemas se solucionarían cuando se mudara a Estados Unidos, pero descubrió que solo cambiaron por otros. La lección no radicaba en ser feliz por la ausencia del dolor y de las pérdidas, sino en serlo al aceptar estas realidades de la vida.

Por sencilla que parezca la lección, para mí fue una de las más intimidantes. La mayoría de logros de mi vida, sobre todo en el campo profesional, venían de haber rechazado mis insatisfacciones, de no aceptar las adversidades, de luchar activamente contra ellas. Como es natural, nunca me libré por completo de esos problemas; no hicieron más que cambiar de aspecto, pero mi lucha era una pulsión. Pasar un tiempo con Ping y los otros ancianos me ayudó a replantearme esos logros y los esfuerzos que implicaban. Al final de los ochenta o los noventa años, ¿cuántos me importarían? A lo largo del año que estuve conversando con los mayores,

---

35. Karl Pillemer, *30 Lessons for Living: Tried and True Advice from the Wisest Americans*, Plume, Nueva York, 2012, p. 163.

ninguno me habló de sus logros profesionales, lo cual me sorprendió, ya que pasamos mucho tiempo de nuestra vida trabajando u obsesionándonos con el trabajo. Ni siquiera Jonas Mekas, que seguía creando obras de arte importantes, sacó este tema a relucir. Los mayores tampoco mencionaron nunca los obstáculos que tuvieron que superar. De algún modo, esas cosas ya no parecían tener ningún peso en su vida. La mayoría se alegraban de haberse jubilado, lo único que echaban de menos era la camaradería en el lugar de trabajo. Me hablaban en su lugar de sus familias o de las relaciones estrechas que mantenían, que superaban con creces sus logros personales. Amaban a sus hijos con locura, aunque estos pudieran ser más atentos o célebres de lo que eran.

Los investigadores creen que cada uno tenemos un «nivel establecido» de felicidad que siempre tendemos a sentir en el mismo grado, a pesar de los altibajos de la vida. Si nos ocurre algo bueno —por ejemplo, si nos toca la lotería—, nos sentimos de maravilla un tiempo, pero al final volvemos más o menos al estado de felicidad de antes. Y lo mismo ocurre con los reveses. Este nivel establecido, que parece basarse en alguna combinación genética y ambiental, explica por qué algunas personas son felices ante circunstancias terribles y otras son desdichadas en situaciones envidiables. Pero hay algunas evidencias de que no somos esclavos de nuestro nivel establecido de felicidad, ya que podemos aumentarlo con actos regulares de gratitud o altruismo, y decidiendo no calentarnos la cabeza con nuestros problemas. Ping mantenía su buen estado de ánimo aceptando sus dolores físicos como parte de la vida. En lugar de verlos como obstáculos para la felicidad, consideraba que formaban parte de su existencia. Estaba decidida a sentirse satisfecha, a pesar del dolor artrítico y de otras pérdidas. Me contó que la felicidad es «tener un lugar bonito donde vivir, el dinero suficiente para gastar y una buena familia. Eso es todo. Y cuando eres joven, haces realidad tus sueños. Yo he viajado. El mundo es maravilloso, cada lugar es distinto. Es bueno viajar por todo el mundo y gastar el dinero en visitas turísticas».

❖

Ping me ofrecía un montón de consejos. Sal a ver el mundo mientras eres joven, me sugirió. Gana dinero. Gástatelo. Diviértete. No te lo pases bien a expensas de la salud o la seguridad económica. Siéntete satisfecho con tu vida. «El trabajo te hace feliz, te alarga la vida», me dijo un día. Solía hablarme de prepararse para el final de la vida, pero se refería al aspecto económico y no al filosófico. «Lo más importante es disponer de dinero en tus últimos días», me aconsejó. «Una inquilina del edificio, una campesina de China, se niega a hablar de su funeral. Dice: "Si me muero, echadme al contenedor de la basura. No pienso gastarme el dinero en mi funeral".» Ping me repitió esta anécdota varias veces a lo largo del año, siempre con la misma actitud desaprobadora, orgullosa de haber planeado el suyo.

Ping, como Sun Kim, del centro de ancianos coreano, no creía que la vejez le confiriera sabiduría. «Los jóvenes deben ser mucho mejores que los ancianos», afirmó. «Gracias a la ciencia, todo está cambiando a cada día que pasa. Ahora pueden ir a la luna. En cambio, las personas mayores no tuvimos esta posibilidad. A los jóvenes no les gusta asimilar lo antiguo. Buena parte de lo antiguo ya es historia, porque el mundo sigue avanzando.»

Pero, por otro lado, dijo: «Cuando eres joven no sabes lo que significa la felicidad o la tristeza». Al igual que los otros ancianos, había sufrido bastantes pérdidas en su vida como para saber que incluso las peores eran demoledoras solo si se lo permitía. Un día me habló de una vecina que había muerto recientemente y de otra con demencia senil que se había mudado a una residencia de ancianos. Me contó que ambas pérdidas le dolieron, pero la pena también podía ser terapéutica. «Te parte el corazón. Pero son cosas que pasan. Una vida en la que todo te vaya como la seda no es demasiado aconsejable. Entrenas a tu cerebro a afrontar retos difíciles. Cuando sufrimos reveses, no debemos aferrarnos a la situación. Y la próxima vez habremos aprendido de ella. Yo he aprendido algo de las pérdidas. Si no vives nunca ningún momento malo, no sabrás enfrentarte a uno cuando surja en tu vida.»

Al comparar mi vida con la de Ping, me chocó ver la cantidad de «necesidades» mías de las que ella prescindía sin ningún problema: los logros profesionales, la aprobación parental, mi matrimonio, las sesiones en el gimnasio, las microverduras adecuadas que compraba en el mercado callejero, un piso que costaba demasiado. Aunque no quería renunciar a todo ello, pasar un tiempo con Ping me ayudó a verlas como necesidades falsas, es decir, me quitaban una cantidad descomunal de tiempo y energía, y solo a veces me la reponían. Incluso perder parte de mi movilidad —llevaba una bota ortopédica en el pie derecho debido a un desgarro de la fascia plantar— no me afectó tanto como me había imaginado. Mi vida seguía siendo mi vida, y yo era el que la vivía. Una lección de Ping fue que podía aferrarme a esas «necesidades», pero debía apreciarlas por su valor, y no como aquello que temía perder. Un trabajo distinto, un hogar distinto, unos pocos michelines de más no me iban a cambiar la vida demasiado. Mientras no les diera importancia, no la tendrían.

Un día de mitad de año, cuando nos encontrábamos en un restaurante especializado en *dim sum* del barrio chino, le pregunté a Ping qué consejo le daría a su lado más joven. Me había invitado a comer con su hija Elaine, que vivía en Nueva Jersey y tenía sesenta y dos años en aquella época. Elaine me contó que cuando estaba con su madre solía pensar en su propia vejez. «La miro y pienso en el aspecto que tendré cuando sea vieja», admitió. «No creo que esté tan sana como mi madre. Ella se ve más sana que yo. Está haciendo ejercicio a todas horas; en cambio, yo soy una vaga.» El edificio tutelado de Ping ofrecía clases regulares de ejercicio físico y ella había estado asistiendo a las clases durante los últimos años, pero cuando la conocí, Ping también me contó que se había vuelto demasiado perezosa como para hacer ejercicio. Elaine dijo que en el último año había advertido que su madre tenía lapsus de memoria, y que últimamente eran más frecuentes. Aquel día Ping parecía estar cansada y entusiasmada a la vez por el esfuerzo de haber salido a la calle, dolorida por el clima húmedo de la ciudad. Me contó que recientemente había estado leyendo las novelas de Sidney Sheldon, que le gustaban porque le sumergían tanto en la alegría como en la desesperación de los personajes.

«Les aconsejaría a los jóvenes que no piensen en la vejez», apuntó, dándome un consejo que parecía ir destinado tanto a su hija como a su propio lado más joven. «No es bueno pensar en la vejez, la vejez, la vejez. La vejez puede ser horrible. O tener partes buenas y otras no tan buenas. ¡Quién sabe cómo será! Por esta razón les pido a los jóvenes que de momento no piensen en la vejez. Deben pensar en lo que tienen delante, en sentirse a gusto consigo mismos, en estar sanos y ganar dinero, y en cómo gastarlo adecuadamente y no de mala manera. No tienen por qué pensar en la vejez. Lo esencial es estar sanos y ganar dinero.» Se rio efusivamente, como si quisiera disipar cualquier traza de autocompasión. «El mundo está cambiando para mejor», afirmó. «Mi vida también está mejorando día a día.»

✥

La suerte ayuda. En el 2005, Ping tuvo la fortuna de toparse en uno de los periódicos en lengua china con una noticia sobre unos nuevos pisos subvencionados situados cerca de Gramercy Park, en Manhattan, destinados a ancianos. Los alquileres equivalían al 30 por ciento de los ingresos netos de los residentes, descontando los gastos médicos. Más de setecientas personas mayores solicitaron un piso en esta primera oleada, pero Ping fue una de las primeras elegidas. Incluso obtuvo un piso de dos dormitorios y un sueldo de cincuenta dólares semanales por ayudar al encargado a comunicarse con los inquilinos chinos que no hablaban inglés. Además, una de sus nuevas vecinas le dijo dónde podía solicitar una asistenta doméstica gratuita. Estas ventajas le permitieron ser «independiente», me contó, es decir, no necesitaba vivir con su hija. Después de haber estado trabajando y de ir en transporte público al trabajo hasta casi los ochenta años, sentía que ahora tenía derecho a que el gobierno la ayudara.

Cabrini Apartments, el edificio que encontró, también incluía los servicios de una trabajadora social, actividades ocasionales y a Philip Deans, el encargado del edificio, que se preocupó por conocer personalmente a los residentes. De manera informal, los inquilinos se ayudaban unos a otros a enterarse de los servicios sociales a los que tenían derecho. Philip Deans, al que Ping llamaba el «jefe», afirmó que ella manejaba la burocracia de la ciudad «como cualquier otra persona corriente», incluidas las agencias de atención domiciliaria, los servicios de paratránsito y los cupones de alimentos. «Ping los conoce, pero no sabe aprovechar estos recursos», afirmó él. Sin embargo, era muy extrovertida y recurría a los trabajadores sociales del edificio, añadió.

A pesar de sus problemas médicos, en especial el dolor articular, Ping procuraba tener la cabeza ocupada en otras cosas. «Nunca pienso en la muerte», me contó un día. «Es muy malo pensar en estas cosas. En la cama me siento muy a gusto, pero me digo, muévete. Me animo a levantarme. No es fácil. Pero tengo que moverme. Para los ancianos no es bueno quejarnos demasiado. Los demás no te consolarán. ¡Eres tú la que tienes que hacerlo!»

Sabía tomar buenas decisiones. No hacía ejercicio, pero se ocupaba de las plantas del alféizar de la ventana de su piso para estar activa. Cuando la Parte D del seguro de Medicare dejó de financiarle los parches de lidocaína para el dolor artrítico, cortó los que tenía en piezas más pequeñas y los complementó con Tylenol, así la aliviaban lo bastante como para seguir con sus actividades diarias y sus partidas de mahjong. El dominó chino también la obligaba a mover los brazos, a ejercitar el cerebro y a tener vida social, algo que le hacía mucho bien. Las partidas diarias, me contó, impedían que se aburriera o se sintiera sola. «Es muy bueno para la salud», admitió un día ante la mesa, después de ganar una partida y pedir a sus amigas que empujaran las fichas hacia ella porque le dolía demasiado estirar tanto el brazo. «Usas la mente. Usas el cuerpo, e incluso las manos.» Afirmó que un buen día era cuando «juego al mahjong y gano. Me siento feliz. No juego por dinero, pero ganar me renueva el cerebro».

Cuando le pregunté cuál era el secreto de una larga vida, Ping me dijo: «Lo esencial es procurar ser feliz. Nadie puede afirmar no haber pasado momentos malos, momentos duros. En la vida hay épocas buenas y épocas malas. Cuando murió mi hijo, no pude dormir bien durante dos años. Cada noche, durante dos años enteros. Pero después acabé adaptándome gracias a la hija tan buena que tengo aquí. Me siento satisfecha con la vida que llevo. Soy muy afortunada de vivir en este edificio».

Esto es lo que Ping me enseñó sobre pensar como un anciano: procura ser flexible, recalibra siempre las metas o lo que hace que la vida valga la pena. Una persona más joven tal vez se dejara llevar por su decepción por haber tenido que cancelar el viaje a Atlantic City y se sintiera especial por regodearse en ello. Pero Ping se olvidaba del asunto. Sabía renunciar a lo que al principio le parecía importante y luego veía que no lo era tanto, y decidía ser feliz con lo que tenía a su alcance.

Esta lección hizo que mi vida fuera muchísimo más fácil. Gastaba un montón de energía ocupándome de mis necesidades falsas. Cuando dejé de aferrarme a ellas, me pude centrar en lo que era más gratificante o duradero. También significaba dejar de sentirme culpable por lo que creía que debía estar haciendo pero que no hacía. No tenía por qué practicar el mindfulness a diario o encontrar una trituradora para destruir mis antiguos extractos bancarios. Comprar las microverduras adecuadas en el mercado callejero pasó la prueba. Requerían un mínimo esfuerzo y me permitían comer saludablemente. Pero podía prescindir perfectamente de otras cosas en mi vida: de la mitad de mi ropa y de mis otras pertenencias, de las discusiones en el trabajo o de los debates de los medios de comunicación y de ciertos amigos y miembros de la familia que solo me deprimían; renuncié a todo esto y no lo eché de menos.

Las personas mayores suelen desconcertar a las más jóvenes respecto a lo que consideran importante en la vida. En 1993 y 1994, investigadores de cuatro centros médicos universitarios[36] les preguntaron a los pacientes hospitalizados de más de ochenta años si preferían vivir un año en su estado de salud actual o menos tiempo con una salud excelente. Después les preguntaron a los que los cuidaban —solían ser sus hijos— qué creían que los pacientes responderían. Era una prueba para evaluar cómo la gente mayor, sobre todo la que tenía problemas de salud serios, valoraba la vida que les quedaba. A los cuidadores les parecía evidente que un octogenario enfermo preferiría renunciar al tiempo pasado en una cama del hospital para llevar una vida más sana, pero más corta. Sin embargo, los ancianos les sorprendieron. La mayoría afirmó que solo estaban dispuestos a renunciar a un mes o menos días de vida para gozar de una salud excelente, y el 40 por ciento aseguró que no querían renunciar a ninguna cantidad de días. Eligieron el tiempo de vida antes que la salud. Cuando entrevistaron a los pacientes un año más tarde, estaban dispuestos a renunciar incluso a menos tiempo aun a cambio de tener una salud excelente, el promedio fue dos semanas.

Incluso los ancianos con demencia senil,[37] la dolencia más temida por mucha gente más joven, afirman tener una calidad de vida mucho más alta de la que sus representantes les adjudican, según un informe de 2010 realizado por la Fundación Británica de Salud Mental, para el que les hicieron una encuesta a cuarenta y cuatro ancianos con demencia senil sobre su vida. Los investigadores esperaban que la calidad de la vida de los mayores dependiera del estado de su enfermedad; cuanto más deteriorados estu-

---

36. Joel Tsevat, Neal V. Dawson, Albert W. Wu *et al.* «Health Values of Hospitalized Patients 80 Years or Older», *Journal of the American Medical Association* 279, n.º 5, 4 de febrero de 1998, pp. 371-375.

37. Toby Williamson, «My Name Is Not Dementia: People with Dementia Discuss Quality of Life Indicators», publicado por la Alzheimer's Society, Reino Unido, 2010.

vieran mentalmente, más baja sería la calidad de su vida. Esto era también lo que creían los representantes, los familiares que los cuidaban. Creían que la calidad de vida de su padre era baja y que estaba disminuyendo por momentos. Pero los ancianos con demencia senil veían su propia vida de una manera distinta; no juzgaban la calidad de su vida por lo que habían perdido, sino por lo que hacían: pasaban momentos con los amigos o los miembros de su familia, se marcaban retos intelectuales, disfrutaban de la naturaleza. No creían que la demencia senil fuera lo más importante sobre ellos.

Tal como los investigadores afirmaron: «Es posible que la demencia senil no afecte la calidad de vida de las personas en lo que respecta a las emociones, los sentimientos y el bienestar mental como habíamos esperado». Incluso a medida que la enfermedad avanzaba, reduciendo más aún la memoria y la facultad cognitiva de los aquejados, estos seguían valorando la calidad de su vida de la misma manera. Los investigadores llamaron a esta actitud «contraintuitiva» y un «hallazgo importante, en especial por el creciente uso del testamento vital en el que las personas prevén cómo se sentirán en el futuro al vivir con ciertas clases de enfermedades». Lo que es obvio es que, según los cuidadores, la demencia senil reduce la calidad de vida de muchos pacientes, y que estas son las opiniones que solemos oír sobre los estragos del alzhéimer y de otros tipos de demencia.

El día de su cumpleaños, en mayo, Ping se sentía lo bastante bien como para ir a comer en un bufé libre y luego a cenar con su hija. A finales de verano, se llevó una grata sorpresa: su nuera y su nieto, que vivían en China, viajarían a Estados Unidos y visitarían Atlantic City. Y además les acompañaría el bisnieto, que Ping aún no conocía. Esta noticia le hizo reconsiderar su dolor artrítico. ¿Era inaguantable? ¿O algo que podía tolerar por el placer de ver a su familia? ¿Qué era importante para ella? Las tres horas de viaje ya no le parecían lo más difícil de su vida. Decidió ir a Atlantic City después de todo, a pesar del dolor que sufriría. Fue su mejor decisión del verano, me contó más tarde. «Cuando eres feliz, te olvidas de todo», me aseguró. «Estuvimos charlando durante el trayecto y me olvidé de mi dolor físico.»

Sin embargo, a lo largo del año, advertí algunos cambios patentes en Ping. Su conversación se volvió más agitada, y perdía el hilo de sus pensamientos. Más tarde, en febrero del 2016, se dio una señal inquietante. Me llamó por teléfono afirmando que quería decirme algo muy importante cuanto antes. Pero, cuando fui a ver a Ping a su piso, no recordaba por qué me había llamado. Se rio de su confusión. «¡Me estoy haciendo mayor!», exclamó. «Me cuesta recordarlo.» Pero el lapsus de memoria la inquietó. Los acontecimientos estaban tomando un nuevo giro, uno que siempre se podía dar en cualquiera de los seis ancianos de este proyecto. Ping se levantó lentamente del sofá y echó un vistazo a la habitación, como si estuviera sorprendida por haber perdido el hilo de los pensamientos. ¿A dónde se había ido? Sin embargo, seguía siendo la inconfundible Ping construyéndose a sí misma con pedazos y piezas de una larga vida. Había visto a amigas hundirse en la demencia senil. Ahora le faltaba una de sus piezas. Se echó a reír para disimular su bochorno. ¿Significaba que mañana se olvidaría de más cosas? ¿O era solo una pérdida más que superaría en una vida en la que había visto muchas otras? Por fin recordó lo que deseaba decirme: quería que me quejara al encargado del edificio sobre la moqueta de su piso. Estas eran las fuerzas conflictivas de la vejez entre el orden y la decadencia: el impulso de Ping de seguir dando forma a su mundo en contra del descenso de su memoria hacia el desorden.

La siguiente vez que la visité, a los pocos meses, no quedaba ni rastro de esta confusión. Así ocurre con la memoria y la vejez. Hay días buenos y días malos, ni los unos ni los otros garantizan lo que le deparará el mañana. Me habló con lucidez de su vida bajo el poder de Mao, cuando necesitaba una cartilla de racionamiento para comprar arroz, y de sus primeros años en el edificio donde vivía. Otro cumpleaños estaba por llegar, quizá un nuevo viaje a

Atlantic City, no estaba segura. Como en las visitas anteriores, me mostró los suvenires de sus viajes a Europa —como una copa de vino de la República Checa—, recuerdos de quién era, una viajera, aunque ahora pocas veces saliera del edificio.

Cuando su asistenta trajo una foto de Ping de joven, esta se echó a reír. «Quiere mostrarte lo guapa que era», me dijo. Hizo una pausa y volvió a reírse. «Forma parte del pasado. Ahora soy vieja.»

Con todo, seguía esforzándose por llevar una vida mejor. Me pidió que le ayudara con el inglés. Me aseguró que aún no era demasiado tarde para mejorarlo. «Supón que tú y yo lleváramos años siendo buenos amigos. ¿Podríamos decir "Te echo de menos"?»

El nuevo linóleo del suelo de su apartamento le encantaba, sobre todo comparado con la moqueta enmohecida a la que había reemplazado. ¿Es que no era una gran mejora, afirmó ella, otra razón por la que era afortunada de vivir en este piso, otra razón para ser feliz? Estaba haciendo lo que siempre había hecho, reajustar sus expectativas a medida que se manifestaba el mundo ante ella, en lugar de luchar contra él. Era su manera de elegir ser feliz. Incluso sus problemas le ofrecían una razón más para celebrar la vida.

«Es más limpio y más sano para mi salud», observó del linóleo. Y se echó a reír de nuevo. «Quizá viva más años y tú tengas que seguir visitándome.» Rio a carcajadas sin parar. Sería la última vez que la oiría reír así.

9

Las lecciones de John

«No estoy triste por nada, pero ya he vivido bastante.»

A decir verdad, espero que no haya vida después de la muerte. No me puedo imaginar algo durando eternamente. Echo de menos a Walter y ojalá pudiera reunirme con él en otra vida, pero sé que no ocurrirá. De hecho, es un gran alivio. Todo se acaba, y me parece bien.

John Sorensen, noventa y un años

John Sorensen me enseñó la lección más difícil de todas: aceptar la muerte y seguir tirando adelante. No estaba deprimido ni tenía pensamientos suicidas, al menos no de manera activa, aunque a veces me decía que ojalá los tuviera. A menudo era feliz. Disfrutaba de los recuerdos de su vida: desde su infancia en el norte del estado de Nueva York hasta su larga aventura amorosa con Walter Caron. Vivía en un piso decorado exactamente como deseaba, algo importante para él. Solo quería morir. «He llevado una vida maravillosa», me contó. «Al principio lamentaba no tener una mejor carrera profesional, pero Walter me la sustituyó con creces.

Tuvimos una gran vida.» Sin embargo, a los noventa y un años, afirmó: «Ahora la vida no me compensa lo suficiente. Si me fuera de este mundo, me alegraría».

Cuando conocí a John a principios del 2015, yo sabía cómo acabar con la vida de alguien sin causarle dolor ni sufrimiento alguno. No compartiré aquí el método, pero Internet está lleno de esta útil información. Varios años atrás, me había planteado la posibilidad de matar a mi madre. Fue después de su segunda operación de fusión espinal, tras una infección que casi acaba con ella, después de que nos acusara a mi hermano y a mí de autorizar a los médicos a que la alimentaran por vía intravenosa para que sobreviviera. Al regresar yo de Irak, había vuelto con mi esposa y retomado mi vida en Nueva York. Desde la operación, mi madre, debido a una caída, había sufrido una fractura por compresión en la vértebra situada justo encima de la que le habían operado. El hueso, que se había vuelto poroso con los años, se deshizo como una esponja quebradiza, nos explicó el médico. No había ningún tratamiento para recomponerlo de nuevo.

El dolor que le provocó la fractura durante los meses siguientes era más fuerte del que podía aguantar. La absorbió por completo. Su dolor era un mar y mi madre estaba nadando en medio de sus aguas, sin ninguna orilla a la vista, y tampoco quería vislumbrar una. Detestaba la terapia física —implicaba moverse intencionadamente de un modo que le dolía—, y los analgésicos cada vez le hacían menos efecto. Un especialista en la gestión del dolor nos aconsejó matarle electrónicamente algunos de los nervios alrededor de la columna vertebral, un procedimiento que le produjo a mi madre un cierto alivio y le subió el ánimo. Pero al cabo de un tiempo el dolor regresó, era al menos tan fuerte como antes, y ahora no había ninguna solución mágica para devolverle las esperanzas. Un día se desplomó con la cabeza arrimada a los pies de la cama, y allí se quedó, quejándose cuando las cuidadoras le cambiaron el empapador para proteger el colchón.

Fue entonces cuando empecé a reunir información sobre el suicidio asistido. Me dije que era lo mínimo que podía hacer por ella.

Por suerte, nunca llegué a consumarlo. El médico de su edificio tutelado le subió la dosis de analgésicos hasta que pudo moverse por los alrededores sin ningún problema. Poco a poco fue retomando su antigua vida, iba a cenar con sus amigas habituales, se apuntaba a las salidas ocasionales que organizaban con la furgoneta del edificio y asistía a clases de español y de cerámica. Gracias a su escúter motorizado tenía toda la movilidad que necesitaba. Sus cuidadoras le proporcionaban compañía y consuelo. El problema era que seguía queriendo morirse. «Estaba muy amargada», admitió más tarde. «Había perdido la fe en Dios. No me podía creer que Dios me amara y que quisiera obligarme a vivir de ese modo. Y todavía lo pienso.» Era lógico no desear llevar una vida reducida a retorcerte de dolor en la cama sobre un empapador mojado. Pero ¿acaso no era un sinsentido querer abandonar una existencia con tantas comodidades ganadas a pulso?

Ella no estaba de acuerdo conmigo. En su lugar, citó una frase antigua que atribuyó a James Joyce: «"Estoy viejo y cansado, y quiero descender por el río hasta llegar al mar"», dijo mi madre. Sus años productivos habían quedado atrás, afirmó, y lo único que veía ante ella era más dolor y declive. «Eso es lo que pienso. Quizá por el momento esté asustada, no lo sé. Y tengo todo el derecho a estarlo. No quiero seguir en esta situación demasiado tiempo.»

Raras veces visitaba a John sin pensar en mi madre. La paradoja de John es que le encantaba hablar, incluso charlar de su deseo de morir le subía los ánimos. De niño siempre se estaba metiendo en problemas por hablar por los codos, y de anciano le gustaba repetir esta historia, normalmente después de mantener una buena conversación inconexa en la que llevaba la voz cantante. Hasta cuando hablaba de la muerte sonreía y se iba animando por momentos, y al cabo de poco abordaba otros temas.

A diferencia de mi madre, parecía saborear los placeres que aún tenía a su alcance. Un día le visité después de haber oído él en la radio a la soprano Sondra Radvanovsky en *Un ballo in maschera*, en la Ópera Metropolitana, y cuando me habló de la actuación se le iluminó la cara. «Creo que estuve en las nubes varios días después de oírla», me comentó. «Hacía mucho que no escuchaba una interpretación tan sublime. Me hace sentir muy vivo. Cuando la soprano acabó de cantar, tuve un subidón que me duró una semana.»

Parecía asombrarse de que el mundo aún produjera semejantes maravillas —una nueva soprano divina—, aunque él ya no siguiera creando obras de arte. La música monopolizó la conversación. Unos días atrás, John había oído por la radio la melodía «Collar de perlas» de Glenn Miller y, de pronto, le entraron ganas de ponerse a bailar solo en la cocina. «Al final me levanté, me agarré a la nevera e intenté bailar al ritmo de la melodía», me contó. «Fue maravilloso. La música me entusiasma y me hace feliz.»

Cuando empecé a visitar a John, siempre que hablaba de querer morirse, yo le recordaba todos los placeres de los que podía gozar, citándoselos como razones para seguir adelante. ¿Es que no quería oír a Jonas Kaufmann una vez más? ¿O ver a sus amigos Mike y John de Fire Island? ¿Por qué morir ahora y no al cabo de tres días o de tres años? Era un reflejo automático mío, la forma en la que solemos reaccionar cuando los amigos están bajos de ánimos: anímate, al menos no estás rompiéndote el lomo trabajando bajo un sol implacable. Le recordaba a amigos suyos que querían que él viviera, si el problema era que no sabía que le querían. Le repetía las partes de nuestra cultura que glorifica a los luchadores: no te rindas, no arrojes la toalla, lucha hasta el final. Abandonar parecía de algún modo un acto de debilidad o una mala decisión o, según las buenas vibraciones celestiales de Deepak Chopra, un fracaso de la imaginación, porque cualquiera de nosotros puede ser «pionero en una tierra donde... la vejez, la senilidad, las enfermedades y la muerte no existen y ni siquiera se ven como una posibilidad».[38] La muerte puede que sea la única certeza en nuestra vida, pero es también una de las pocas cosas que sigue siendo vergonzoso desear.

Pero John nunca dudó de ello. Su deseo de morir no era ciego u obcecado. Era más bien como un cantante que hubiera acabado su canción y ya no tuviera ninguna otra para interpretar. ¿Por qué seguir en el escenario, resollando y sudando bajo los focos, con nada para ofrecer o recibir? Las fragilidades de la senectud no hacían más que aumentar y él se estaba encogiendo, y lo máximo que podía esperar recibir si luchaba era la oportunidad de luchar de nuevo al día siguiente, en el que se sentiría más magullado y dolorido aún. El cambio de estatura era literal: John había medido 1,82 metros y en el último chequeo medía 1,59, y se imaginaba que ahora se habría encogido más todavía. «Estoy listo para irme de este mundo ahora mismo», me aseguró. «Dame un día o dos más.» Tal vez se moriría dentro de dos semanas, o al cabo de 3,7 años —la esperanza de vida promedio de un hombre americano de noventa y un años—, pero de cualquier forma el tiempo que le quedaba no significaba nada para él. A los amigos ya les había dado lo que tenía para darles, y de ellos ya había recibido todo lo que podía conservar.

Lo que acabé descubriendo con John es que aceptar la muerte —incluso desearla— no quitaba valor a los días que le quedaban, al contrario, hacían que contaran más aún por lo escasos que eran. Le daba la libertad para vivir las experiencias que le gustaban, en lugar de torturarse con lo que haría si pudiera llevarlas a cabo. Por eso, hablar de su deseo de morir le subía el ánimo. La muerte le otorgaba a todo su valor. Sabía que la cantidad de veces que vería a este o a aquel otro amigo era limitada, cada instante era valioso. Los momentos eran muy intensos, en lugar de ser fugaces como en la juventud. Mirar una película antigua le recordaba a sus pa-

---

38. Deepak Chopra, *The Essential Ageless Body, Timeless Mind: The Essence of the Quantum Alternative to Growing Old,* Harmony Books, Nueva York, 2007, p. 11.

dres, a Walter, la gran atracción que sentía por Dana Andrews o una fiesta en Fire Island. O todos esos momentos a la vez. Como no creía en la vida del más allá, la muerte era el final para John, en lugar de ser una transición o un destino, de ahí que solo pensara en ella como algo inevitable, sin forma ni color. No había ninguna razón para mirar más allá del momento presente. No esperaba nada más de la vida, ni tampoco quería esperarlo. Ese deseo no tenía sentido para él, era un apetito que había dejado atrás.

La psicóloga Mary Pipher, en su compasivo libro *Claves para entender el mundo de los mayores*, [39] escribe que en la vejez «buscamos nuestro lugar existencial. Nos preguntamos: "¿En qué sentido ha sido importante mi vida?"; "¿He invertido bien mi tiempo?"; "¿Qué he significado para los demás?"; "¿Qué puedo recordar con orgullo?"; "¿He amado a las personas adecuadas?" Y buscamos un hogar y una población donde nos sintamos cómodos, útiles y amados». Pero por lo que yo había visto hasta el momento, John no había hecho nada de esto, al menos desde que yo le conocía. Había dejado atrás la etapa de hacerse preguntas, las respuestas ya no tenían ningún sentido para él. Era consciente de sus placeres preferidos y de lo que era importante en su vida, de las cosas que había perdido y que nunca más recuperaría. Le sacaba de quicio constatar que ya no era útil, y solo le aliviaba en parte saber que le querían. Tal vez en el pasado había estado buscando su lugar existencial o su hogar ideal en el mundo, pero ahora había dejado de hacerlo. Había hecho las paces con los deseos a los que había renunciado. «Siempre planeé leer y tocar el piano en la vejez, y ahora no puedo hacer ni una cosa ni la otra», me recordó. «¿Sabes lo que quieres hacer cuando envejezcas?»

Cada vez que le visitaba me llevaba a recuerdos agradables del pasado, a veces eran los mismos una y otra vez. Su vida constituía

---

39. Mary Pipher, *Another Country: Navigating the Emotional Terrain of Our Elders*, Riverhead Books, Nueva York, 1999, pp. 15-16. [Edición en castellano: *Claves para entender el mundo de los mayores*, Planeta, Barcelona, 2000].

un pequeño joyero de un brillo exquisito. Hablaba de la pasión por los muebles que sentía de niño, del día en que al oír a la soprano Kirsten Flagstad por la radio en 1935, a los doce años, descubrió todo un mundo fuera de su pequeña población al norte del estado de Nueva York. Sus óperas preferidas eran, por supuesto, las de Wagner. «Ojalá hubieras conocido a mi madre cuando era joven», me dijo un día, y eso fue todo lo que necesitó para embarcarse en un viaje a lo largo del tiempo. Tedio, miedo, rabia, celos, dolor emocional, traición, soledad..., ninguna de estas emociones figuraban en sus recuerdos. En su lugar había amor, sexo, calidez, momentos pasados con los amigos y la casa en la playa que levantó con Walter. Lo que parecía ser una fijación morbosa con la muerte era también un atajo para disfrutar del tiempo que le quedaba. Dado que la muerte formaba parte de la secuencia inmutable de las cosas, aceptarla le ponía más orden en su vida. Cualquier otra actitud no hubiera sido equilibrada, como una nota desafinada o una cama sin hacer. Le reconfortaba imaginar todo encajando por fin a la perfección, la simetría, el orden y la plenitud en el ocaso de su vida.

⠶

«¿Recuerdas la guerra?», me preguntó John un día de abril. «Me cuesta mucho pensar en adultos que no tengan presente la guerra o la Gran Depresión. Para mí es como si hubiera ocurrido ayer. Ninguno de mis amigos recuerda la Segunda Guerra Mundial. Me acuerdo de cuando atacaron Pearl Harbor. En aquel momento me estaba planchando unos pantalones para ir a clase al día siguiente. Y ninguno de nosotros sabía dónde estaba la base naval. Sabíamos que nos habían atacado en alguna parte, pero ignorábamos dónde. El ataque sorpresa me pilló en casa. En aquella época era muy escrupuloso con mi atuendo.»

Estábamos sentados, como siempre, en sus dos sillones preferidos, unas butacas bajas Luís XVI que había restaurado con sus propias manos, aunque a esas alturas se veían desgastadas, tenía los dedos demasiado agarrotados para repararlas. Eran sumamente incómodas, sobre todo para John, al que le costaba agacharse tanto y levantarse de un asiento tan bajo, pero se negaba a cambiarlas por otras más prácticas. Nunca eres demasiado viejo para que te importen las apariencias, afirmó. El día anterior había intentado caminar hasta la esquina con su cuidador, pero le habían fallado las fuerzas y a los pocos pasos, asustado, tuvo que pedirle que le ayudara a regresar, las piernas le dolían horrores. «Quiso cogerme en brazos y llevarme a cuestas hasta mi casa, pero no le dejé», observó John de su cuidador. «No estoy dispuesto a rendirme hasta ese punto. Supongo que detesto renunciar a mis pequeños placeres. Ya no te veo, ¿sabes? Solo percibo una sombra, eso es todo», añadió mirándome. Fue prácticamente la última vez que John salió de su piso, salvo para ir al médico, y más tarde al hospital.

El año que estuve visitando a John fue como un viaje idiosincrático al siglo pasado americano. No luchó en el frente debido a unas palpitaciones cardíacas irregulares, pero vivió la Gran Depresión, la época del presidente Truman (no era partidario de él), la de Nixon (lo apoyaba), la revolución sexual (fue promiscuo) y la llegada del movimiento de los derechos de los gais. Detestaba a Elvis hasta que lo vio en la película *Amándote,* y a partir de entonces se enamoró de él. Cuando los manifestantes protestaron contra una redada policial en los disturbios de Stonewall de 1969, John dijo que el consenso en Fire Island era que la revuelta no haría más que empeorar las cosas. Siempre le asombró que las parejas gais pudieran casarse. Él y Walter se habían registrado como pareja de hecho y conservaban el certificado en el cuarto de baño, junto con un artículo amarillento publicado en 1990 sobre el cierre de Isaac Mendoza, la librería de Walter, la más antigua de la ciudad. Eran unos ancianos que habían envejecido juntos, dos logros de los hombres gais de su generación. Cuando Walter fue a ver al médico en Fire Island por lo que creía ser estreñimiento en

2009 ya había vivido ocho años más que cualquier otro miembro de su familia.

«Él era el feliz», afirmó Anne Kornblum, la sobrina de Walter, sobre su tío, mientras conversaba con John en el piso de este. «Tú eras el adusto.»

«Yo era tan feliz como él», repuso John. «Los dos lo éramos».

Walter murió en su hogar el 11 de octubre del 2009, después de pasar temporadas en el hospital y de ir a sesiones de rehabilitación. En sus últimos días de vida había dejado de cerrar los ojos, incluso mientras dormía, y costaba saber cuándo estaba consciente. Su respiración era tan poco profunda que apenas se notaba. A John no parecía entristecerle hablar de aquella noche, quizá porque formaba parte del seguro pasado, o por estar en aquel tiempo muy unido a Walter. «Aquel día entré en el dormitorio y me dije: "No sé si aún está vivo"», nos contó. «No podía percibirlo. Salí, y al poco tiempo volví a entrar. Era evidente que Walter se había ido. Fue una noche muy dura. Llamé a la policía. Los oficiales llegaron a casa. Estaba destrozado. Nunca olvidaré lo amables que fueron conmigo. Tuve que hacer un montón de llamadas antes de lograr que viniera un médico para que confirmara que la muerte de Walter había sido por causas naturales. Me llevó al menos tres horas, y luego los de la funeraria llegaron para llevárselo. La policía no se fue de casa hasta que el médico dio el visto bueno.»

Si se hubieran casado, John habría podido recibir los tres mil dólares mensuales de la pensión de viudedad de la Seguridad Social. Pero en Nueva York solo se reconoció el matrimonio entre personas del mismo sexo después de la muerte de Walter. John cobraba la mitad de esta cantidad de la Seguridad Social y de una pequeña pensión de jubilado, dinero con el que apenas podía pagar el alquiler y menos aún los gastos cotidianos. Fue entonces cuando Anne asumió un nuevo papel en la vida de John.

Anne, que tenía sesenta y un años cuando la conocí, era una fuerza de la naturaleza, la única mujer a la que he visto responder un correo electrónico sobre qué tipo de funda de pistola quería.

Además de cuidar de John, trabajaba a tiempo completo como investigadora criminal en el servicio de correos de Estados Unidos, y por si esto fuera poco, se las ingeniaba también para cuidar de su madre y de los padres de su marido. Su suegro, de noventa y seis años, sufría una seria demencia senil, y su suegra, la persona que lo cuidaba, era casi nonagenaria. La madre de Anne, que vivía en un edificio tutelado para ancianos en Massachusetts, «era la que estaba en peores condiciones de todos», afirmó ella. Cuando surgía algún problema, llamaban a Anne. Si tenías a una Anne Kornblum en tu vida, podías considerarte muy afortunado. Y si no, era la persona ideal que desearías tener a tu lado.

Para Anne, el tío Walter y Johnny eran la pareja elegante de Nueva York que lo sabían todo sobre teatro y música. John tenía un gusto exquisito y era un manitas para las reparaciones domésticas. «Hasta hace cinco años todavía realizaba cien flexiones diarias», dijo ella.

John casi se echó a reír. «Ahora ya no las hago, no consigo despegarme del suelo», se quejó. Cuando estaba con ella, se le avivaba el sentido del humor. Anne le dejaba decir que una mujer no podía ser presidenta, aunque no le gustaran esta clase de comentarios.

«Un invierno nos quedamos sin agua corriente en Fire Island y tuvimos que ir cargados con jarrones a la estación de bombeo de la ciudad a buscarla. No teníamos calefacción, y nuestra fuente de iluminación eran las lámparas de queroseno. El día de Acción de Gracias comimos con el abrigo y los guantes puestos. Nos lo pasábamos de coña.»

«Creo que el alcohol tuvo mucho que ver con que os divirtierais tanto», apostilló ella.

John no podía creer la buena suerte que habían tenido.

En un breve orden, Anne gestionaba la economía de John, había solicitado la congelación del alquiler para un ciudadano mayor, había traspasado las cuentas de John a una sucursal del barrio, había organizado los cuidados médicos, le había conseguido un asistente doméstico y dos visitantes voluntarios de distintas agencias y había solicitado los servicios de Medicaid. Cuando John salió del hospital donde había estado ingresado, el médico le proporcionó cuidadores para que lo atendieran en su domicilio a tiempo completo durante cien días. Pero John no les permitió tocar nada del piso y tuvieron que quedarse sentados de brazos cruzados con ese hombre que no los quería en su hogar. Sin embargo, Anne no se desanimó. Cuando la conocí estaba dispuesta —y creía que John también lo estaba— a solicitar otra ronda de cuidadores.

«A decir verdad, es el que está en mejor estado de los cuatro mayores que tengo a mi cargo», me dijo en agosto, en el piso de John. «Pero es el más difícil. Es lo que hay. Es cuestión de negociar. Es un regalo tenerlos en esta etapa de mi vida. Pero también es un reto. Me resulta estresante.»

A pesar de la presencia de Anne, fue un mal día para John. Cuando llegué a su piso tenía un cardenal de color rojo rabioso extendiéndose por la parte superior del brazo y un vendaje ensangrentado alrededor de la espinilla. En uno de los armarios de la cocina se veía un chorrete de sangre. John estaba plantado en la sala de estar, vacilante. No se acordaba de cómo se había caído al suelo.

«Hoy me podía haber caído veinte o treinta veces, pero conseguí recuperar el equilibrio», me contó en un hilo tembloroso de voz. Anne lo acompañó a su butaca preferida.

«Por eso tienes que usar el andador», le recordó ella. «En esta clase de días, sácalo del armario y úsalo.»

«Uso el bastón», repuso él.

«El bastón no te va a sostener si te caes. Solo es como un tercer pie.»

«Detesto el aspecto del andador. Si lo dejas a la vista en la sala de estar, me dará algo. No lo soportaré. Quedará feísimo en el piso.»

Y dale que te dale. Ambos se sabían de memoria sus argumentos, pero Anne insistió.

«Se lo he dicho un montón de veces, si se cae y se rompe algo, su vida cambiará drásticamente. Y habrá que plantearse si puede seguir viviendo aquí. Porque, si ingresa en el hospital con algo roto, ya no estará en mis manos lo que le ocurra.»

Anne examinó los brazos y las piernas de John buscando más magulladuras. No dijo lo que los dos sabían que ella pretendía: estaba haciendo todo lo posible para mantenerlo con vida y evitar que lo mandaran a una residencia de ancianos, pero por más que lo intentara, sabía que un día perdería la batalla.

❖

La historia del envejecimiento de la población americana es en gran medida como la historia de personas como Anne, los amigos o los miembros de la familia que cuidan a los mayores por su cuenta, normalmente sin una formación en geriatría e invirtiendo una gran cantidad de tiempo y de dinero. Los cuidadores no remunerados se ocupan del 90 por ciento[40] de los cuidados a largo plazo de los ancianos o los discapacitados, y una buena parte se ven obligados a hacer malabarismos para compaginarlo con el trabajo, la familia y otras responsabilidades. Un estudio de 2014 realizado por la RAND Corporation[41] estimó que los estadounidenses invierten treinta mil millones de horas anualmente cuidando de parientes y amigos de edad avanzada, con un coste en sueldos perdidos o en tiempo gastado de 522.000 millones de dólares. Los Institutos Nacionales de la Salud advierten[42] que los

---

40. «Family Caregiving: The Facts», hoja de datos de los Centers for Disease Control, publicado en www.cdc.gov/aging/caregiving/facts.htm.

41. Amalavoyal V. Chari, John Engberg, Kristian Ray y Ateev Mehrotra, *Valuing the Care We Provide Our Elders,* Santa Monica, California, RAND Corporation, 2015, publicado en www.rand.org/pubs/research_briefs/RB9817.html.

42. Richard Schulz y Paula R. Sherwood, «Physical and Mental Health Effects of Family Caregiving», *American Journal of Nursing* 108, n.º 9, suplemento, septiembre de 2008, pp. 23-27.

cuidados de personas ancianas «generan una presión física y psicológica durante temporadas largas, van ligados a altos niveles de incertidumbre y de incontrolabilidad y pueden crear estrés secundario en múltiples ámbitos de la vida —como el laboral y el de las relaciones familiares—, y con frecuencia exigen un elevado estado de vigilancia. El trabajo de los cuidadores encaja con la fórmula del estrés crónico hasta tal punto que se usa como modelo para estudiar los problemas de salud causados por este tipo de estrés». Pero el estudio señaló que cuidar de una persona mayor también tiene beneficios para el cuidador, y que «apoyar o ayudar a los demás es tan bueno para la salud como recibir apoyo».

La caída de John y los acontecimientos que le llevaron a este desafortunado incidente muestran lo frágiles que pueden ser las redes asistenciales.

John dependía de las visitas regulares de Anne y de las visitas semanales de su asistente doméstico y de dos amables visitantes. Anne coordinaba la ayuda y gestionaba la economía de John, y los tres visitantes le hacían compañía y le servían de recaderos, como cuando le iban a buscar los medicamentos a la farmacia. Yo siempre programaba mis visitas en torno a ellos, porque John no quería que nadie se inmiscuyera en su tiempo con Alex, Markus y Scott.

A principios de agosto, la suegra de Anne sufrió una caída y tuvieron que hospitalizarla una semana, por lo que su suegro, aquejado de una seria demencia senil, se iba a quedar solo en el piso. Anne y su marido hicieron turnos de doce horas cada uno para que estuviera acompañado, pero como Anne no conducía, ni siquiera salía de casa cuando le tocaba a su marido ocuparse de él. Más tarde vio que había sido un error. Tendría que haber ido a echarle un vistazo a John», me confesó. «Aprendes las cosas sobre la marcha.»

Mientras estaba ocupada con su suegro, uno de los cuidadores voluntarios de John se saltó una sesión semanal para ir a una boda, y el otro se fue de vacaciones por un corto espacio de tiempo. Cuando le tocó al asistente doméstico ir al piso de Jonh, este se había quedado sin trazodona, el antidepresivo que tomaba para ayudarle a conciliar el sueño. En la parafarmacia habían terminado las existencias y tuvieron que pedir más.

John se acabó alterando por pasar tanto tiempo solo y no dormía bien sin su medicamento. Al final se cayó en la cocina, sobre todo por culpa del cansancio. Cuando Anne fue al piso de John se lo encontró ensangrentado, magullado y solo. Ella también estaba agotada por haber estado cuidando a su suegro una semana entera.

Anne fue a la farmacia a por el medicamento y le llevó de paso una pizza de su antiguo restaurante favorito. Limpió la sangre de la pierna de John y del armario de la cocina y le ayudó a ir al cuarto de baño diciendo: «No necesito ningún otro accidente». Inspeccionó la casa para descartar cualquier posible peligro. «Lo que me preocupa es su medicación, cuando llego a su piso me encuentro pastillas en el suelo por todas partes. No las ve. Se le caen de las manos. La pastilla para el corazón, la más importante, se la tiene que tomar a diario, y si no se acuerda de si se la ha tomado, no debe tomar otra. Le dijo al médico que, cuando no se acordaba, se tomaba otra por si acaso.»

Anne se encogió de hombros. Su suegra había vuelto a casa, pero su madre estaba ingresada en el hospital de Massachusetts después de haber comido tomates, los cuales siempre le irritaban la colitis.

«No para de decir: "Me gustan los tomates"», se quejó Anne. A su madre también le gustaba ser el centro de atención de los médicos, ir al hospital era para ella como un evento social, añadió. «Cada vez es…», dijo Anne buscando las palabras acertadas «más difícil», admitió, y luego lanzó un suspiro.

Pronto se darían más crisis relacionadas con tres de los cuatro ancianos que tenía a su cargo.

▓

John tenía ochenta y seis años y era el primer año que estaba sano desde la muerte de Walter; se ocupaba del mantenimiento de la casa de la playa y del de su piso, e incluso estuvo podando los árboles con una motosierra en el jardín. Pero, poco después del Día del Trabajo en 2010, las cosas se torcieron. Se arrodilló para recoger algo del suelo de su apartamento y, cuando se quiso levantar, descubrió que le era imposible. Como no se había estado encontrando mal, se dejó caer hasta quedar boca abajo en el suelo, quitándole importancia al incidente. «Al principio pensé, ¡qué situación más absurda! No me puedo levantar del suelo. Pero después me asusté.» Recordaba vagamente haber entrado en una ambulancia y decirles a los paramédicos que no le fastidiaran, que le dejaran morir. Por lo visto, el culpable de todo era probablemente el virus del Nilo Occidental, que desgasta el sistema inmune ya debilitado de por sí de los ancianos. John estuvo perdiendo la conciencia y volviéndola a recuperar durante tres semanas, y tuvo que hacer rehabilitación hasta casi el Día de Acción de Gracias. Cuando regresó a casa, los músculos se le habían debilitado por la falta de actividad, y en 2014, el año antes de que yo le conociera, había dejado de ir a Fire Island. También dejó de ir a la ópera y al teatro por unas molestas complicaciones digestivas. Todavía tenía amigos que le visitaban en Nueva York, pero su mundo se había empequeñecido, y ya no podía gozar de las cosas que últimamente más placer le daban.

John se había marcado para el año que estuve visitándole la meta de pasar el Día de Acción de Gracias con los amigos fuera de la ciudad, pero a principios de marzo me contó que no creía encontrarse lo bastante bien como para ir. No quería hacer el ridículo con sus malos hábitos alimentarios o con la declarada revuelta de su digestión diaria. Había atribuido encantado los achaques de Walter a las enfermedades y la edad, en lugar de a los errores personales. Pero raras veces se medía con la misma vara. El camino de grava y las escaleras de la casa de sus amigos le daban pavor. Ni siquiera podía vestir como le hubiera gustado, algo que seguía siendo importante para él. Durante los siete meses siguientes estuvo viendo con pesimismo el encuentro. Con todo, seguía afirmando: «Es lo único que espero con ilusión».

En noviembre, John se sintió lo bastante bien para ir, e incluso se las ingenió para usar el cuchillo y el tenedor en la mesa. Sus amigos más íntimos estaban allí; les sacaba a todos veinte años, los de su edad ya no se encontraban en este mundo. Un mes más tarde, se reunieron en un restaurante cercano al piso de John para celebrar su nonagésimo segundo cumpleaños, un acontecimiento que había esperado no ver nunca. El nieto de Anne también estaba presente, eran cuatro generaciones bajo el mismo techo. A pesar de las charlas catastrofistas de John, en ese año no había sufrido crisis de salud importantes, solo un lento deterioro de los músculos y los órganos, más lagunas en su memoria a corto plazo, más problemas de sueño y una menor movilidad.

¿Estaba viviendo mucho o tardando demasiado en morir? Mi madre quería liberarse del constante dolor que no le daba tregua; en cambio, John sentía un gran vacío existencial y para él no tenía sentido seguir así. ¿Por qué ver su película favorita una vez más, si ya se sabía todos los diálogos de memoria y su mala visión no le permitía captar las imágenes? Cada vez que la veía, las escenas eran más borrosas que la vez anterior.

Lo que ahora esperaba con ilusión, me contó, era que esparcieran sus cenizas, junto con las de Walter, en Fire Island. Había realizado este ritual para amigos que habían muerto y estaba seguro de que los amigos que le quedaban harían lo mismo por él.

«Ese será un buen día para mí», afirmó en un tono desenfadado. «De verdad». Tengo un puñado de muy buenos amigos que se quedarán apenados. Pero como creo que saben también qué es lo que deseo, no será tan horrible después de todo. La muerte no me asusta ni un ápice. La otra noche noté que le pasaba algo raro a mi cuerpo y me dije: "Jesús, igual me estoy muriendo ahora". Pero no me preocupó lo más mínimo.»

❖

¿Qué podían aprender las personas más jóvenes de alguien como John, que insistía en que no tenía ninguna lección para dar? Las respuestas más sencillas eran la compasión y la empatía; el tiempo que pasaba con John siempre valía la pena, me permitía meterme en la vida de otra persona. Era muy valiente por dejarme ver lo que era ser viejo, y también bondadoso por compartir conmigo su dependencia de Anne, aunque le fastidiara no ser autónomo. En una de mis últimas visitas, le pregunté qué debía responderle a mi madre la próxima vez que me dijera que se quería morir.

La pregunta le desconcertó. Significaba pensar en el futuro, en la vida de otra persona, algo que no tenía por costumbre hacer. Sabía que las cosas que los amigos le decían —«Me dicen que no quieren que me vaya aún»— no le hacían cambiar de parecer, pero le recordaban su amistad y los tiempos mejores pasados juntos. «¿Recuerda la mayor parte de su vida?», me preguntó. «¿Ha tenido una buena vida?»

La buena vida de John se debía en parte, creo, a saber crear con sus recuerdos la historia de una buena vida. Nunca veía como una paradoja que amara la vida y la quisiera abandonar al mismo tiempo. Qué molesto debe de ser que otras personas —más jóvenes que tú, que no pueden saber lo que es la vejez— se atrevan a juzgar si te has ganado el derecho a morir. ¿Qué clase de sociedad trata así a las personas mayores? ¿Qué clase de amigos? ¿Qué clase de hijos? Quizá la mejor respuesta al deseo de morir de mi madre fuera decirle, simplemente, que la amaba y que seguiría amándola. Estoy intentando llegar a este punto.

Después de aquella visita, Anne me contó que John no recordaba quién le había ido a ver. Sabía que era alguien con una grabadora, pero no estaba seguro de si era yo. En cierto sentido, me dije, yo no había estado realmente con él, al menos no con la misma fuerza que las personas del pasado que llenaban sus conversaciones. Yo no había estado presente de la misma forma en que Walter lo estaba. Así era, aunque algunas personas rigurosas no coincidieran en ello. En una de mis últimas conversaciones, John me contó que se fracturó una pierna en la clase del gimnasio y al salir de ella se le ocurrió de pronto ponerse a bailar jitterbug[43] ante las propias narices del profesor de gimnasia. La historia aún le hacía partirse de risa. Claro que no se acordaba de mí. Se iba a morir pronto y lo sabía, y tenía muchas otras cosas para recordar, ochenta y seis buenos años precediendo al poco tiempo que le quedaba.

En nuestro primer encuentro a principios de 2015 creí que era una de las personas más morbosas que había conocido. Pero estaba equivocado. La lección de John Sorensen era que aceptar la muerte era aceptar la vida, y que aceptar la vida era vivirla con alegría, fueran cuales fuesen las circunstancias terribles que nos rodearan.

---

43. Popular baile de los años treinta y cuarenta. Se bailaba manteniendo un centro de gravedad bajo, con las rodillas flexionades y sueltas, haciendo acrobacias al ritmo de las grandes orquestas. *(N. de la T.)*

10

Las lecciones de Helen

«Yo he tenido tu edad, pero tú nunca has tenido la mía.»

Las personas mayores que acababan en una residencia de ancianos me daban lástima. Mi padre decía que era un lugar donde te molían a palos. Pero aquí nadie te muele a palos. Al final, él ni siquiera nos reconocía.

Helen Moses, noventa y un años

Helen Moses es una mujer muy agradable, y si uno no se lo cree, solo hay que preguntárselo. Por ejemplo, un día me contó que había hecho nuevas amistades en la residencia de ancianos. «Como me pasó con aquella chica a la que llamé gorda», afirmó. «Ahora es mi mejor amiga. Ella tenía mucho calor y yo le dije: "Las personas gordas suelen ser calurosas", pero no lo hice con mala intención. Entonces ella me soltó que yo era una imbécil. Y la próxima vez que la vi, me fulminó con la mirada. Yo le dije: "Pues sigues siendo gorda". Ahora que me conoce mejor, le caigo bien. Me contó que su hija se casará en noviembre. Le deseé mucha suerte. Pero sigue estando gorda.»

Las lecciones de Helen, por más chocante que sea, tienen que ver con la diplomacia y las relaciones personales.

Era una tarde de mayo y Helen me contó que no había pegado ojo en toda la noche, porque los Mets habían perdido. El rótulo de neón que había al lado de su cama —siempre lo encendía cuando su equipo ganaba un partido— colgaba ahora de la pared, triste y apagado, a su espalda. Mientras charlaba de esto y de aquello, como de las enfermeras que echaron a Howie de su habitación por la noche, de pronto dejó caer una bomba.

«Quiero casarme. Quizá lo hagamos en verano», me anunció.

La había ido a visitar acompañado de dos colegas, un fotógrafo y un camarógrafo, y era posible que lo dijera por afán de protagonismo, pero sus palabras eran muy claras y parecía haberlas meditado bastante. «No tiene sentido estar juntos de esta manera.»

Me contó que no llevaría un traje de novia porque ya se lo había puesto en su primera boda, aunque a ambos les encantara el programa *Say Yes to the Dress,* que iba de encontrar el traje de novia perfecto. Howie, sentado en su silla de ruedas junto a la cama de Helen, le tendió la mano para que se la agarrara. Le pregunté que le parecía lo de la boda y mi pregunta, por lo visto, le sorprendió. «Me parece bien», repuso. Pero, tras disponer de un momento para pensar en ello, se mostró más efusivo.

«Es como el paraíso perfecto», me aseguró. «De verdad. Un puro cielo. Ella es perfecta para mí.»

«¡Qué mentiroso!», terció Helen.

Howie puso cara de ofendido.

«¿Por qué?», repuso él.

«¿Y lo de Theresa qué?», le dijo Helen. Se refería a Theresa Caputo, una vidente del TLC —un canal de la televisión por satélite—, conocida como la Médium de Long Island. Lucía una larga melena rubio platino. Howie volvió a quedarse callado.

Además, le recordó Helen echándole una mirada celosa, había aquella mujer de las clases de esmaltado sobre cobre que le había estado tirando los tejos. No estoy seguro de si él la captó. Probablemente interpretaban esta escena de vez en cuando. Su relación, como muchas otras, parecía estar construida sobre una serie de piezas conocidas, era como las relaciones más duraderas basadas en recuerdos compartidos.

Le pregunté si estaba celosa.

«¡No! ¡Puedo tener al hombre que quiera!», exclamó.

Pero la chulería no le duró demasiado. Helen me confesó que no le había dicho a su hija Zoe que quería casarse. «Estoy tan nerviosa que me he arañado a mí misma y ahora estoy sangrando», admitió. Después, recuperando la compostura, añadió: «No importa, haré lo que yo quiera.»

El año en que estaba visitando a Helen iba ahora a dar un giro: una boda planeada o un choque frontal con Zoe, tenían que llegar a alguna solución. Algo tenía que ocurrir, y pronto. Pero los meses fueron transcurriendo y todo seguía igual. Helen me comunicó que no se iba a casar, luego me dijo que tal vez lo haría. Más tarde volvió a cambiar de opinión, y al cabo de unos días me anunció de nuevo que tal vez contraerían matrimonio. La pareja seguía viendo el programa *Say Yes to the Dress* cada domingo y Zoe visitaba a su madre cada semana, pero ninguna de las dos se decantaba por una cosa ni por otra. Cada vez que le preguntaba a Helen por lo de la boda, me daba una respuesta distinta.

Me llevó un año ver cuánta sabiduría ganada con la edad había detrás de este punto muerto. Ilustraba a la perfección la perspectiva acortada de la vejez en acción: Helen tenía los días contados y no necesitaba empezar una nueva vida con Howie, sobre todo si le iba a causar problemas con Zoe. Lo que necesitaba era más de lo que ahora tenía, aunque significara dejar el conflicto sin resolver. Una mujer más joven con toda una vida por delante tal vez pondría al progreso por encima de todo lo demás, confiando en que el cambio fuera para mejor. Sin embargo, a Helen el inmovilismo no le traía sino una mayor atención y cuidados en su vida. Dejar la batalla para otro día avivaba el fuego de la pasión sin quemar ningún puente. Tal vez este proceder no se debiera a la genialidad, pero cualquiera que haya luchado una batalla que no vale la pena reconoce la sabiduría que refleja. Helen, a pesar de toda su impetuosidad, veía las cosas tal como eran. Perder a Howie o a Zoe, incluso por un minuto, no le compensaba lo que ganaría a cambio. Ponía a los seres queridos por delante de los principios abstractos.

Su lección fue la más sutil de todas las que aprendí a lo largo del año. Tenía a dos personas que la amaban, cada una de distinta manera. Su sabiduría radicaba en descubrir qué querían darle, y en crear las circunstancias para que se lo pudieran ofrecer.

Le pregunté si creía ser una mujer sabia.

Sonrió al oír la pregunta, «Nadie me ha dicho nunca que lo sea», me contestó.

❖

Cuando empecé a buscar a personas mayores estaba deseando sobre todo conocer a alguien que se hubiera enamorado en la vejez. ¿Cómo era el amor a los ochenta o a los noventa? No me refiero al de un matrimonio duradero, anclado en las experiencias compartidas, sino al amor que una pareja siente sabiendo que no puede durar demasiado. ¿Cómo se abren a esa edad a una nueva pareja? En la Residencia Hebrea de Riverdale no era fácil encontrar nuevas parejas por una sencilla razón: normalmente, los ancianos solían quedarse unos dos años en el centro, y sus vidas raras veces acababan en un apartamento en la playa. Helen y Howie eran una excepción, y ella presumía de ello. «Siempre soy feliz», afirmó, y luego me dio su definición de la felicidad: «No pensar en cosas malas. No aferrarte a nada. Pero los jóvenes son demasiado inmaduros para entenderlo.»

La Residencia Hebrea, que empezó siendo una pequeña sinagoga en Harlem en 1917, una especie de refugio para inmigrantes ancianos pobres, es ahora un confortable lugar en expansión en la pendiente de la ribera del río Hudson, con indicios de las extensas campañas para recaudar fondos que le permitió ofrecer a sus residentes una asistencia que superaba a la que financiaba Medicaid. Cuando Helen y Howie hablaban de casarse, ella siempre decía que no quería dejar la residencia, aunque detestara la comida que servían. «¡No pienso dejar esta habitación!», exclamó un día después de haber estado con el grupo musical, donde la pareja había grabado, junto con una docena de ancianos más, canciones para un CD que se distribuiría entre los residentes y sus familias. «Howie, ¿me apoyarás en mi decisión? Me lo prometiste, ¿recuerdas?» Pero, en otras ocasiones, se quejaba de los otros residentes o del hecho de vivir en una institución.

«A veces me quiero ir a casa. Pero no puedo. No tengo adónde ir», apostilló.

Los hogares de ancianos como la Residencia Hebrea[44] son un invento relativamente reciente. Hasta el siglo diecinueve, casi toda la atención médica, incluida la de los ancianos, se recibía en el hogar. Las personas mayores que no contaban con el apoyo de una familia acababan en un desapacible hospicio público, un lugar que ofrecía un techo y un sustento mínimo a huérfanos, enfermos mentales, alcohólicos, viudas y personas demasiado pobres o frágiles como para cuidar de sí mismas. Las instituciones estaban pensadas para proteger a los ciudadanos de las corrupciones de los pobres y también a la inversa. En el siglo veinte, a medida que la medicina y los programas sociales fueron avanzando, los niños abandonaron los hospicios para residir en los orfanatos, los enfermos mentales ingresaron en manicomios o psiquiátricos y los enfermos tratables en hospitales, por lo que los hospicios se transformaron en el último recurso para los ancianos indigentes y la gente con discapacidades serias. La Ley de la

---

44. Sidney D. Watson, «From Almshouses to Nursing Homes and Community Care: Lessons from Medicaid's History», *Georgia State University Law Review* 26, n.º 3, 2009, artículo 13.

Seguridad Social de 1935 proporcionó a los ancianos razonablemente sanos unos ingresos con los que pudieron abandonar los hospicios y vivir en su propia casa. El resto de ancianos y de residentes discapacitados, enriquecidos ahora con los cheques del gobierno que les permitían pagar los cuidados necesarios, fundaron «casas de reposo» y «clínicas de reposo» privadas, las llamadas gratamente precursoras de las residencias de ancianos modernas. En 1954 había más de un cuarto de millón de plazas en las residencias de ancianos en Estados Unidos, y en 1965, el año en que Lyndon Johnson firmó la entrada en vigor de Medicare, ascendían a casi medio millón. El 31 de diciembre de 2014[45] 1,4 millones de estadounidenses vivían en residencias de ancianos, aunque en la última década la cifra ha descendido ligeramente. A algunos ancianos las instituciones les permitían también no tener que depender de sus hijos.

Los nuevos hogares pertenecían a una clase de instituciones —como los orfanatos y las prisiones— donde los residentes realizaban sus actividades bajo el mismo techo, eran uno más entre el resto y debían cumplir las normas dictadas por las autoridades centrales. La segregación por la edad y por el estado físico se convirtió en una meta en lugar de suponer una desventaja. Las prioridades de las residencias de ancianos —mantener sanos y con vida a los residentes más frágiles con un coste bajo— no eran siempre las de las personas que vivían en ellas. La seguridad y la eficiencia estaban por encima de otros intereses. Por ejemplo, una coctelería o una puerta de entrada libre no eran posibles por cuestiones de seguridad, aunque muchos residentes quisieran ir a tomar una copa o salir y entrar sin tener que comunicárselo a nadie. No les era posible desayunar a las cuatro de la tarde, porque los empleados no podrían manejar tamaño descontrol.

---

45. CMS Nursing Home Data Compendium, 2015, www.cms.gov/Medicare/Provider-Enrollment-and-Certification/CertificationandCompliance/Downloads/nursinghome-datacompendium_508-2015.pdf.

En la residencia de ancianos, Zoe se aseguró de que Helen nunca se sintiera abandonada, la llamaba varias veces al día y la visitaba una o dos veces a la semana. También solía pasar un rato con los vecinos de la planta de Helen. Helen se sentía muy orgullosa por esas visitas, ya que algunos residentes se pasaban mucho tiempo sin que nadie fuera a verles. Tenía una pareja y una hija, ambos la querían con locura. «Las personas mayores que viven por su cuenta y que no tienen a nadie que les eche una mano o que las visite un par de horas para alegrarles el día me dan pena», me contó Helen. «Todo el mundo debería tener una hija como Zoe.» Los frecuentes conflictos de Helen con otros residentes significaban también que los empleados nunca se olvidaban de ella. A Helen le gustaba hacerse notar. «Si no me ves, me escucharás», solía decir.

Durante los cuatro primeros meses que Helen pasó en la residencia, Zoe se acostumbró a tener a su madre solo para ella en las visitas. Pero, de golpe, Howie se convirtió en la pareja de Helen y no las dejaba a las dos solas. A menudo interrumpía las conversaciones con comentarios que se alargaban demasiado. Zoe también creía que la discapacidad de Howie —significaba que necesitaba que un cuidador le llevara en silla de ruedas a todas partes— también limitaba las actividades de su madre. Era típico de Helen anteponer las necesidades de Howie a las suyas, me señaló Zoe. Pero ¿y qué pasaba con sus propias necesidades? «Quiero saborear cada minuto que tenga con mi madre», me dijo. «¿Es que es eso un delito? Otras personas la tienen siete días a la semana. Cuando voy a la residencia, soy muy suspicaz con quién se acerca a ella. Tal vez sea una egoísta, vale. Pero quiero pasar mi tiempo con mi madre. No me gusta que otras personas se enteren de cosas que necesito compartir con ella.»

Era una fresca tarde de primavera y Howie se encontraba en la clase semanal de esmalte sobre cobre, por lo que Zoe podía gozar de un tiempo a solas con su madre. Estaban rodeadas de fotografías en las que aparecían a distintas edades, junto con otras de varios parientes y el rótulo de neón con el emblema del equipo de béisbol de los Mets. Cuando Helen abandonó su casa situada al norte de Nueva York para mudarse a la residencia, Zoe la ayudó a elegir, de entre todas sus pertenencias, esas pocas. «Reflejan lo que mi madre es», puntualizó Zoe: «las fotos suyas, las de su familia, las de sus nietos, las de la historia con mi padre, las fotos de papá.» Pero no mencionó a Howie. En Zoe pude ver la fuerza dominadora que Helen había sido en el pasado. «Es como yo, pero más guapa», observó Helen de su hija.

Cuando Helen se cambió a otra planta, Zoe se aseguró de que Howie también lo hiciera. Si Helen sufría una caída o pillaba un resfriado, Zoe presionaba a los de la residencia para que el médico la tratara, y también intercedía en los encontronazos de su madre con otros residentes. Cuando Helen creyó que un hombre la había empujado por haber discutido por un periódico, Zoe le sugirió que se olvidara del asunto.

«¿Sabes qué? Los dos estabais equivocados —le advirtió Zoe.

«Esta vez yo tenía razón» —replicó Helen.

«Vale. Pero déjalo correr, mamá. ¡Sé buena persona!»

Para Helen, acostumbrada a vivir y trabajar con gente más joven, mudarse a la Residencia Hebrea fue una inmersión repentina en el mundo de los mayores, incluidos muchos ancianos con demencia senil. El programa reglamentado de la residencia no le importaba, pero solía quejarse de otros residentes. «Odio a algunos», despotricó. «Algunos ancianos están mal de la cabeza, y en este lugar no hay nadie culto con quien hablar.»

Esta parte, acabé descubriendo, era la Helen tempestuosa. Pero tenía otro lado sumamente sociable que participaba en las actividades grupales. Cantaba en el grupo musical y caminaba por las salas como si fuera la chica popular del campus de una universidad, saludando a otros residentes y respondiendo a las preguntas que le hacían sobre Howie.

«Mañana tiene que ir al hospital para operarse la hernia», le comunicó a un hombre.

«Es lo bastante joven para cuidarte», le contestó él. «Ya te lo he dicho, no voy a competir con Howie. Es demasiado bueno».

«Es veinte años más joven que yo», repuso ella.

«Pues entonces podrá cuidar de ti.»

Howie le daba a Helen la oportunidad de ejercitar otros músculos. La pareja comía junta, cantaba junta en el grupo musical y miraba la tele por la noche en la habitación de Helen. Ambos se mantenían sanos; Helen, que siempre había sido esbelta, había engordado. Se maquillaba, se engalanaba con joyas cada día e iba a la peluquería de la residencia para lucir un buen peinado. Bromeaba diciendo que se había enamorado de uno de los médicos a domicilio que les hacía los chequeos. «Este lugar no está tan mal después de todo», me contó. «Pero en este sitio hay tristeza. Cuando conozco a algunas personas agradables, fallecen al cabo de un tiempo. La vez pasada me hice un hartón de llorar. Éramos grandes amigas y, de pronto, van y se mueren. La señora de la puerta de al lado también era encantadora. Tenía una familia muy agradable que venía a visitarla. Cuando falleció lloré a lágrima viva. Nunca le causó ningún problema a nadie. Y yo tampoco lo causo nunca.»

❖

Si John Sorensen luchaba contra sus sentimientos de no valer ya para nada, el problema de Helen era precisamente lo contrario. Sabía que la necesitaban dos personas y, como admitía a la menor ocasión, ella también las necesitaba a ambas. Las necesidades de Howie y de Zoe eran complicadas y a menudo entraban en conflicto, pero los dos necesitaban que Helen hiciera la única cosa que ellos sabían que no podía hacer, es decir, seguir igual sin deteriorarse. «No sé qué haría sin mi madre», me confesó Zoe un día en la habitación de Helen. «Es todo cuanto tengo. En el pasado era una mujer de armas tomar. Pero ahora se ha suavizado.» Aunque no sé yo si era del todo cierto lo de que Helen se había «suavizado» con la edad.

A Helen le gustaba contar la historia de Zoe pillándolos a los dos juntos en la cama. Solo estaban mirando la tele, me contó ella, y nada más. «Howie se echa en su lado de la cama y yo ocupo este otro, hasta el borde», añadió. «"¡Sal de aquí y vete a tu habitación!", le espetó mi hija a Howie un día. Y él se fue. Pero no me importa. Soy mayor que ella. Yo he tenido su edad, pero ella nunca ha tenido la mía.»

Zoe se apresuró a decir que le había parecido mal porque la cama individual era demasiado pequeña para los dos, y que no quería que su madre se cayera al suelo y se hiciera daño. Pero otro día, cuando Helen mencionó el sexo en una conversación, su hija le soltó: «No quiero oír hablar de este tema».

«Es como si nos hubiéramos intercambiado los papeles», terció Zoe. «Somos mujeres de la generación sándwich. Ahora cuido de mi madre. Y ella ha estado cuidando de mí todos esos años. No lo hago por un sentimiento de culpa, sino porque ha sido una madre maravillosa. El año pasado fui con ella de excursión al campo y me sentí de lo más bien. Al volver a casa, me dije: "Qué feliz soy de que esté aquí y de que sea feliz".»

Zoe también tenía otras preocupaciones, como es lógico, pensé, sobre todo cuando su madre empezó a hablar de casarse con Howie. Si se casaban, Howie sería el que tomaría las decisiones médicas para Helen, pero Zoe no creía que pudiera hacerlo tan bien como ella. Además, señaló que tener que ocuparse de Howie iba a ser una carga más para su madre que requeriría mucha energía. «Siempre le da cosa contar algo que le preocupa», observó Zoe. «En cambio, no tiene el menor reparo en decir: "Howie necesita tomarse su café". Siempre se está preocupando por los demás pero se olvida de cuidar de sí misma, esta actitud ha sido un problema toda su vida.»

«¡Sácala de aquí!», exclamó Helen.

«Lo único que estoy diciendo es que antepones las necesidades de los demás a las tuyas, y que el problema viene en parte de esta actitud.»

Helen tenía a dos personas en su vida, ambas eran importantes y se habían comprometido con ella, pero estaban metidas en una competición irreconciliable. Cuando Zoe se llevaba a Helen para celebrar el cumpleaños de su madre o durante el fin de semana, Howie se quedaba solo en la residencia. Como Helen sabía que Howie recibía muy pocas visitas, le afectaba mucho dejarlo allí. «Me he sentido tan mal por no llevármelo conmigo, que no me apetecía ir», me contó Helen después de que su hija la invitara a celebrar su cumpleaños fuera. Zoe terció que no veía por qué tenía que invitar también a Howie, y que no sabía si podría manejárselas con ambos. Eran las necesidades de Howie lo que a Helen le atraía en parte. A su edad, le hacía sentirse bien que alguien la necesitara, ofrecerle algo a Howie que nadie más le podía dar.

Aunque había algunos paralelismos entre madre e hija. Helen presionaba a los empleados de la residencia para que estuvieran más por Howie, y Zoe hacía lo mismo por su madre. Helen no había aprobado los novios que su hija se echaba de joven, y Zoe le estaba pagando ahora con la misma moneda. Ninguna de las dos estaba dispuesta a dar su brazo a torcer.

«Sé un poco más amable con él. Un poco más cariñosa», le pidió Helen un día.

No era la primera vez que su madre se lo pedía. «Vengo aquí por ti y por nadie más», repuso ella. «Me alegro mucho de que tengas a alguien con quien compartir tu vida, un hombre que te hace feliz. No voy a decirte que él no es para ti. Es un buen hombre. Pero este buen hombre no me interesa. Solo quiero estar contigo. Tanto me da quién sea tu pareja. El poco tiempo que estoy aquí quiero pasarlo solo contigo.»

Helen solía sacar el tema de las pérdidas en sus conversaciones: la de su madre, fallecida casi medio siglo atrás, la de los residentes que habían sido tan encantadores con ella cuando no era más que una recién llegada, la del hijo con el que no se hablaba. «Rompí a llorar», me dijo mientras hablábamos de alguna de esas pérdidas. También le preocupaba la pérdida cognitiva, seguir con vida sin ser quien creía ser. Ante estas pérdidas, su continua relación con Howie era un soplo de aire fresco de algo permanente. No todo desaparecía, su relación parecía perdurar. La vejez no tenía por qué significar perder todo lo que era importante para uno, a veces significaba encontrarlo y conservarlo. El inmovilismo era bueno, pero el progreso, que predomina en nuestros valores cuando somos más jóvenes y esperamos con ilusión los retos del futuro, apenas significaba nada para una nonagenaria a la que el futuro no le prometía más que la pérdida certera de amigos o de facultades. Helen vivía para lo que el momento le ofrecía.

En julio operaron por fin a Howie de la hernia, aunque en un principio la intervención estuviera programada para tres meses antes. El retraso le dio a Howie más tiempo para preocuparse por la cirugía, y a Helen más días para decirle que no se angustiara, no era más que una operación sencilla. También le dio a ella más tiempo para dejar que sus miedos se desbocaran. Cualquier operación podía cambiar la situación actual. Se imaginó los dos posibles resultados. En una ocasión, Helen me contó que, al pensar en que Howie iba a entrar al quirófano, se había pasado la noche entera llorando, preocupada por él. Era una razón de peso para casarse, añadió. Si fuera su esposa, podría estar con Howie en el hospital y volver a la residencia con él.

Su inquietud también reafirmó su lugar como la otra mitad de Howie, sobre todo cuando los demás le preguntaban sobre él o cómo se sentía ella. Helen no era solo una anciana haciendo realidad su deseo en sus últimos años, sino que desempeñaba un papel esencial en la vida de otra persona. Casarse con Howie —cambiar la rutina diaria que habían establecido a lo largo de los seis años que llevaban viviendo juntos— era menos importante que saber que estaba en condiciones de casarse con él. Mientras el potencial de ser su esposa estuviera allí, estaba recibiendo lo que necesitaba y más aún: el hecho de no casarse hacía que la perspectiva de la boda siempre estuviera en primer plano, que no quedara enterrada nunca bajo detalles domésticos tan banales como el de elegir la ropa de cama o escribir la lista de los invitados.

La operación de hernia fue bien, y cuando volvieron a verse al cabo de dos semanas, Helen hablaba de nuevo de casarse, aunque con una actitud más distante que antes. Quizá lo harían o quizá no, había mucho sobre lo que meditar. Estaba un poco dolida con Howie porque no la había llamado después de la operación, a pesar de habérselo prometido.

«El viernes por la mañana todo el mundo vino a decirme que Howie había vuelto a la residencia», me contó. «Me fui directa a su habitación. Siempre voy a verle nada más despertarme, antes de ir a por mis medicamentos. A veces salto a su cama.»

«Es verdad», repuso Howie. «Lo puedes poner en el artículo».

«"¿Por qué no me llamaste?"», «"¿Por qué no me dijiste que volverías hoy?"», le dije. «Pero no le di la oportunidad de que me respondiera.»

«¿Le diste un buen beso?», le pregunté.

«¡Claro que se lo di!», exclamó.

⚟

¿Qué era lo que Helen me había enseñado? Parecía hacerse la vida difícil y complicársela a los suyos. Pero a medida que transcurría el año vi que estaba totalmente equivocado. En realidad, Helen enriquecía a más no poder la vida de Zoe y Howie, las personas que más le importaban. De haber sido una mujer dócil, como en muchas residencias se espera de los ancianos —y muchos adultos creen desear de sus padres mayores—, habría supuesto un factor de mucho menos peso en sus vidas. Howie hacía que Helen se sintiera útil, y Helen hacía lo mismo con su hija. Al no casarse ni negar que fuera a hacerlo, recibía lo que más deseaba de ambos. Cuando se lo comenté al cabo de unos meses, Helen me contestó que mi interpretación era demasiado rebuscada. Simplemente, sabía que amaba a Howie y a Zoe, y que deseaba que fueran más amables el uno con el otro.

Sin embargo, de alguna manera Helen había dado con la solución. La vida le había presentado dos opciones y, en lugar de elegir una por encima de la otra, se había quedado con las dos. En vez de intentar inútilmente manejarlas a la vez, las programaba en distintos espacios de tiempo: disfrutaba de Zoe cuando su hija la llamaba por teléfono y en las largas visitas de los fines de semana, y de Howie a lo largo del día. No era necesario resolver el conflicto en los años de vida que le quedaban; simplemente, tenía que aceptarlo. Admitía que su hija era demasiado importante como para enfrentarse con ella. «Es todo lo que tengo», reconoció Helen. Al final del año en el que habían estado hablando de casarse, ella y Howie seguían sin formalizar su situación en lo más mínimo. No era más que una idea, constituía simplemente un acuerdo entre ellos que los había unido más si cabe. Al fin y al cabo, no necesitaban casarse.

Era una lección que nada tenía que ver con la vejez. Con demasiada frecuencia creemos que, si conseguimos superar los obstáculos para ser felices, lo seremos de verdad. Pero siempre surgirán más obstáculos, más razones para no ser felices en el presente. Helen decidió aceptar la vida que tenía. No le guardaba rencor a su hija por entrometerse en su relación ni se autocompadecía por no haberse casado; no magnificó sus deseos incumplidos, tachándolos de castigos. Eran cosas de la vida, de su propia vida. Los obstáculos son las circunstancias en las que encontramos la felicidad.

La lección de Helen consistía en encontrar la felicidad sin agitarse, en no creer que solo sería feliz cuando el problema se resolviera. No esperaba que las circunstancias externas le permitieran sentirse satisfecha. Sentirse a gusto con su vida, exprimirla al máximo, significaba sentirse satisfecha ahora, en lugar de sacrificar el presente por un futuro que quizá nunca se haría realidad. Su mundo tal vez fuera pequeño, pero era productiva y amada en él. Era donde quería estar en el último capítulo de su vida, y constituía toda una lección para los que aún no hemos alcanzado ese lugar. La satisfacción no tenía por qué encontrarse a la vuelta de la esquina. Al final, la sabiduría radica en sentirnos satisfechos en el imperfecto ahora.

11

Las lecciones de Ruth

«A lo mejor he hecho algo bien en la vida.»

Cuando Judy quiere que me agarre a su brazo mientras andamos, me separo porque la mayoría de las veces puedo caminar sola. ¿Por qué iba ahora a apoyarme en Judy? Pero a veces es un gran alivio saber que cuento con ella. En el sentido emocional y en el físico. Me produce una sensación muy agradable.

Ruth Willig, noventa y un años

La primera vez que Ruth Willig tuvo que cambiar radicalmente de vida debido a la edad fue en 2009, alrededor de su octogésimo sexto cumpleaños. Vivía sola en una vivienda adosada de dos plantas en Edison (Nueva Jersey). Seguía conduciendo y asistía a eventos con sus amigas en el Centro Cívico Hebreo cercano. Todo le iba en general sobre ruedas, pero su vida se empezó a torcer por unos pequeños contratiempos. El detector de humos de su hogar se estropeó sin más y, como el electricista no pudo arreglarlo, Ruth lo desconectó. Más tarde, el suelo empezó a inundarse de agua por culpa del mal funcionamiento de la bomba de la planta baja. Intentó subirse a un taburete y se cayó. «Fui una cabezota», reconoció. «Quise agarrar algo, se me escurrió de las manos y me di de bruces. Pero no me rompí nada.» A los pocos meses sufrió otras caídas, aunque ninguna seria, pero vivía sola en casa y tenía que subir las escaleras cuando necesitaba hacer algo en el piso de arriba. Ya había sufrido dos infartos y en una pierna tenía problemas de circulación. Sus cuatro hijos, de mediana edad, seguían viviendo en aquella zona y se reunieron para hablar de su madre.

«Quieren que deje mi casa», me contó. «Sabía que me estaba haciendo mayor. Pero vivía por mi cuenta. Tomaba mis propias decisiones.» Se opuso a dejar su hogar, pero sus hijos se mantuvieron firmes y acabó haciendo la difícil transición de mudarse a una vivienda tutelada en Park Slope, en Brooklyn, cerca de donde residía Judy, su hija mayor. A los cinco años, cuando los propietarios decidieron vender el edificio para que lo transformaran en pisos de lujo, tuvo que volver a mudarse, en esta ocasión debido al mercado inmobiliario y no a la edad. Cuando la conocí todavía recordaba con amargura la mudanza.

Me describió esos problemas varias veces a lo largo del año, la última vez en un precioso día de agosto, en la costa de Nueva Jersey, tres meses antes de cumplir noventa y dos años, a medida que el caluroso mediodía se transformaba en una tarde deliciosa. Estaba pasando una temporada con sus dos hijas en una casa en la playa de la que habían alquilado la mitad de la planta superior, y haber dejado aparcadas sus vidas en Brooklyn —tanto la vivienda tutelada de Ruth como los trabajos de sus hijas— hacía que estuvieran de buen humor. Es decir, hasta el punto de meterse solo un poco las unas con las otras, con todo el cariño del mundo, claro está. Los dos hijos de Ruth también estaban muy implicados en la vida de su madre, pero, como ocurre en muchas familias, sus hijas eran las que sobre todo se ocupaban de cuidarla, y ni una ni otra habían llegado a casarse ni tenían hijos. Las tres mujeres estaban planteándose salir a dar una vuelta por el paseo marítimo, del que solo les separaban dos tramos de escaleras. A Ruth le encantaba salir para respirar el aire salado, pero las escaleras eran un reto para ella.

«El único problema es que, cuanto más salgo, más me doy cuenta de que me he hecho mayor», observó. «Mis hijas están hablando de volver el año que viene. Y yo me digo: "¡Madre mía!"» Ya no podía caminar por la arena, y no le gustaba la idea de que la empujaran en una silla de ruedas diseñada para desplazarse por la playa. Judy intentó convencerla de que no era una silla de ruedas. «Es una silla con ruedas, mamá», puntualizó. En las escaleras, cuando sus hijas le ofrecieron la mano, Ruth no quiso agarrárselas. «Siempre tenemos la misma discusión. ¿Qué es mejor, que baje yo primero las escaleras o que paséis vosotras primero y me ayudéis?», refunfuñó Ruth.

Judy no lo consideró una discusión. «Siempre nos sueltas: "¡Dejadme en paz! ¡No me ayudéis!", y eso es lo que hacemos», se quejó.

«No es verdad», replicó Ruth.

A los pies de las escaleras, Judy le preguntó a su madre si le dolían las piernas, y ella le contestó que siempre le dolían. «Soy muy afortunada de tenerlas», me dijo refiriéndose a sus hijas. «Me apoyan de maravilla. Y mis hijos también son un amor. ¿Acaso puedo pedir más? A veces recibo demasiada atención. Mi marido y yo debemos haberlo hecho bastante bien después de todo.»

■■

Así fue como transcurrió mi año con Ruth. Se aferraba con uñas y dientes a su independencia, sin ceder un ápice ante los requerimientos de la vivienda tutelada o sus hijos, sin querer usar un andador. Declinó el ofrecimiento de sus hijos de gestionar su economía. Y al mismo tiempo, se sentía agradecida cuando Jude la acompañaba a las visitas médicas o cuando cualquiera de sus cuatro hijos la visitaban. «Cuando Judy quiere que me agarre a su brazo mientras andamos, me separo porque la mayoría de las veces puedo caminar sola. ¿Por qué iba ahora a apoyarme en Judy? Pero a veces es un gran alivio saber que cuento con ella. En el sentido emocional y físico. Me produce una sensación muy agradable.»

Las conversaciones de Ruth a lo largo del año tendían a girar en torno a dos temas. Por un lado, hablaba de lo que le *ocurría* a ella, sobre todo a medida que se hacía mayor. Historias que iban casi siempre de pérdidas. Como, por ejemplo, tener que dejar la casa en la que había vivido, y sobre el declive de su salud y movilidad. También se había visto obligada a separarse de las amigas de su antigua vivienda, y ya no podía pintar como antes. Varias amigas suyas habían fallecido a los pocos meses del desahucio y Ruth achacó sus muertes al trauma de la mudanza forzada. En ambas viviendas asistidas perdió su privacidad y su libertad de planificar su agenda. Comía siguiendo el programa del centro, y elegía de entre las opciones dictadas por los empleados. Lo peor era que esas pérdidas presagiaban otras pérdidas de mayor envergadura en el futuro, un último capítulo caracterizado por una autonomía y un control cada vez menores.

El otro hilo de pensamientos de Ruth giraba en torno a las actividades que hacía para ella. Esas conversaciones eran siempre optimistas. Se enorgullecía de aprender nuevas habilidades con el ordenador, y siempre me contaba los libros que estaba leyendo. Cuando tuvo que mudarse a la vivienda tutelada en Park Slope, se unió a los manifestantes que protestaban ante el edificio empuñando una pancarta escrita a mano que rezaba: NUESTROS PADRES SE MERECEN ALGO MEJOR QUE ESTO. Fue a una clase de escritura en el edificio nuevo —la primera a la que asistía—, y descubrió algunos vecinos interesantes. Incluso actividades nimias, como plancharse la ropa o hacer cuadrar las cuentas, eran victorias que valía la pena mencionar. Si evocaba recuerdos del pasado, estaban relacionados con lo que había hecho en su vida: criar a sus cuatro hijos, ir a clases de cuadrilla[46] con su marido, cuidar de su madre o de su hermana. Cuando recordaba reveses, también recordaba cómo los había superado. Para Ruth las penas de la vejez eran lo que le sucedía, y las alegrías, las que se ofrecía para ella.

Aunque las pérdidas eran lo que predominaba en su mente la mayor parte de los días. Los psicólogos y los economistas conductuales llaman a esta tendencia «aversión a la pérdida». Se refieren a que le otorgamos mucho más valor a lo que perdemos que a lo que ganamos, aunque ambas cosas sean equivalentes. A Ruth le encantaba más su antiguo hogar cuando lo perdió que cuando vivía en él. Si una mañana reuniéramos a cien personas y les diéramos a la mitad una galleta y a la otra mitad un billete de un dólar, y por la tarde les ofreciéramos un trato —a las que han recibido el dólar, la posibilidad de usarlo para comprar una galleta, y a las que han recibido la galleta, la posibilidad de venderla por un dólar—, la mayoría rechazarían el trato. Las que recibieron la galleta por la mañana creerían que no valía la pena perderla a cambio de un dólar, y las que recibieron el dólar creerían que no valía la pena perderlo a cambio de una galleta. Esta tendencia hace que los jóvenes sobrevaloren las pérdidas en la vejez y piensen que no podrán vivir sin las aptitudes que tienen ahora. En cambio, las personas mayores saben que las pérdidas forman parte de la vida cotidiana y no se pueden dar este lujo, o aprenden a vivir con el declive o se hunden.

Pero a lo largo del año Ruth sacó un tercer tema en sus conversaciones que tenía que ver con la red de apoyo familiar. Con sus hijos Ruth era tanto sujeto como objeto, la persona cuidadora y la cuidada. «Le digo a Judy que soy la hija que nunca tuvo», me contó un día. «Y tenemos una relación muy especial, lo cual es maravilloso. Pero a veces tiende a tratarme como si yo fuera una

---

46. Un tipo de baile de salón de origen francés. Se baila por turnos (cuadrillas). *(N. de la T.)*

niña pequeña, aunque no quiero que suene como una crítica, es muy amorosa conmigo. Todos mis hijos me colman de atenciones.» Cuando sus hijos eran más pequeños, cuantas más cosas hacía por ellos, más llena se sentía en la vida. Ahora estaba descubriendo que a sus hijos también les pasaba lo mismo: cuantas más cosas hacían por su madre a medida que envejecía, más satisfechos se sentían. Y Ruth también podía seguir haciendo cosas para ellos.

Asumió un papel familiar que nunca esperaba desempeñar. Había sido la pequeña de cuatro hermanos, y una chica rebelde en la juventud. Desafió a sus padres diciéndoles que cuando se licenciara ingresaría en las fuerzas armadas de Israel. Ahora era la última superviviente de su generación, y la única que mantenía el contacto con diversas ramas de la familia. Ese papel le había dado un sentido a su vida, algo que ahora no tenía en la vivienda tutelada, donde lo único que debía hacer era presentarse al comedor cuando servían la comida. Solo lamentaba que sus suegros hubieran decidido no seguir en contacto con ella.

«Soy la matriarca, la última», afirmó Ruth. «Y me alegro, me gusta que todos me tengan en cuenta. En cierto sentido, me siento orgullosa de ello. Estoy en contacto con casi todas mis sobrinas y sobrinos, salvo con los de la familia de mi marido. Me hace muy feliz. A lo mejor he hecho algo bien en la vida.» Su papel de matriarca significaba que aún estaba ofreciéndole algo a su familia a cambio de todo lo que le habían dado. En la fiesta de su 90 cumpleaños que dio el año anterior a que yo la conociera, parientes suyos habían volado desde Michigan y California para asistir a la celebración.

Era un sistema en el que todo el mundo daba y recibía. Exigía lo suyo, pero nadie quería que fuera de otro modo, todos sus hijos sabían que Ruth dependería cada vez más de ellos con el paso de los años, y esto no era un fracaso, sino un éxito, algo para envidiar. Las relaciones tenían sus momentos tensos, pero no era nada nuevo.

«La situación no cambia», me dijo Judy un día en Heights and Hills, la organización sin ánimo de lucro que dirige, centrada en ofrecer servicios a los ancianos con pocos ingresos, incluido Fred Jones. «Nos gritamos la una a la otra. Pero es lo que hay. Llegas a un momento de la vida en el que te das cuenta de que tu madre es así y punto. Y yo también soy muy mía. Si, de vez en cuando tenemos nuestros encontronazos, nos peleamos. Pero esto no significa nada y todos lo sabemos. Pasa en todas las familias.»

Judy no estaba de acuerdo con la idea del intercambio de papeles que tiene lugar cuando los padres se hacen mayores. «Tus padres seguirán siendo tus padres siempre», me aseguró. «No hemos intercambiado los papeles. Ella sigue siendo mi madre. Y yo, su hija. Nunca deja que yo lo olvide, y no lo hago. *Ojalá* me hiciera caso en todo lo que le digo. Cuidar de un hijo es muy distinto de cuidar de una persona mayor. A los hijos les ayudas a independizarse y a volar del nido. Pero con los padres ocurre lo contrario.»

Sin embargo, Ruth se hacía preguntas, como hasta cuándo podía seguir renunciando a todo lo que la vejez le arrebataría sin que la situación fuera insostenible, y hasta qué punto podía depender de sus hijos sin llegar a consumir las vidas por las que ella había trabajado tanto para darles. Vivir demasiados años le causaba en parte pavor por si acababa siendo una «carga» para sus hijos, me confesó, aunque Ruth nunca los hubiera considerado una carga cuando eran pequeños y dependían de ella. Por más que quisiera ser autónoma, en su familia pesaban más otras virtudes, como la generosidad y la reciprocidad. En lugar de insistir en la independencia, estaba intentando aprender a ser *inter*dependiente, es decir, a aceptar la ayuda de sus hijos con gratitud.

La interdependencia era un acto equilibrador. Sus hijos querían hacer todo lo posible por Ruth sin sacrificar sus vidas; al mismo tiempo, querían que su madre tuviera el máximo control posible de su vida sin que su situación llegara a ser insegura. Ruth quería hacer valer su autonomía, pero también aceptaba la ayuda de sus hijos. Necesitaba sentir que hacía cosas para ella misma y para otros. Al mismo tiempo, le gustaba que sus hijos estuvieran dispuestos a hacer tanto por ella, aunque no se lo permitiera. Las líneas entre lo «excesivo» y lo «suficiente» eran sutiles y cambiantes. Al día siguiente, tal vez la visión de Ruth no fuera tan buena como la de hoy, o quizá cometiera un error al cuadrar las cuentas; sus hijos también podían verse obligados a enfrentarse a sus propias crisis. La suya era una relación que los sociólogos llaman «intimidad en la distancia», un trato que exigía un control y una revisión constantes. Lo que no cambiaba era que se necesitaban los unos a los otros.

De vuelta a la casa de la playa, Ruth hizo el ademán de ir a sentarse y Judy le sujetó la silla para que no perdiera el equilibrio, pero Ruth le dijo con una cierta brusquedad que no era necesario. «¿Lo ves?, ¡esto es lo que me hace!», se quejó Judy. Ruth repuso que podía sentarse sola. Ninguna de las dos siguió con el tema. Por eso era por lo que habían ido a la playa, para estar juntas con todo su poderío. Las envidié.

❖

Los Willig eran un clan testarudo, díscolo y solidario, y yo envidiaba la sarcástica calidez con la que los hijos de Ruth la cuidaban. Mi familia había antepuesto la independencia por encima de cualquier otra virtud. Mi padre, que casi no mantenía contacto con la familia en Alabama, había sentado las pautas en este sentido. Los nueve aprendimos a valernos por nosotros mismos, a ser autosuficientes. Repartíamos periódicos y rastrillábamos las hojas del jardín de los vecinos para ganarnos la vida. También solicitamos préstamos estudiantiles para contribuir a nuestra educación universitaria. Pero las virtudes se pueden convertir en defectos: éramos una familia que no nos ayudábamos unos a otros. Desconfiábamos del apego y casi nunca dábamos muestras de afecto, en el caso de hacerlo alguna vez. No recuerdo haber oído nunca a mi padre quejarse de su salud, de la recepción del televisor, de nuestra economía o de la comida que nos cocinaba mi madre. Las quejas eran una especie de dependencia, obligabas a los demás a llevar parte de tu carga. Mis padres habían huido los dos de comunidades donde los vínculos familiares eran muy fuertes y duraderos para trasladarse a la ciudad de Nueva York, donde los individuos eran autónomos y se reinventaban a sí mismos. Celebrábamos rituales familiares, como el de ir a misa, por ser lo correcto y no por sentirlo de corazón. Por un tiempo nos funcionó, hasta que un día dejó de hacerlo. En aquella época mi madre ya se había quedado sola, con tres hijos que creían que tener que apañárselas por sí solos era la meta de la existencia humana. Aunque no nos oponíamos a la calidez familiar, simplemente, no sabíamos hablar ese lenguaje e ignorábamos dónde aprenderlo.

A mí nunca se me habría ocurrido ni loco invitar a mi madre a pasar conmigo una semana en la playa.

Si tuviéramos que crear la meta de una vejez satisfactoria, tendríamos que empezar a perseguirla con el apoyo familiar. Pero ¿cómo llegar a ella? Zoe, la hija de Helen, era un modelo en este sentido; y Anne, la sobrina de John, ofrecía otro. Eran mujeres con una personalidad solidaria que se habían hecho cargo de la situación, ambas estaban dispuestas a hacer cualquier sacrificio para que Helen o John tiraran adelante. Los Willig presentaban un modelo distinto de apoyo. Formaban una red en la que Ruth era una participante contributiva que daba y recibía a la vez. No eran encantadores todo el tiempo, pero tampoco tenían por qué serlo. Se regían por unas reglas tácitas. Ruth no podía reñir demasiado a sus hijas por ofrecerle ayuda, y sus hijas no podían tomarse a pecho esta actitud de su madre. El trato al que habían llegado le permitía a Ruth hacer valer su derecho de ser independiente cuando fuera posible, al mismo tiempo que disponía de un hombro en el que apoyarse cuando no le quedaba más remedio.

En su trabajo, Judy les dio a sus empleados un pasaje de Wendy Lustbader, asesora de salud mental y escritora, para ayudarles a entender los errores que los cuidadores pueden cometer con las personas a las que cuidan. Decía así:

> Recibir cuesta mucho más que dar,[47] pero esta realidad apenas se reconoce en la sociedad americana convencional. A las personas dependientes se las priva de la oportunidad de dar, y descubren que tienen que aguantar un estado prácticamente constante de renuncia y pasividad, por lo que van acumulando una deuda con sus cuidadores y deben soportar la carga de sentirse como meros espectadores cada día. Hay, sin embargo, unas pocas formas con las que pueden corresponder a sus cuidadores por acompañarlas al médico, ayudarlas en el papeleo de las facturas médicas, ocuparse de un montón de coladas y revisar las llamadas telefónicas; la lista de favores que les deben puede ser inmensa. Y si las personas dependientes anhelan hacer algo útil, siempre acaban escuchando esta advertencia: «No te preocupes, ya nos ocuparemos nosotros de todo».

En cuanto a los cuidadores de familiares, Lustbader señala los resentimientos ocultos que genera la asimetría de la relación. Preocuparse por alguien es mutuo, pero los cuidados son unidireccionales, desgastan tanto al cuidador como a la persona cuidada. Pero si somos conscientes de esta dinámica subyacente, la situación mejora. «La recompensa por advertir el resentimiento es disfrutar de nuevo de la compañía de la persona enferma»,[48] escribe Lustbader.

Al principio creí que mi madre podía sacar lecciones de la experiencia de Ruth: si quería sentirse satisfecha a su edad avan-

---

47. Wendy Lustbader, «The Dilemmas of Dependency», *Journal of Case Management* 4, n.º 4, pp. 132-135.

48. Wendy Lustbader, *Counting on Kindness: The Dilemmas of Dependency,* Free Press, Nueva York, 1991, p. 26.

zada, podía conseguirlo haciendo más cosas para ella misma o para los demás. No era necesario que fuera un proyecto importante: podía, por ejemplo, hacerle de lectora a un invidente, cocinar una comida sencilla o prepararle una taza de café a uno o dos vecinos. Podía ver su vida por lo que hacía y no por lo que le ocurría. Pero, a medida que observaba a Ruth y a su familia, comprendí que las lecciones más profundas iban dirigidas a mí. Tenía que replantearme la relación con mi madre y, por extensión, la que mantendría con mi vejez en el futuro. Me había apresurado al verla simplemente como una mujer dependiente, y al considerar la dependencia como un problema. Ahora era pequeño, pero con el tiempo se iría complicando. Los hijos de Ruth, en cambio, hacían más por ella si le dejaban el espacio para que hiciera más cosas para ellos. Este método no siempre funcionaba a la perfección, pero al menos así no surgían el sentimiento de culpa y el resentimiento que hacían que la relación con mi madre fuera tan agotadora. Si solo me dedicaba a ayudarle y a guardarle rencor por ello, solo estaría cavando un hoyo más profundo aún.

La lección de Ruth fue que había otra manera de manejar la situación. De las seis personas mayores a las que conocí, ella era la que más defendía su independencia, pero también era la que de más apoyo emocional familiar gozaba. Dependía de él. Me di cuenta de que la impaciencia que me causaba mi madre me venía en parte de lo cómoda que se sentía siendo dependiente. Ruth me mostró que había una vida más allá de la independencia. A pesar de su empeño en ser autosuficiente, las mejores partes de su vida eran aquellas en las que dependía de los demás y ella lo agradecía.

A lo largo del año empecé a ver menos a mi madre como un proyecto —en el que acabaría fracasando— y más como la placentera compañía de una cena, como una mujer que había visto el mundo y tenía pensamientos sobre él. Mi madre todavía podía ofrecerme esto. Era divertida, sabía cosas que yo desconocía, como información del mundo del que yo venía y del que me esperaba al final. No nos volvimos de lo más cariñosos, ni siquiera tanto como los Willig. Pero el tiempo que pasábamos juntos no siempre tenía por qué ser en beneficio suyo, un sacrificio que yo hacía en medio de mi trajín diario. Podíamos, simplemente, pasar un rato juntos. No era asunto mío solventarle los problemas o lograr que apreciara su vida. Dependía de mi madre decidir o no hacerlo. A medida que dejaba de tomarme las visitas como una obligación, empecé a disfrutar de nuestros encuentros. Ella siempre había tenido un sentido del humor muy mordaz. Ahora, cuando la visitaba, me iba de su piso sintiéndome optimista en lugar de agotado.

A veces, mientras esperaba el metro en el andén elevado próximo a la casa de Ruth, me preguntaba si cuando me hiciera mayor alguien me apoyaría como su familia la apoyaba. Pero a medida que transcurría el año empecé a pensar más en cuánto apoyo estaba ya recibiendo, en las bondades que me había regalado la vida. Mi salud era mejor que la de Ruth, aunque todos tenemos limitaciones a cualquier edad, y nuestra existencia, acaezca donde acaezca, se basa en la ayuda de los demás: en los que construyeron las carreteras o inventaron los alfabetos, en los colegas que arreglan la fotocopiadora o en sus antepasados que descubrieron el número pi. La ayuda está por todas partes, es una vanidad creer que no la necesitamos para nada. Como Barack Obama dijo en su campaña presidencial: «Si tenéis un negocio, no lo habéis levantado vosotros. Alguien más lo ha hecho realidad». Las inmensas fuerzas del universo se habían confabulado para permitirme despertarme en mi cama en lugar de ser una viuda con cinco hijos en Alepo. ¿Por qué no aceptar esta dependencia y ayuda de los demás?

Si esto era pensar como un anciano, empecé poco a poco a abrirme a ello. En lugar de intentar trabajar a mi manera, les agradecía a mis editores sus observaciones para que mi escritura mejorara: les pedía consejo en lugar de creer que debería saber todas las respuestas. Llamaba a mi madre más a menudo, y a mi hijo también, me hacía preguntas en lugar de buscar respuestas. ¿Qué necesitaban de mí? Cualquier cosa que hiciera por ambos me beneficiaría a mí al menos tanto como a ellos, porque la interdependencia beneficia a todos los implicados. Ruth había aprendido a aceptar ayuda y su vida era mejor gracias a ello. Y la mía también podría serlo. Por supuesto, tenía días malos, y me esperaban otros peores, pero una de las lecciones de Ruth era que no los afrontaría solo, que había unas fuerzas que se alinearían a mi favor. No significaba que las dificultades no fueran reales, sino que tenía los recursos para superarlas y que esos recursos, más que cualquier dificultad, eran los que definían mi vida.

❖

Un día que me encontraba en su piso, Ruth me describió un incidente reciente que le había impactado como un gran acto de autoafirmación. Por aquel entonces yo ya había publicado un par de artículos sobre las personas mayores, y el encargado de la vivienda asistida de Ruth la estaba presionando para que les avisara con antemano de mis visitas, algo que a ella le molestaba. «¿Qué es lo que les preocupa?,» se quejó. Eran las batallas en las que se veía inmersa. «Ayer alguien llamó a mi puerta a media tarde», me contó. «Y me dije que se suponía que nadie debía hacerlo. Para mí es muy importante disfrutar de la mayor privacidad posible, pero en un lugar como este no es fácil.»

El incidente que me describió había empezado el día anterior, a la hora de comer, cuando una mujer de una mesa contigua, unos pocos años mayor que ella, había perdido el conocimiento mientras comía, dejando caer de golpe la cabeza sobre la mesa. La mujer se había desmayado, me aclaró Ruth. Los cuidadores se la llevaron del comedor; por lo visto, estaba inconsciente. Ruth supuso que iría al hospital, lo cual era siempre causa de preocupación. Pero cuando Ruth volvió al comedor para cenar unas horas más tarde, se encontró a la anciana sentada de nuevo ante su mesa habitual. «Me dijo: "He decidido que aún no es hora de abandonar este mundo. Me he negado a ir al hospital. Todavía me quedan un par de años más de estar aquí".» Ruth hizo una pausa para asimilarlo, una mujer de noventa y pico años controlando su vida hasta ese extremo. «¡Es inaudito!», exclamó.

Con sus hijos era más difícil saber hasta qué punto podía reivindicar su independencia. Era la que siempre les había estado ayudando en sus obstáculos, manteniéndolos a salvo de los tigres. Ahora sabía que cada vez dependería más de ellos, era cuestión de tiempo. «Me conocen por apartarlos cuando me bajo del coche para que no me ayuden», me confesó. «Y es cierto. Pero ahora ya no soy tan autosuficiente como antes. Me fastidia ver que mi cuerpo está cambiando. Mi dependencia física me inquieta (llevo varios días confinada en casa, salvo para acudir a las citas), ya que me encanta salir. En parte, no lo hago a menudo porque usar el andador me pone en una categoría en la que no quiero estar. Me cuesta explicarlo. A veces echamos a desfilar con los andadores y me digo: "¡Madre mía!, ¿qué está pasando?" Es como la comedia *Los productores,* cuando el protagonista intenta que las mujeres mayores participen en el espectáculo, y ves una procesión de andadores. Ahora me veo a mí misma de esa manera, y no me gusta la escena. Pero esta soy yo. Judy no cesa de decirme que tengo muy buena memoria, y es cierto. Me alegro. En este sentido, no he cambiado demasiado. Pero ahora las manos me tiemblan una barbaridad. Me cuesta escribir. Comer sopa. Agarrar una taza y beber su contenido. Y me he vuelto muy lenta. Como ayer, por fin me ocupé del papeleo. Me llevó un montón de tiempo.»

Mi año con Ruth consistió en observarla adaptarse a los cambios. El proceso fue distinto del de una persona más joven en un entorno nuevo. Nunca desahogaba su ira por haberse visto obligada a abandonar su antiguo hogar, o por la invasión de su privacidad en la vivienda asistida en la que ahora residía. No había trabado amistades estrechas, a diferencia de como había hecho en el edificio antiguo, ni descubierto lugares encantadores en el nuevo barrio. No creía que tuviera que perder el tiempo limitado que le quedaba en actividades que no le vinieran en gana. Cuando las noticias se llenaron de historias sobre la medallista olímpica Caitlyn Jenner y la identidad transgénero, Ruth no puso ninguna objeción, pero no se identificó con las divulgaciones ni se sintió obligada a escucharlas. «¡Transgénero!, ¿qué más se inventarán ahora?», apuntó. «A veces me alegro de tener noventa y un años. Se acabó. En este sentido, me alegro de tener esta edad, así no tendré que lidiar con todo eso.»

Lo que la irritaba al principio del año —cosas que le ocurrían— le seguía irritando al acabarse. Pero poco a poco empezó a sentirse como en casa en la nueva vivienda asistida. «Lo estoy intentando con más fuerza aún», me contó un día hacia finales del verano. Los rayos de sol inundaban la sala de estar de su apartamento, que daba al salto de agua de la bahía de Sheepshead. Un geranio rosa que se había traído de su antiguo hogar florecía exuberante en la ventana. «Todavía no me rindo», afirmó. «Aún no. Cuando me quejaba mucho de este sitio (lo hacía porque el cambio fue muy duro para mí) Bruce, mi hijo, venía a verme y me decía: "Mamá, mira por la ventana, verás un salto de agua". Y ahora lo contemplo al despertar. Es precioso. Siempre puedo llamar a este sitio mi hogar.» Cuando reflexionó sobre en qué podía mejorar ahora su vida, me repuso: «No sé qué más puede hacer alguien por mí. Creo que ya tengo demasiados años. La mayoría de actividades que realizan aquí no me interesan. Me entretengo a mi manera. Y está bien. En realidad, no me quejo de ello. No necesito ver a mucha gente.»

Los días le traían pequeñas victorias: aprender a programar un aparato reproductor de vídeos, plancharse una blusa cuando le habría resultado más fácil dejarla arrugada, mantener limpio su apartamento sin la ayuda del personal del edificio, ir a dar breves paseos sin el andador. Hacía las compras por Internet, eligiendo los artículos de los catálogos, en lugar de dejar que sus hijos lo hicieran por ella.

Y los fines de semana le traían el contacto con su familia, en especial con sus hijas. Con sus hijos se podía imaginar a sí misma en distintas etapas de la vida, en lugar de verse como una nonagenaria con problemas para andar. Era la madre que siempre había sido y la hija que Judy nunca había tenido. Un día, cuando se planteaba qué sentido tenía vivir tantos años, recordó que su nieto estaba participando en un simulacro de congreso en el instituto y que estaba viva para compartir su entusiasmo. «Cuando pienso en ello, me digo: "¡Mira mi nieto, mira lo que está haciendo!" Y me contagio de su ilusión.» Esto le bastaba para seguir adelante. Vivía por lo que tenía y amaba, y no por lo que había perdido.

Aunque su red social se hubiera reducido, nunca se quejaba de sentirse sola. Las relaciones que mantenía eran demasiado valiosas y productivas, y además se las había ingeniado para filtrar las que te irritan a cualquier edad. La vida era corta, había que encontrar a las personas que le importaban y las relaciones que le permitieran progresar. Sus hijos y su clan familiar le permitían ofrecer unos regalos que a nadie más podía dar. Les era útil y la apreciaban. Aunque no pudiera andar demasiado, esto no era lo que necesitaban de Ruth.

«¿Qué es lo que en realidad hago por ella?», me dijo un día Judy. «Pues no demasiadas cosas. Le doy apoyo emocional. Quiero a mi madre. Todos la queremos mucho. También la ayudo con el ordenador a veces. Es extremadamente independiente. Es muy importante para ella, y todos se lo respetamos. Así que no le he impedido nada, salvo conducir, y fue ella la que dejó de ponerse al volante. Me dijo que ya no sabía lo que podía ofrecerles a los demás. Pero mi madre nos sigue dando lo que siempre nos ha dado, nos da amor. Es el pilar de nuestra familia. De modo que ya no cocina para nosotros.»

A lo largo del año Ruth se mantuvo sana la mayor parte del tiempo, pero su nivel de energía dio un bajón, y al llegar el invierno, con sus días más cortos, dejó de salir a dar paseos y se pasaba la mayor parte del tiempo sola en su apartamento, leyendo o jugando con el ordenador al solitario Carta Blanca. Advirtió que su porcentaje de partidas ganadas descendía. Ese año era duro para Ruth, y el siguiente lo sería todavía más.

Pero era la que había elegido las recompensas de las que disfrutaba. A medida que el año llegaba a su fin, vi que también esto era cierto en todos los mayores con los que conversaba. Apenas podían controlar las dificultades que les traía la vida —los nuevos achaques o problemas de salud, los días interminables en los que nadie los llamaba ni visitaba—, pero eran los causantes de su propia satisfacción. Les costó lo suyo. Pero cada uno descubrió a su manera cómo disfrutar de los días que les quedaban.

Algunos días el esfuerzo, el dolor o las pérdidas los superaban, y esos eran los días o las semanas malos. Esa era la vejez que nos ha acabado dando terror, la que le acaece a la gente. Una de las lecciones que aprendí del año en el que estuve conversando con personas de la cuarta edad es que esta vejez no es inevitable ni inalterable. Todos tendremos algo que decir al respecto, al menos mientras podamos contarlo. Ruth, al cumplir los noventa, estaba entusiasmada por creer haber llevado una buena vida, y ahora podía abandonarla. No estaba interesada en llegar a centenaria, como otras personas que conocía. «Sentí que había alcanzado un hito», me contó. «La familia vino, celebramos una fiesta. Y el resto es de propina.»

Este es un buen resumen para el arco de la vida a cualquier edad. Nunca sabemos de cuántos días de más disfrutaremos, pero podemos prepararnos para su llegada. Mientras tanto, tengamos veinticinco u ochenta y cinco años, podemos elegir vivir aquello que nos da calidez —el amor, el humor, la compasión, la empatía y un brazo en el que apoyarnos— no por hacernos la vida más fácil, sino por ser lo que más nos ayuda en los momentos difíciles. Como Ruth dijo después de otro año duro: «No me sabría mal si tuviera que dejar este mundo. Pero supongo que me alegro de seguir en él».

12

Las lecciones de Jonas

«Tienes que confiar en tus ángeles.»

Mi ideal, cómo me gustaría ser cuando sea centenario, es como el anciano que visitaba a mi padre. Trepaba al tejado de nuestra casa y hacía el pino pegado a la chimenea. Cuando le pregunté a mi padre cuántos años tenía su amigo, me respondió: «Cien años». Este es mi ideal.

Jonas Mekas, noventa y dos años

A principios del año en el que empecé a contactar con diversos ancianos, Jonas me invitó a un espectáculo interpretado por una sola mujer en un teatro diminuto de la segunda planta de un edificio, en el East Village. Jonas, que a los noventa y dos era el veterano del grupo, me enviaba periódicamente correos electrónicos como estos, noticias de última hora como la de que iba a leer poemas en un club de poesía, a tocar con un bajista y un baterista en un bar de la Avenida A o a dar una conferencia en Berlín. El tugurio que frecuentaba había sido engullido por el auge inmobiliario neoyorquino, y el espacio musical de Brooklyn donde le gustaba cantar y tocar la trompeta, como músico hecho a sí mismo, había sucumbido al avance de las «plazas» en Williamsburg, así que la vida nocturna de Jonas había adquirido un carácter excepcional, sin un puerto de escala fijo. El barullo era lo suyo, pero echaba de menos los establecimientos en los que podía aparecer de improviso sabiendo que encontraría compañía.

El espectáculo en East Village acabó siendo un monólogo de un acto titulado «Así es cómo los ángeles lo han dispuesto». Se basaba en parte en el contenido literal de un conjunto de entrevistas realizadas a personas que habían dejado huella en el barrio. La mujer que interpretaba a Jonas era Lillian Rodriguez, una chica de veintitantos años vestida con una boina y una cazadora en lugar de la chaqueta deportiva azul estilo francés que Jonas siempre llevaba puesta cuando yo iba a verle. Imitaba su acento lituano bastante bien, aunque creo que Jonas y Sebastian, su hijo de treinta y tres años, no opinaban lo mismo.

«Aterricé en Nueva York como una esponja vacía», dijo ella. «Y tenía veintisiete años, y esto fue crucial, os lo aseguro.» Y después se fue por las ramas con un monólogo digresivo que de Lituania pasaba a la Alemania nazi y luego a Brooklyn y al Lower East Side, hasta acabar con la vida de un anciano en el mundo artístico clandestino de Nueva York. Muchos de los detalles del monólogo me los había contado Jonas en nuestras conversaciones, pero fue toda una revelación oírlos de boca de una mujer setenta años más joven. Su lenguaje corporal era el de una chica bastante diferente de Jonas, pero las palabras y las ideas le iban misteriosamente como anillo al dedo. Representaba al anciano como un espíritu joven, que era precisamente como cualquier persona que conociera a Jonas lo veía.

Hacia el final del monólogo, Rodriguez, en el papel de Jonas, comparó su vida con un sabroso estofado. Los momentos individuales de esa vida, como los ingredientes de un guiso, podían tener un sabor malísimo o ser demasiado picantes por sí solos

—«son incomibles», afirmó ella—, pero cuando los mezclabas no querías privarte de ninguno. «De modo que no cambiaría nada», apostilló.

El espectáculo sumió a Jonas en un estado meditabundo; tenía delante a alguien con unas vivencias muy distintas a las suyas narrando su vida, un papel que solía asumir él. Jonas, como esa chica, parecía estar representando un guion escrito por él mismo, ser esa persona al pronunciar las palabras. Cuando salimos del teatro, echamos a andar en silencio en busca de un establecimiento donde tomar una copa y charlar. Pasamos por delante de un bar donde Jonas, en una época de estreches económicas, había empezado a proyectar las películas de otros cineastas a principios de los años cincuenta. Lloviznaba ligeramente y el brillo de las farolas cabrilleaba en la acera húmeda.

«La gente me dice: "¡Qué triste es lo que has tenido que pasar!"», me contó Jonas, retomando la historia del espectáculo. «Pero no fue así. Me alegro de haber sido un desarraigado, porque fui a parar a Nueva York en el momento más excitante, en el apogeo del arte clásico, como el de Balanchine y Martha Graham, y por si esto fuera poco, estaba ocurriendo algo más. Era la época de Marlon Brando, Tennessee Williams y Miller. Al llegar en el cuarenta y nueve, vi el fin de lo antiguo y el inicio de lo nuevo, John Cage, Buckminster Fuller, el Living Theater y la Generación Beat. Me empapé como una esponja de todo ello.»

Nos metimos en su restaurante francés favorito, y en el local había fotografías de Jonas en las paredes.

❖

Jonas Mekas nació la víspera de Navidad de 1922 y creció con cuatro hermanos y una hermana en una pequeña localidad de granjeros de Semeniskiai, al noreste de Lituania. En una ocasión calculó que la población[49] se componía de veintidós familias y noventa y ocho habitantes. Fue un niño enfermizo y las necesidades de la granja familiar hicieron que se retrasara en los estudios, pero en la adolescencia se sacó en un semestre lo equivalente a cinco cursos escolares. Se crio en el seno de una familia de poetas, y desarrolló una voz poética profundamente arraigada en el lenguaje lituano y en el campo que captaba exquisitamente con palabras estados de ánimo y escenas. En la granja recorría largas distancias con Adolfas, su hermano pequeño, y adquirió la habilidad de montar a caballo cabeza para abajo. Se maravillaba ante un robusto visitante que trepaba al tejado de la familia Mekas y hacía el pino pegado a la chimenea. «Era mi ideal. Cuando le pregunté a mi padre cuántos años tenía su amigo, me respondió: "Cien años". Este es mi ideal», me contó. «Y fue después de conocerle cuando en realidad adquirí la costumbre de hacer el pino», añadió.

Si se pudiera embotellar la fuerza vital de Jonas, el mundo se ahorraría un montón de sufrimiento. A decir verdad, no desafía la edad, sino que manifiesta todo el potencial que lleva dentro, ordena todo su pasado en un presente del que solo puede disponer alguien que haya llevado una vida longeva. Sacó su primera fotografía a los quince años —soldados soviéticos y carros de combate avanzando por su aldea—, fundó un periódico clandestino contra los nazis a los veinte, emigró a Nueva York en el umbral de los veintisiete, filmó su primera película autobiográfica a los cuarenta y seis, lanzó su primera página web a los ochenta y tres y dirigió a los noventa y dos una exposición monumental de su labor artística en un Burger King de Venecia (Italia), durante la Bienal del 2015. A los noventa y tres, su mayor queja era un callo que le había salido en el pie derecho.

Uno de los riesgos de ser tan longevo, señaló, era que cada año había menos personas que recordaran las épocas que había vivido,

---

49. Jonas Mekas, *I Had Nowhere to Go,* New Thistle Press, Newfane, Vermont, 1991, p. 1.

y por eso siempre le llamaban para que narrara las viejas historias. «Me preguntaban cómo era posible que aún me acordara de todo», me escribió en un correo electrónico. «¡Por qué no iba a hacerlo! Al fin y al cabo, fue mi vida, es normal recordarla, a no ser que de joven la hubieras arruinado juntamente con tu cuerpo. Me preguntaron qué era lo que me mantenía joven. Les repuse "el vino, las mujeres y las canciones". Pero al mismo tiempo soy un monje, vivo como un monje... ¡Aunque es normal! Lo anormal es no cantar, no bailar, no gustarte la poesía, no estar interesado en cuestiones que tienen que ver con el espíritu. Soy un tipo de lo más corriente. Y soy feliz. La felicidad es un estado natural.»

Jonas solía decir que no era un intelectual y que las ideas eran lo peor del mundo, ya que los que tenían ideas se dejaban llevar por ellas, tal como había presenciado en la Lituania ocupada por los soviéticos y en la Alemania nazi. Por eso intentaba guiarse por su instinto, se despertaba sin planes fijos para el día y dirigía su cámara allí donde se posaban sus ojos, dejando que la escena fuera la que lo buscara. «No soy una persona introspectiva. Cuando te has criado en una granja —y eres un aldeano— la gente del campo vive sin más, no se analiza a sí misma. Es un estilo de vida más comunitario, vives simplemente, te comunicas con los amigos, los vecinos. El autoanálisis y la introspección llegaron más tarde, a medida que progresaba, tras abandonar la aldea. Pero no tiendo a analizarme por naturaleza, aunque esté siendo diarista en un vídeo y en mis escritos. A pesar de centrarme en mi vida, si lees los diarios de Anaïs Nin y Henry Miller, te das cuenta de que son muy introspectivos e intrincados, pero yo no soy así, los míos no son tan personales.»

Una paradoja de su estilo de vida es que le exige un sentido extraordinariamente sólido de propósito y dirección. De lo contrario, sus acciones no serían más que ruido aleatorio. Los valores de Jonas eran sencillos e invariables: le gustaba la música y la naturaleza, celebrar acontecimientos con los amigos, y prefería el arte y la belleza por encima de la fealdad y la desesperación existencial. Sus poemas más conocidos,[50] *Idilios de Semeniskiai,* escritos en un campamento de desplazados en Alemania, son ensoñaciones sobre la vida rural en Lituania, donde «la vejez es el murmullo de la lluvia en las ramas de los arbustos, / el zumbido de los urugallos en el rojizo amanecer del verano… / la vejez es nuestras charlas». Guiarte por esta brújula significaba que nunca dejaba de trabajar ni tampoco empezaba jamás a hacerlo. «Simplemente, sigo adelante», solía decir. Sin cavilar, filmar una película ni escribir, vivía la vida sin más.

«Cuando crecía en una granja no consideraba que estuviéramos trabajando», me señaló un día en que al llegar a su *loft* me lo encontré rebuscando entre las tomas descartadas de sus películas para llevar algunas a una exhibición en París. «Hacíamos lo que teníamos que hacer ese día. Teníamos que plantar unos determinados vegetales, ordeñar unas cuantas vacas. El concepto de ser trabajadores lo adquirimos cuando los soviéticos llegaron y nos organizaron. De pronto, todo el mundo era un trabajador. No lo éramos hasta que llegaron. De modo que estoy continuando con lo que hacía cuando crecía: hago, simplemente, lo que tengo que hacer.»

Otro día me dijo: «Los granjeros cultivan distintas plantas. Yo cultivo la poesía y los santos, la historia, la belleza y el arte. Es lo que he elegido cultivar».

❖

Uno de los grandes misterios de la vejez es por qué algunas personas, como Jonas, siguen creciendo y progresando mucho tiempo después de que la gente de su edad haya dejado de hacerlo. Si fuera fácil, todos lo haríamos. La genética podría parecer una respuesta evidente, pero por lo visto es menos determinante de lo

---

50. Jonas Mekas, *Idylls of Semeniskiai,* Hallelujah Editions, Annandale, Nueva York, 2007, p. 2.

que creíamos. Estudios realizados con gemelos daneses,[51] entre otros, han revelado que los genes solo influyen en una cuarta parte de nuestras diferencias relacionadas con la longevidad. Son muchas las variables que entran en juego, como un historial de fumador, los traumas, el estrés y otros factores similares, pero hay un montón de fumadores estresados que siguen disfrutando plenamente de los terceros actos, y en cambio sus coetáneos que hacían yoga están criando malvas.

«Es la pregunta más extraordinaria», afirmó Karl Pillemer de Cornell. «¿Por qué algunas personas son así? No creo que tengamos una respuesta. Por lo que sabemos, algunos factores son exactamente los que creemos y otros son sorprendentes.»

Las compañías farmacéuticas, los fabricantes de cosméticos y los vendedores especializados en un estilo de vida moderno están encantados de vendernos productos «antiedad» o «resistentes al envejecimiento» para ayudarnos a «rejuvenecer» o «a sentirnos como críos de nuevo» por el bajo, bajísimo precio de la máxima cantidad de dinero que podamos pagar. Pero, por más cremas milagrosas que nos apliquemos para eliminar las arrugas, no nos volveremos como Jonas Mekas. La buena noticia es que hay unas soluciones más útiles, asequibles y baratas.

Becca R. Levy, psiquiatra de Yale, ha descubierto unas correlaciones asombrosas entre las actitudes de la gente con respecto a la vejez y cómo afrontan sus últimos años de vida, los efectos de las cuales empiezan a darse en la temprana época de la mediana edad. En un estudio, los participantes con una visión más positiva[52] de la vejez —evaluados por cómo respondían a la pregunta: «Cuando piensa en personas mayores ¿cuáles son las cin-

---

51. Robert N. Butler, *The Longevity Revolution: The Benefits and Challenges of Living a Long Life*, PublicAffairs, Nueva York, 2008, p. 91.

52. Becca R. Levy, Martin D. Slade, Terrence E. Murphy y Thomas M. Gill, «Association Between Positive Age Stereotypes and Recovery from Disability in Older Persons», *Journal of the American Medical Association* 308, n.º 19, 21 de noviembre de 2012, pp. 1972-1973.

co primeras palabras o frases que le vienen a la cabeza?»— tenían un 44 por ciento más de posibilidades de recuperarse de una incapacidad que los que albergaban estereotipos negativos sobre la vejez. Levy y sus colegas descubrieron que los sujetos con una visión positiva de la vejez tenían una tensión arterial más baja, menos estrés y un mayor equilibrio físico, y además eran más proclives a adquirir hábitos saludables y a recibir atención médica con regularidad. También vivían de promedio siete años y medio más, un auténtico hallazgo relacionado con la juventud que todos tenemos a nuestro alcance sin necesidad de una receta médica.

Jonas no era inmune a los estereotipos negativos, pero los compensaba con otras asociaciones más positivas, como el tipo centenario que hacía el pino pegado a la chimenea de su casa o los santos que se volvían más venerables con el paso de los años. Llegaba hasta el punto de evitar la compañía de las personas pesadas más bien por ser molestas que por ser mayores.

«Lo que lo mantiene con vida es su entusiasmo», apuntó Johan Kugelberg, comisario y archivero de cincuenta años que en 2017 publicó una colección de escritos y fotografías de Jonas titulada *A Dance with Fred Astaire*. Describió a Jonas como «el Obi-Wan Kenobi anti-Warhol en relación con el Darth Vader de Warhol. Es mi héroe, porque nunca sucumbe a su lado oscuro. Y nunca lo hará, por ser Jonas.»

Patricia Boyle, neuropsicóloga e investigadora en el Centro Rush para la Investigación del Alzhéimer, una parte del Centro Médico de la Universidad Rush en Chicago, tiene un nombre para la fuerza vital que empuja a personas como Jonas a seguir adelante: propósito. Los investigadores llevan mucho tiempo observando que las personas mayores que tienen un propósito en la vida suelen vivir más años y con mayor plenitud, y también llevan una vida más saludable que las que carecen de él. El hallazgo tiene su lógica: las personas con mala salud o con demencia senil son menos proclives a sentir que lo que hacen marca una diferencia. De modo que tener un objetivo en la vida puede que sea un efecto de la buena salud en lugar de una causa.

Boyle y su equipo de investigadores se dispusieron a estudiar la relación entre tener un objetivo en la vida y el alzhéimer, dolencia que se cree que afecta a uno de cada nueve estadounidenses de más de sesenta y cinco años, y para la que aún no existe un tratamiento médico eficaz. En primer lugar, los investigadores examinaron la memoria de 1.400 ancianos a lo largo de ocho años y evaluaron, además, la intensidad con la que creían tener un objetivo en la vida. Para analizarlos, los investigadores les pidieron a los participantes si estaban de acuerdo o en desacuerdo con afirmaciones como: «Algunas personas vagan sin rumbo fijo por la vida, pero yo no soy una de ellas».

Como en los estudios anteriores, los participantes con un objetivo en la vida sufrieron menos pérdidas de memoria a lo largo de los ocho años del estudio que los que no lo tenían. Pero fue después de fallecer algunos y de haber examinado sus cerebros cuando Boyle descubrió de repente la naturaleza de esta relación. El alzhéimer causa la muerte celular y la pérdida de tejido cerebral, y lo más probable es que se deba a la acumulación de lo que se conoce como placas y marañas. Las placas son depósitos de proteínas beta-amiloides acumuladas entre las células nerviosas que, al parecer, bloquean la transmisión de señales entre las sinapsis. Las marañas son fibras retorcidas de proteína acumuladas dentro de las células nerviosas que impiden que los nutrientes lleguen a las células, por lo que causan la muerte de las neuronas.

A medida que los participantes del estudio iban falleciendo, el equipo de Boyle realizó la autopsia de 246 cerebros. Descubrieron que tener un objetivo en la vida parecía no influir en la formación de placas y marañas en el cerebro. El cerebro de una persona con un objetivo en la vida se deterioraba al mismo ritmo que otra que no tuviera ninguna razón por la que vivir en el universo. Pero cuando los investigadores observaron las puntuaciones de las pruebas de memoria de esos cerebros idénticos, descubrieron grandes diferencias en el rendimiento. Los de las personas con un objetivo en la vida apenas se habían deteriorado en lo que respecta a las puntuaciones de las pruebas de memoria, aunque el daño celular en el cerebro fuera el mismo que el de los sujetos con demencia senil. Este hallazgo sugiere que tener un objetivo en la vida no nos protege de la formación de las placas y las marañas típicas del alzhéimer, pero por lo visto previene o retrasa sus efectos. La explicación de Boyle es que tener un objetivo en la vida crea una «reserva» que les permite a algunos cerebros construir otras vías para transmitir las señales y los nutrientes, y seguir por lo tanto funcionando. Cuanto más fuerte es el objetivo, más protectores son sus efectos.

«Tener un objetivo es beneficioso a lo largo de la vida, pero en la vejez ocurre algo único. A esa edad nos ayuda a evitar malos resultados en la salud», afirmó Boyle. La buena noticia, señaló, es que podemos aprender a cualquier edad a tener un objetivo en la vida, tanto uno propio como mediante intervenciones sencillas. Tal vez sea débil o fuerte, pero nos beneficia de todas formas. «En parte consiste en lograr que la gente reflexione y se pregunte: "¿Cómo quiero que mi vida sea al final del día"», dijo. «"¿Qué meta quiero marcarme?" Creemos que lograr mover la aguja de nuestra brújula interior para no ir sin rumbo por la vida tiene grandes beneficios públicos para la salud.» Incluso a los sujetos con serios problemas de salud o incapacidades, añadió, «tener una meta en la vida les permite mirar en su interior para preguntarse: "¿Cómo voy a vivir mi vida? ¿Qué quiero alcanzar?"».

❖

El reto está en encontrar una razón para vivir que nos sustente a lo largo de los últimos años. El boxeo tailandés tal vez no sea una gran elección, pero pintar, la actividad política, pasar un tiempo con la familia o transmitir nuestras habilidades a la siguiente generación pueden ser una razón para vivir a cualquier edad. Ejerce de abogado, alimenta a los hambrientos, enseña a tocar el piano, atosiga a tu diputado, cuenta tu historia. Ese es tu objetivo en la vida: haz que sea una pasión y no una afición.

Para Jonas, tener un objetivo en la vida nunca fue un problema. Ya lo tenía cuando huyó en dos ocasiones de los campos de trabajo nazis, cuando se enamoró del cine en un campamento de desplazados y cuando solicitó asentarse en Israel para ayudar a construir el nuevo estado (le rechazaron la solicitud por no existir un cupo para los lituanos gentiles). Cuando llegó a Nueva York se lanzó a apoyar la labor de otros cineastas incluso antes de ser conocido por la suya. Medio siglo más tarde le sigue motivando el mismo objetivo, pero con mayor apremio aún, porque el tiempo se acaba. Aunque intentar explicar de dónde le venía esta pasión fue como explicar por qué respiraba; simplemente, la sentía.

«Hay algo en ti que te empuja», me dijo un día en su apartamento, disfrutando aún del gran partido televisado que había visto por la noche, en el que el equipo femenino de fútbol estadounidense había ganado la Copa Mundial. Estaba sentado ante una mesa con una pila de libros viejos y una botella de agua San Pellegrino, igual que en el monólogo de Lillian Rodriguez. «Es parte de tu esencia, de quien eres», observó. «Sientes una necesidad. Como en la de la época de los griegos y las musas. Lo explicaban diciendo que la musa de la música o de cualquier otro arte penetraba en ti cuando nacías, o más tarde en la vida, y entonces no tenías elección. Se volvía parte de ti. Tienes que hacer, simplemente, lo que esa necesidad te pide.»

Durante el año en que estuve conversando con Jonas él tenía un claro objetivo, recaudar dinero para construir una biblioteca y un café en el Anthology Film Archives, el cine y la filmoteca que fundó con sus amigos en 1970. Sigue siendo el lugar más emblemático para ver películas vanguardistas en Nueva York. Cree que el café es necesario para que la institución siga adelante. Jonas ha dado a menudo su propio dinero a instituciones o a otros cineastas a lo largo de los años, incluso cuando estaba sin blanca. Como el cineasta Stan Brakhage,[53] al que Jonas apoyó tanto económica como moralmente, dijo en una ocasión sobre él: «Jonas tiene muchos bolsillos, y siempre están abiertos».

Ahora les estaba pidiendo favores a amigos. De París consiguió que John Cale le prometiera una composición nueva para subastarla en Anthology Film Archives, de Nueva York logró que Matthew Barney le donara esbozos. Cada varios meses recibía un excitado correo electrónico suyo en el que me comunicaba la contribución de un artista en su proyecto.

Me había hablado de unos ángeles que le protegían, hasta afirmaba tener pruebas fotográficas de su existencia. Decía que los ángeles le habían permitido sobrevivir a sus años como desarraigado y pagar el alquiler en Nueva York cuando no tenía ninguna entrada de dinero. Eran la otra cara de su objetivo en la vida, una razón para no esforzarse en exceso ni preocuparse de si estaba o no progresando. Podía arriesgarse a fracasar o a morirse de hambre porque los ángeles velarían por él, como habían hecho realmente en momentos difíciles. «Los ángeles nos protegen porque todavía hay algo que tenemos que hacer», me aseguró. «Como no sé por qué los ángeles nos salvan, ni qué es lo que quieren que haga, no pienso en lo que debo hacer. Lo hago sin más, esperando que ese sea mi destino. Si surge algún problema, me digo, "Vale, no le daré más vueltas, dejaré que el tiempo lo resuelva." No me caliento la cabeza con nada problemático. Me olvido del asunto y a medida que pasa el tiempo se suele solucionar por sí solo. Me digo: "Vale, no puedo manejarlo, ahora ángeles es cosa vuestra. Resolvedlo y yo me dedicaré a alguna otra cosa". Y normalmente lo hacen. Créeme, esto es lo que le aconsejo a cualquiera que me lo pida. Tienes que confiar en tus ángeles.»

«Me empezaré a preocupar cuando algo ocurra», añadió. «¿Por qué preocuparme si a lo mejor no sucede? ¿Y por qué pre-

---

53. Calvin Tompkins, «All Pockets Open», *The New Yorker,* 6 de enero de 1973, pp. 31-49.

ocuparme cuando me pasa? Lo afronto y punto. Si me preocupara, estaría perdiendo el tiempo, y puede que nunca suceda lo que creo que ocurrirá. Lo resuelvo cuando ocurre, pero no pierdo el tiempo. No hay nada imposible. Ni siquiera sé qué significa esta palabra.»

En su lugar, me recitó un lema para vivir que escribió para la diseñadora Agnès B: «Sigue bailando. Sigue cantando. Tómate una buena copa y no te vuelvas demasiado serio».

«No te preocupes. Sigue cantando y bailando» son las lecciones secundarias de Jonas que les bastarán a la mayoría de personas. Su lección principal es tener un objetivo en la vida. La conclusión tácita es marcarnos ante todo una meta en la vida, a partir de ahora.

⚏

Un sábado por la tarde a principios de la primavera, me encontré a Jonas en el Zinc Bar, un club de jazz del Greenwich Village, sentado entre un grupo de estudiantes lituanos cantantes de ópera. Estaba allí para leer *Requiem for a Manual Typewriter,* su novela inédita, que trataba de la agobiante perspectiva de intentar decidir sobre qué escribiría. A los estudiantes, de diecisiete y dieciocho años, les acompañaba Raminta Lampsatis, una emigrante de sesenta y cinco años que había vivido en el exilio en Chicago hasta la caída de la Unión Soviética y que ahora ejercía de docente en Alemania. Para la generación de expatriados, los poemas de Jonas sobre Lituania eran el material idóneo para reunirse alrededor de una fogata, donde los jóvenes refugiados sentían la punzada del exilio y el reconfortante alimento de la lengua de su tierra natal. Pero para sus estudiantes, explicó Raminta, Jonas era algo totalmente nuevo. «Es la cultura de esos chicos», puntualizó. «Es una persona importante para tres o cuatro generaciones.»

Lynne Tillman y Amy Taubin, dos escritoras neoyorquinas septuagenarias a las que Jonas había ayudado al principio de sus carreras, se unieron al grupo sentado a la mesa. El grupo se convirtió en una mezcolanza típica de distintas edades y trayectorias vitales, con Jonas, de la generación anterior, acomodado en el centro. Se estaba tomando una cerveza, era evidente que disfrutaba de la compañía. Los jóvenes parecían encantados de estar al lado de una leyenda nacional. Bernardas Garbačiauskas, un baritono de diecisiete años, dijo que sus amigos le habían preguntado si planeaba ver a Jonas en Nueva York. Afirmó que, para su propia generación, los diarios fílmicos de Jonas de casi medio siglo atrás eran los precursores de Instagram o Facebook. Añadió que no le daba la más mínima impresión de estar sentado junto a un anciano. «¡Jonas Mekas es el futuro!», exclamó entusiasmado.

Jonas subió al escenario, la mano le temblaba, pero empezó a leer el relato con una voz tan mordaz y segura que, de pronto, se hizo el silencio. «He decidido escribir una novela que no trate de nada en especial», leyó. En la trama del relato el protagonista buscaba un rollo de papel térmico y decidía que tenía que escribir algo en él. Como en buena parte de su labor artística, la novela había adquirido la forma de un diario. Jonas leyó, con voz maravillada: «¿Habéis pensado alguna vez en lo increíble, en lo tremendamente increíble que es la vida?». Todos los presentes rieron fascinados.

Esta frase era la esencia de lo que aprendí a lo largo del año que estuve conversando con seis personas de más de ochenta y cinco años: silenciar el ruido, los miedos y los deseos que perturban nuestros días y pensar en lo increíble, en lo tremendamente increíble que es la vida. ¿Podría yo hacerlo? Antes de empezar el año mi respuesta habría sido no, que el ruido, los miedos y los deseos eran la propia vida. Pero a medida que discurrían los meses descubrí que me estaba fijando en el silencio que yacía bajo el ruido, en lo extraordinario que era el momento presente, en cómo cada fracción de segundo contenía un regalo que tal vez nunca más recibiría. A lo mejor, esto era pensar como un anciano. No vivía plenamente el momento porque tenía un futuro en el que pensar, pero si algo había aprendido era que ese futuro era limitado, y que el presente era mucho más maravilloso por ello.

Cada uno de los mayores llegó a alguna versión de ese amoldamiento interior. Era inevitable, ya que no cesaban de vivir en sus propias carnes los cambios de la vida, los desearan o no. ¿Pensaban alguna vez en lo increíble, en lo tremendamente increíble que era la vida? Creo que todos iban camino de hacerlo. Aunque sus mundos se estuvieran empequeñeciendo, su capacidad para sorprenderse no los había abandonado, los pequeños placeres ya no eran tan pequeños. Maravillarnos también es una elección personal. Ping la encontró en el compañerismo del mahjong. Fred, agradeciendo a Dios cada nuevo día al despertar por la mañana. Helen, en las formas en que la necesitaban y ella necesitaba a su vez a los suyos. John, en la música luminosa que escuchaba ante las puertas de la muerte. Y Ruth aprendió a confiar en sus ángeles, que en su caso significaban sus propios hijos.

A lo largo del año le pregunté a cada uno si pensaban alguna vez en la muerte y si el pensamiento les amedrentaba, y todos, salvo Fred Jones, me aseguraron que no les daba miedo. Vivir demasiados años les asustaba, morir era el antídoto de vivir en exceso. Parte de la sabiduría de sus últimos años era aceptar que la vejez y la muerte eran una etapa más de la vida. Solo los jóvenes creen no estar muriendo, o que la vejez es algo que les pasa a otros.

En el Zinc Bar, la lectura de *Requiem for a Manual Typewriter* de Jonas acabó con el protagonista enterándose de que William Burroughs había muerto. «Así que él también ha pasado a mejor vida», leyó Jonas. Cuando le pregunté más tarde si pensaba en su propia muerte, me repuso que la pregunta no tenía sentido. Lo esencial era la vida. «El final me llegará cuando me tenga que llegar, pero nunca pienso en ello», me explicó. «No puedes protegerte de la muerte.» A su alrededor no veía más que personas desconectadas de la vida que habían recibido. «Crecí sin radio, sin electricidad, sin televisor, sin música, sin tocadiscos. Vi mi primera película a los catorce años. Podría vivir doscientos. Y, sin embargo, veo a jóvenes de veinte años que parecen estar hastiados de la vida, y algunos ni la soportan. ¡Qué inaudito!»

Cuando el neurólogo Oliver Sacks se enteró de tener un cáncer de hígado terminal, escribió que la proximidad de la muerte hizo de pronto que se fijara en lo esencial y le faltara la paciencia para lo superfluo. «No puedo fingir no tener miedo», escribió. «Pero sobre todo me siento agradecido. He amado y me han amado. He recibido mucho en la vida y he dado algo a cambio. He leído, viajado, reflexionado y escrito. He hecho el amor con el mundo, el goce amoroso especial de los escritores y los lectores. Y ante todo he sido un ser sensible, un animal pensante, en este planeta maravilloso, y esto ha sido un gran privilegio de por sí, y una aventura.»[54] A los siete meses ya había fallecido.

¿Cómo podemos vivir en este estado tan intenso toda nuestra existencia, si no tenemos la suerte de contraer un cáncer terminal que nos recuerde que la vida es un gran regalo inmerecido? ¿Cómo podemos entrenar la mente para disfrutar del privilegio y de la aventura de la vida? Esta es la cuestión en la que no dejaba de pensar a lo largo del año en que estuve conversando con los mayores. ¿Tenemos realmente que esperar a que el oncólogo pronuncie la «palabra» para vivir plenamente como somos capaces de hacer? No parecía ser tan complicado. Sin embargo, lo que aparentaba ser más fácil —vivir como si fuéramos a morir— es lo que intentamos evitar a toda costa.

Al terminar el año, le pregunté a Jonas si, después de haber sufrido la ocupación soviética en Lituania y ser encarcelado por los nazis, era un optimista. Se tomó su tiempo antes de responderme, pero acabó dejando la pregunta en el aire, no supo qué decir. Al día siguiente me envió el siguiente mensaje por correo electrónico: «Yo diría que estoy aplicando la teoría del efecto mariposa en mi vida cotidiana», escribió. «Es una especie de dictado moral,

---

54. Oliver Sacks, «My Own Life: Oliver Sacks on Learning He Has Terminal Cancer», *New York Times,* 19 de febrero de 2015.

la responsabilidad ética de tener en cuenta que todo cuanto hago en este segundo afectará al segundo siguiente. Por eso intento no hacer nada negativo, es la mejor forma de asegurarme de que el mundo sea un lugar mejor al siguiente segundo o, al menos, que no haya empeorado por mi culpa. Como es natural, mi acción positiva puede verse socavada por cien acciones negativas ajenas, por lo que no significará nada. Pero aun así, seguiré guiándome por un dictado moral. De modo que se podría decir que soy una persona optimista.»

Volvimos a hablar de la felicidad y de lo que significaba para él. ¿Eran las personas mayores más felices? Partes de su pasado eran más amargas y deprimentes cuando las estuvo viviendo; los alegres recuerdos que ahora conservaba a los noventa le habrían parecido descabellados a los veinte o a los treinta. Tras haber estado conversando con Jonas a lo largo de un año, entendía mejor que él no era feliz a pesar de su edad avanzada, sino gracias a ella. Ahora podía contemplar su vida en un estado casi completo y saborearla por lo que le había ofrecido y no por lo que podría ofrecerle en el futuro. El montón de años vividos significaban para Jonas más cosas bien hechas. Más películas vistas, más libros leídos, más amistades entabladas, más pensamientos meditados, más perspectivas para aplicar a cualquier cosa nueva que hoy surgiera. Claro que las personas mayores eran más felices, me aseguró. «La felicidad es ver que todo cuanto has hecho está funcionando, que es de provecho. Mis hijos están creciendo y llevan una vida estupenda. Veo que no hay nada de todo cuanto he hecho y de todo cuanto estoy haciendo que me haga infeliz. Siento que todo cuanto estoy haciendo o hice está bien, y me siento de maravilla por ello. No intento forzar nada, siempre tengo un oído puesto en los ángeles y soy feliz.»

Recordé una tarde que pasamos juntos varios meses atrás. Habíamos estado comiendo arenques y patatas hervidas en el Anyway Cafe, una cafetería rusa cercana al Anthology Film Archives. Durante la comida, Jonas estuvo bromeando diciéndome que se sentía bien en todos los sentidos. «Mi médico me dijo ayer en el chequeo anual que sería uno de esos tipos que viviría ciento veinte años», me contó. «Le repuse: "¿Ah, sí?" Me comentó que, gracias a los avances tecnológicos y a todo lo que se está inventando, formaría parte de esos matusalenes, entre otros. Se lo agradecí. Pero le señalé que eso era normal. Cuando la gente me pregunta cuál es mi secreto, les digo que no tengo ninguno. Otras personas de mi edad, simplemente, no están en tan buena forma porque llevan una vida anormal. Se atiborran de comida, beben demasiado, se exceden en todo. En cambio, yo solo hago lo necesario, lo natural. Soy de lo más normal. Son los otros ancianos que conozco los que no lo son.»

Un cuadrado de luz de la tarde se colaba en el restaurante con aspecto de cueva haciendo brillar a Jonas como una pintura holandesa al óleo; vivir ciento veinte años parecía tan poco descabellado en ese ambiente como cualquier otra cosa normal de la vida de Jonas. ¿Por qué no? Había acabado el año en buena parte como lo había empezado, con la mirada puesta en varios manuscritos de libros y planteándose filmar una o dos películas con las cajas de tomas antiguas que había descartado décadas atrás. La edad tenía su forma de transformar las decepciones en nuevos descubrimientos. «A medida que pasa el tiempo algunas de ellas se vuelven excepcionales, son como si descubrieras una fotografía antigua del siglo diecinueve, no importa si se trata o no de arte. Es como el arte del siglo segundo o cuarto que vemos en los museos, lo conservamos en estos lugares porque ha sobrevivido.»

❖

Me alegra poder decir que los seis ancianos sobrevivieron a ese año, al igual que mi madre, a pesar del leve infarto que sufrió hacia el final. A medida que se acercaba enero, empecé a sentir ansiedad por separación por estar el año llegando a su fin. Me habían acompañado a lo largo de una temporada difícil para mí y me habían guiado hacia la siguiente más dulce. El año les marcó: el estado de John era angustiosamente frágil, los lapsus de memoria de Ping habían aumentado y Fred no parecía tener demasiadas oportunidades para lucir el traje morado, aún no había ido a la iglesia. Pero le encantaba imaginarse en su esplendor púrpura, y le fascinaba incluso más aún que alguien que era prácticamente un desconocido hubiera sido lo bastante bondadoso como para hacer realidad ese sueño suyo, dos razones más para agradecer una vida que no todo el mundo estaría dispuesto a agradecer. Aún seguía deseando vivir hasta los ciento diez años.

Les ocurrió a los seis por igual: sus penas y alegrías eran las mismas al final del año que al principio, solo habían avanzado un poco más en sus narrativas. Ahora que el año tocaba a su fin, todos creían que había merecido la pena vivirlo, aunque no hubieran participado en una maratón ni se hubieran lanzado en paracaídas de un avión. Ruth vio a sus nietos progresar un año más hacia la adultez. Helen gozó de otro año con Howie. John disfrutó de otro día de Acción de Gracias con sus amigos de Fire Island. Fred entabló nuevas amistades y gozó de su elegante aspecto. Ping se felicitó por su ingeniosidad y su buena suerte, llevaba una vida sustanciosa con muy poco dinero. Jonas había hecho todo cuanto se había propuesto. Cada uno había disfrutado de momentos familiares; todos se habían quejado de la comida, un privilegio neoyorquino, si es que había uno.

Tal vez parezcan unas compensaciones ridículas por todos los mazazos que habían recibido ese año, un mal negocio disfrazado bajo un sentimiento de optimismo. A Ezekiel Emmanuel, en su ensayo en el que decide no prolongar su vida pasados los setenta y cinco, le da sobre todo pavor «la limitación de nuestras ambiciones y expectativas», hasta que la vida plena que hemos estado llevando en el pasado «acaba reducida a estar sentados en el estudio leyendo o escuchando audiolibros, y haciendo crucigramas». Los pequeños placeres, sean cuales sean sus virtudes, tal vez no valgan ya la pena, en especial cuando es un calvario levantarnos de la cama por la mañana.

Pero otra forma de ver las compensaciones de la vejez, recurriendo al concepto de gerotrascendencia de Lars Tornstam, es como productos de unos pensamientos sumamente maduros. Lleva setenta, ochenta o noventa años aprender a valorar otro amanecer o la visita de un nieto huraño, apreciar lo increíble, lo tremendamente increíble que es la vida. Solo nos parecen ridículas por no haber vivido los suficientes años como para ver su valor, o sobrevivido a las bastantes pérdidas como para saber que la mayoría son superables. Los regalos sencillos pueden ser como las recompensas más elaboradas, y no hay ninguna regla que dicte que una vida de partidas diarias de mahjong en la sala comunitaria iluminada con fluorescentes de una vivienda asistida sea menos satisfactoria que un bacará de ricachones en Montecarlo. *Ulises* de James Joyce transcurre en un solo día en una ciudad corriente. *Guerra y paz* abarca una época y enfatiza las pasiones y el fasto. Nadie se atrevería a decir que un lugar sea más rico que el otro; simplemente, son distintas formas de ver el mundo. Tanto si es a través de la lente de un telescopio como de la de un microscopio, lo maravilloso reside siempre en la mirada del que lo contempla.

¿Tenía razón Fred Jones por agradecer la llegada de otro amanecer, o no era más que un viejo iluso demasiado afectado por la edad como para ver las cosas con la cabeza clara? ¿Tenían razón mi madre y John Sorensen por querer irse de este mundo, o eran demasiado rígidos para apreciar las bondades de las que gozaban? Cuando visitaba a John, le solía recordar que Scott, su cuidador, vendría al día siguiente, o Markus, o Alex, o Anne, su sobrina. ¿Acaso no quería seguir en este mundo por tamaños privilegios? ¡Claro que sí! Solo no quería seguir viviendo un año tras otro. Su respuesta seguía siendo la misma incluso más tarde, cuando cayó muy enfermo. Un día joyciano era una cantidad conocible y un regalo; en cambio, una era tolstoyana equivalía a una inmensa oscuridad desconocida. Mientras el tiempo fuera limitado, John podría disfrutar de los milagros de la buena música o de los buenos amigos, aunque irse de este mundo fuera lo que más deseara. Morir no era antitético a esos milagros, sino inseparable de ellos. Ninguna de nuestras alegrías dura para siempre.

El regalo de las seis personas mayores con las que estuve conversando fue, simplemente, recordarme que el tiempo era limitado y tremendamente increíble a la vez, que cada día era tan trascendental y cotidiano como el de *Ulises*. Cada tumbo que diera la vida me podía traer una deliciosa satisfacción o un viaje a la sala de urgencias. El reto está en saber enfrentarnos con entereza a esos cambios. Evaluamos el día por lo que hacemos en él —curar cánceres, surfear en Maui o reunirnos con el profesor de matemáticas de nuestro hijo—, y pasamos por alto lo que es realmente milagroso, es decir, la llegada de otro día. Lo hayamos o no disfrutado. Al día tanto le da, pero si nos lo perdemos, ya no lo recuperaremos nunca más.

Los seis o siete ancianos con los que conversé eran maestros imperfectos, y yo también era un alumno con fallos, pero en algunas ocasiones la sabiduría acaba formando parte de mí. En esos días duermo plácidamente y ayudo a un desconocido, llamo a un viejo amigo o le digo a mi pareja que la amo. Disfruto escribiendo en lugar de forcejear con mi prosa. La comida me sabe mejor. La gratitud, una meta en la vida, la camaradería, el amor, la familia, la utilidad, el arte, el placer…, todas estas cosas están a mi alcance, solo tengo que recibirlas con los brazos abiertos. Esos días soy más bondadoso, más paciente, más productivo, me siento menos ansioso, y soy probablemente más la persona que siempre debería haber sido. A lo mejor mis ángeles incluso me están echando una mano. Tenga los achaques o los miedos que tenga, aunque no desaparezcan, son unos instrumentos que me apoyan en mi vida como una banda sonora en lugar de ser la propia música. El vino también ayuda. ¡Traedme una ginebra!

❧

En *I Had Nowhere to Go,* un relato autobiográfico de sus años como desarraigado, Jonas se describe plantado en la cubierta del

USS *General R. L. Howze,* junto con otros 1.341 desplazados más, divisando a lo lejos las luces de la ciudad de Nueva York. Al oeste se alzaban los riscos de Palisades y las brillantes luces de neón de la noria del Parque de Atracciones de este lugar, y a sus espaldas, los centelleantes cables de suspensión del puente George Washington. Eran aproximadamente las diez de la noche del 29 de octubre de 1949, cuatro años y medio más tarde de la rendición de los alemanes al final de la Segunda Guerra Mundial, aunque los pasajeros de la cubierta llevaban siendo unos apátridas durante más tiempo aún, y algunos probablemente nunca volverían a sentirse como en su tierra de nuevo. Tras llevar viajando doce días por el mar estaban mojados, destemplados y mareados, a merced del océano y del nuevo mundo que emergía ante ellos. «Un miedo animal se apoderó de mí»,[55] escribió Jonas del viaje. Nueva York era un misterio para aquellos viajeros, un futuro que les depararía a unos cuantos sufrimiento y una soledad indescriptible, a otros muchos indiferencia y a unos pocos la plenitud (fuera la que fuera para cada uno). Algunos se romperían por dentro y nunca más se sobrepondrían. Habría uno que se volvería Jonas Mekas. Una de las cosas que aprendió en el viaje fue que en realidad nunca llegamos a ninguna parte, siempre seremos unos seres desplazados y efímeros, sedientos del pasado que dejamos atrás y del futuro que creemos que nos aguarda, ambas puras ilusiones. «Llegamos aquí siguiendo la antigua tradición de los primeros colonos, no vinimos en busca de una vida mejor, sino como exiliados y marginados, pues era el único lugar en el que podíamos escapar de una muerte segura.»[56]

»¡No, no vinimos en busca de una vida mejor! Ni tampoco en busca de aventuras. Elegimos Occidente, América, por puro instinto de supervivencia, una supervivencia física y brutal», escribió en una entrada sin fecha de 1955.

---

55. Mekas, *I Had Nowhere to Go,* p. 288.

56. Ibíd, p. 461.

Al fin y al cabo, acercarnos a la vejez o a cualquier edad es como internarnos en un paisaje desconocido e impuesto, plagado de incertidumbres, preferible a la otra alternativa. Todos somos pasajeros en ese frío buque de transporte, a veces temblando y mareados, separados del corazón que en el pasado nos consolaba, cambiados por nuestras pérdidas, angustiados por lo que ocurrirá. Las brillantes luces centellean frente a nosotros, las oportunidades para crecer o declinar. Al igual que refugiados, tenemos razón para estar asustados: las dificultades que se avecinan son tan gigantescas como la nueva tierra desconocida. Pero todos llegamos con los recursos que nos permitieron subirnos a ese barco, magullados pero llenos de fortaleza. Aunque llegarán los días en que esto no nos bastará. Las caderas se nos romperán, el corazón nos fallará, perderemos la memoria, nuestra pareja se irá antes que nosotros.

Hacemos nuestro propio trato con ese futuro y lo renegociamos a medida que se aproxima. ¿Vale la pena vivir esa vida? ¿Durante cuánto tiempo? Mientras tanto, ¿y el minuto que tenemos delante, o el día, o el mes? ¿Vale la pena vivirlo? ¿Podemos seguir bailando, cantando y tomando una buena copa sin volvernos demasiado serios? ¿Jugar al mahjong con los amigos, escuchar cautivados a Sondra Radvanosvsky o a Jonas Kaufmann, comer helado, aunque no nos convenga? Sí, en efecto. Al final, esa vida nos acabará matando. Pero ese momento ya nos llegará cuando nos tenga que llegar. Y una de las lecciones que aprendí a lo largo del año en que estuve conversando con personas de edad avanzada es que los años que nos llevarán a ese destino no serán como nos los imaginamos.

❖

Por supuesto, podría estar en un error; en tal caso, me habré pasado todo ese tiempo siendo más feliz en vano. Podré vivir con ello.

Epílogo

La mayoría de la gente de mi edad ya ha muerto. Puedes com-
probarlo.

Casey Stengel, setenta y dos años

Antes de conocer a las seis personas de este libro, si alguna vez
reflexionaba sobre mi propia vejez, me imaginaba como en la
vida actual, aunque despojado de todo lo bueno: de visión, movilidad, sexo, independencia, una meta en la vida, dignidad. Me
imaginaba sintiendo un dolor de espalda que no me daba tregua
y un ambiente enrarecido flotando en mi casa. Tal vez iría corto
de dinero o me hundiría en una demencia senil. En 2008 parti-
cipé en un simulacro llamado Envejecimiento Extremo en Co-
lumbus (Ohio), creado para ayudar a los profesionales de los
servicios asistenciales a entender lo que significa ser viejo. Nos
pusimos gafas para distorsionarnos la visión, guantes de látex y
tiritas alrededor de los nudillos para reducir las habilidades mo-
toras finas, algodón en los oídos y los orificios nasales, y granos
de maíz en los zapatos para imitar los dolores derivados de la
pérdida de tejido adiposo. «¡Qué pinta más encantadora que tenéis!», nos dijo la responsable del grupo. Después nos dio varias
tareas sencillas para hacer, como contar dinero en la cola de un
supermercado, nos comentó. Y abrocharnos la camisa o usar el
móvil. Esta visión de la vejez me asustó y deprimió. Y a menudo
lo sigue haciendo.

El nuevo año 2016 les trajo una nueva ronda de retos a los mayores con los que conversaba. Fred Jones había pasado el fin del 2015 confinado prácticamente en casa después de que le amputaran los dedos gordos de los pies, y los meses fríos y los días cortos de enero y febrero apenas le motivaban para salir a la calle. El implacable avance del cáncer de mama de su hija estaba a punto de llevársela de este mundo y la vida doméstica de Fred se estaba volviendo precaria. Un día puso a calentar la cena que Meals on Wheels le había llevado a casa y luego se echó a descansar un minuto. «Gracias a Dios que sonó el detector de humos», me contó. «¡Qué suerte!» Y no era la primera vez que le pasaban esta clase de incidentes.

En marzo de 2016, varias semanas antes de cumplir ochenta y nueve años, soñó que estaba en un edificio sin tejado y que del cielo le caían varios objetos encima; en una ocasión, una araña de cristal; en otra, melones y otras frutas. El sueño le asustó, se cayó de la cama y no pudo levantarse del suelo. La primera vez que me lo contó parecía impactado por la visión de los objetos cayéndole del cielo, pero más tarde me dijo que creía que significaban las bendiciones que Dios le enviaría.

Fred era así. Poco menos de un mes más tarde, su hija murió, y antes de enterrarla siquiera, tuvo un infarto que acabó con su vida. «La trabajadora social me dijo que había muerto por habérsele roto el corazón», me contó Danielle Jones, su nieta. «Y es cierto», añadió. Jim Healy, el tipo que le compró el traje morado y que se hizo amigo suyo en el último año de vida de Fred, afirmó: «Se podría decir que murió por culpa de las escaleras sin calefacción que tenía que subir hasta la tercera planta», y también llevaba razón. A pesar de ser el pequeño de seis hermanos, fue el primero en abandonar este mundo. Nunca llegamos a ir al restaurante Red Lobster como habíamos planeado. Pero si hay una vida en el más allá y nos reunimos allí, le invitaré a comer langosta. Sé que me recibirá con una sonrisa. Y yo se la devolveré.

Visité a John Sorensen en su piso por última vez en marzo de 2016. Anne me contó que se había caído varias veces a principios del año, pero John no se acordaba del incidente. Parecía frágil, pero siempre se alegraba de poder charlar con alguien, aunque estaba más olvidadizo que de costumbre. En nuestra conversación me preguntó cuatro veces si había visto *Siete novias para siete hermanos,* recalcando cada vez que era una película buenísima.

«Teniendo en cuenta lo viejo que soy, supongo que no lo estoy haciendo tan mal después de todo», me dijo. «Me alegro de estar aquí. Estoy teniendo problemas con el televisor, pero Walter está conmigo», apostilló. Su comentario me sorprendió.

Me contó que su madre había dejado la casa donde vivía al norte del estado de Nueva York para mudarse a California, donde residían algunos parientes. Por lo visto, ya era demasiado mayor como para ocuparse de su casa, que en el pasado había sido una taberna durante la Guerra Revolucionaria.

«Lo único que puedo decirte es que la mujer que se subió al avión y la que se bajó de él no eran la misma persona», me aclaró John. «Estaba irreconocible. Mi madre murió ese mismo día. Era como un alma en pena. Su personalidad había desaparecido. Ahora yo me siento igual. No puedo irme de esta casa. Walter está aquí. Bueno, no lo está, y no creo en el más allá, pero hay un montón de objetos que me recuerdan a mi pareja.»

Anne había estado diciendo que si John se veía obligado a dejar su hogar se moriría del disgusto y, a medida que se iba volviendo más frágil, le convenció para que le permitiera solicitar cuidadores a tiempo completo, porque en el pasado se había negado en redondo. La misión de Anne era conseguir que Medicaid se lo aprobara antes de que fuera demasiado tarde. «Hoy no me siento de maravilla, pero tampoco estoy deprimido», me anunció John. «Ya no sirvo para nada. Soy como un desperdicio que tuviera que ir al cubo de la basura, no puedo hacer nada, aunque quiera. Supongo que todavía puedo salir a pasear, pero no me apetece. El sol me hace daño. Ya no puedo hacer nada. Nada de nada.»

En mayo de 2016 John se desplomó y probablemente estuvo tendido en el suelo de su piso durante dos días antes de que una vecina le oyera gritar, me contó Anne. Desde el día en que le conocí había estado diciendo que se quería morir, y ahora parecía que se iba a salir con la suya. En sus últimas semanas en el hospital y en el centro de rehabilitación abundaron las visitas de amigos, ayudantes y voluntarios que le habían echado una mano en casa. Uno le cantó su aria favorita, otros le pusieron música de sus móviles. Aunque se negara a comer y se estuviera muriendo lentamente de inanición, les dio efusivamente las gracias a las enfermeras por lo amables que eran con él. «Nunca voy a mejorar», le confesó a una. «Aunque eres muy guapa», añadió, alabándola por sus largas pestañas.

En sus últimos días, rememoró episodios felices de su infancia al norte del estado de Nueva York y de la época vivida con Walter en Fire Island. Cuando su terapeuta ocupacional le dijo que regresaría al día siguiente, John le repuso: «Espero con ilusión tu vuelta». Murió el 26 de junio de 2016, tan preparado para ese momento como uno puede estarlo. Anne planeaba esparcir sus cenizas, junto con las de Walter, en Fire Island, pero debido a problemas de fechas lo tuvo que posponer para el año siguiente.

❧

Mientras escribo este pasaje en un día de verano de 2017, los otros cuatro ancianos y mi madre siguen adelante, superando su esperanza de vida a cada día que pasa.

Helen Moses, como su querido equipo de los Mets, tuvo un año movido lleno de altibajos.

En el otoño de 2016, Helen se quejó a los cuidadores de la residencia y a su hija de que le dolía el estómago. Dos días más tarde, empezó a vomitar sangre. «Fue entonces cuando me asusté», me contó. «Y cuando vi lo roja que era, supe que tenía un problema gordo.»

Estuvo ingresada casi dos semanas en la unidad de cuidados intensivos del Hospital Presbiteriano de Nueva York, donde le trataron la úlcera sangrante y un posible coágulo en la parte superior de la misma.

«Creí que no saldría con vida», admitió. «Me dije: "Ha llegado mi hora". Lloré un poco. Pero como de todos modos siempre estoy llorando, no me hicieron caso», precisó. «No estaba asustada. No me daba miedo morir.»

Al volver a la residencia, débil y con casi diez kilos menos, el triángulo amoroso que formaba con Howie y Zoe, su hija, volvió a completarse. Ambos sufrieron durante la crisis de Helen.

Howie se sintió solo y apenas comió nada durante su ausencia, incapaz de irla a ver al hospital. Zoe, que la visitaba en la UCI a diario, estaba destrozada emocionalmente de verla en un estado tan frágil. Hasta empezó a ser más amable con Howie, reconoció. Un día de diciembre, estando en la habitación de su madre, rompió a llorar al recordarlo.

«¡No sé qué haría sin ella!», exclamó Zoe. «Es mi nena graciosa. Me di cuenta en ese momento, porque la situación había cambiado.»

«No estaré aquí para siempre, hija», le advirtió su madre.

«Mamá, me vas a hacer llorar. ¡No digas esas cosas!»

«De todos modos, no quiero estar aquí eternamente», apostilló Helen.

«No me hagas llorar», protestó Zoe. «Claro que lo estarás. ¿Qué haría yo sin ti?»

Helen se recuperó de la operación y volvió a ser la misma mujer de armas tomar de siempre. Al fin y al cabo, tener noventa y dos años «era lo mismo que tener noventa y uno», observó. «El año que viene seguramente nos casaremos». Era valiente, pero no mencionó lo del matrimonio hasta que su hija salió de la habitación. El equipo de los Mets, al igual que las personas de estos escritos, también tenían sus propios problemas.

A Ping Wong, que había sido sumamente afortunada en el sistema de los servicios sociales, parecía ahora haberle abandonado la suerte. En el verano y el otoño de 2016, por culpa de una serie de caídas de pequeña importancia, acabó ingresada en un hospital y, más tarde, en una residencia de ancianos para hacer rehabilitación.

El piso de Ping, a modo de capullo, le había permitido sentirse cómoda y segura, hacer ejercicio físico con moderación y disfrutar del regular estímulo mental de sus partidas diarias de mahjong. Disponía de comida apetitosa y de amigas a las que veía a diario. Rutinas como las suyas suelen ocultar el progreso del deterioro cognitivo. Pero fuera de ese capullo, su demencia senil empeoró o se volvió más patente, una de dos, y su hija decidió que ya no era seguro que su madre siguiera viviendo sola.

El primer lugar al que Ping fue a parar, a finales de 2016, fue a una residencia de ancianos del Upper East Side, en Manhattan, donde solo un puñado de residentes, o tal vez ninguno, hablaban cantonés, y en la que nadie jugaba al majhong. Ping, a la que le sentaba fenomenal estar con las amigas, se quedó sola, sin tan solo las plantas para entretenerse. Cuando la visité no parecía la misma, se veía pasiva y resignada, y no estaba del todo segura de dónde vivía. Las amigas de su antiguo edificio no pudieron ir a verla al no poder superar los obstáculos del lenguaje y del desplazamiento. «Cuando eres mayor, todo son cambios, cambios, cambios», se quejó Ping de sus nuevas circunstancias. «Demasiados cambios. Es duro para la gente mayor.»

En diciembre, su hija la trasladó a otra residencia de ancianos cerca de donde ella vivía, al sur de Nueva Jersey, en la que una de las alas albergaba a treinta y cuatro residentes chinos. Una semana más tarde, me la encontré jugando al mahjong por primera vez desde que había dejado su piso. No era como en los viejos tiempos —las cuatro jugadoras hablaban distintos dialectos, y los residentes de Nueva Jersey jugaban una versión un tanto distinta del mahjong a la que Ping estaba acostumbrada—, pero se la veía más alerta y receptiva, inmersa en el juego y en las conversaciones que mantenían al final de las partidas. Era consciente de sus lapsus de memoria, dijo, pero no le preocupaban. «En cuanto salgo del lavabo y me dirijo al dormitorio, me olvido de lo que quería hacer y tengo que volver atrás, admitió. Pero no me pasa demasiado a menudo.»

Le pregunté si aún lograba ser feliz.

Caviló sobre la pregunta. «Por ahora me cuesta mucho», repuso. «Aún no he hecho ninguna amistad estrecha en la residencia. Me estoy haciendo mayor. Cambiar de casa no es demasiado bueno. Te obliga a adaptarte al nuevo ambiente. No es fácil.»

Cinco meses más tarde, en su nonagésimo segundo cumpleaños, su progreso seguía plagado de altibajos. Al poco de llegar a la residencia sufrió una caída, y los cuidadores la obligaron a desplazarse en silla de ruedas por miedo a que le volviera a suceder, por lo que los músculos de alrededor de sus caderas artificiales se le anudaron dolorosamente. Su demencia senil también seguía haciendo de las suyas. Un día le pidió a su hija que la sacara de la residencia antes de que los soldados japoneses la mataran, un *flashback* de la ocupación de Hong Kong que vivió durante la Segunda Guerra Mundial.

Este deterioro no fue evidente durante la fiesta de su cumpleaños. Mientras compartía en el barrio chino un colorido pastel de cumpleaños con unos pocos parientes, les aseguró que ahora era feliz con su vida en la residencia. No podía cuidar sus plantas —«Estoy demasiado ocupada», puntualizó—, pero al menos estaba rodeada de otras personas que hablaban cantonés. Señaló que esperaba llegar a centenaria, pero luego pareció cambiar de opinión. «Mi médico, tras examinarme en un chequeo, me dijo que tenía un corazón muy fuerte. "Serás una mujer longeva", me pronosticó. Pero yo no quiero serlo. Vivir más años da mucho trabajo.»

❖

Ruth Willig tenía reservada una lección especial más para mí. En otoño de 2016, Judy, su hija, me comunicó que su madre había dado un gran bajón desde la última vez que yo la había visto. Pero cuando fui a visitarla, parecía tan ingeniosa y autosuficiente como siempre. Las manos le temblaban más que de costumbre; sin embargo, esperaba con ilusión el nacimiento de su bisnieto y planeaba tejer una manta para el bebé. «Judy siempre exagera», se burló. «Se preocupa, sin duda, por mí demasiado. Más de la cuenta, diría yo. Me encuentro bien, de verdad. He estado un poco baja de ánimos, pero también tengo mis momentos buenos.» Por aquel entonces, durante una visita que le hice a mi madre, una de sus amigas la describió de una forma totalmente irreconocible para mí: como una mujer optimista, extrovertida, siempre de buen humor. Esa amiga suya me hizo estremecer ligeramente por haber subestimado yo a mi madre, y añadió que otros parientes que la visitaban también cometían el mismo error, sin ver la vida plena que llevaban nuestros mayores. Zoe, la hija de Helen, me contó un día que me llamó por teléfono que su madre había estado a punto de morir debido a la úlcera, pero pasó por alto que también se estaba recuperando de maravilla.

¿A qué se debe que esas tres ancianas vieran su propia vida de una manera tan distinta a como la veían sus hijos? Estaban llevando una vida más plena, más valiosa de lo que parecía a simple vista. Los hijos nos fijábamos en los cambios de un día para otro, que eran casi siempre para peor; en cambio, ellas vivían más en la continuidad. Quizá la mejor respuesta a esta disparidad sea exclamar, simplemente: «¡Vaya!» La vejez sigue siendo un tópico del que las personas de mediana edad creemos saberlo todo. Las tres mujeres nos estaban diciendo que no era así: que de cerca sus vidas eran distintas a como las veíamos. Incluso, pasado el año en el que estuve entrevistando a los seis ancianos, me di cuenta de que seguía viendo la vida de mi madre condicionado por mis prejuicios sobre la vejez. Pero la vida que ella llevaba era muy distinta.

«He estado intentando pensar en lo que podía decirte de este año», me explicó Ruth durante nuestro encuentro. «¿Me siento un año más vieja? Tengo noventa y tres, y se lo digo a la gente. Estoy orgullosa de mí, porque todavía soy independiente.» A pesar de dolerle el cuerpo cuando se levantaba, cruzó la habitación para ir a buscar un bol lleno de bombones. «Toma unos cuantos», me dijo, y luego volvió a sentarse. «Detesto levantarme del sillón.»

«Durante un tiempo, al cumplir los noventa, estuve entusiasmada», admitió. «Me dije, "Vale, ha llegado la hora de irme". Pero ahora ya no sé qué pensar. No me esfuerzo por llegar a centenaria como hace mucha gente. El resto de años son de propina.»

De los tres ancianos, Jonas Mekas fue el que sobrevivió al año siguiente tan vivaz y centrado en su propósito como siempre. Desde el día en que nos conocimos, seguía intentando organizar una subasta de arte para que el Anthology Film Archives siguiera funcionando con el dinero recaudado. Ahora que en Internet se podían ver tantas películas, costaba que la gente fuera al cine. Los planes de Jonas era montar un café en el interior para financiar las otras actividades del centro. Solo necesitaba seis millones de dólares. Probablemente le llevaría un año preparar la subasta, me comentó a principios de 2015.

El 2 de marzo de 2017 una multitud de personas, como John Waters, Greta Gerwig, Steve Buscemi, Jim Jarmusch y Zosia Mamet asistieron a la subasta para recaudar fondos y pujaron por obras de Richard Serra, Cindy Sherman, Matthew Barney, Chuck Close, Christo, Ai Weiwei y otros simpatizantes de Jonas. El diseñador Zac Posen adquirió una canción de Laurie Anderson todavía por escribir. «No tengo idea de la letra que me pedirá que escriba», observó ella más tarde. Patti Smith cantó con Michael Stipe, el vocalista de R.E.M., cambiando la última línea de su mayor éxito por «Porque la noche es de JONAS», y el público la aplaudió enfervorizado. En la subasta recaudaron más de dos millones de dólares, y les prometieron a los asistentes que procurarían recaudar dos millones más.

Jonas siguió trabajando a toda prisa, organizando sus materiales para publicar libros y hacer exposiciones. Después de las elecciones presidenciales, no compartió el pesimismo en el que muchas personas que conocía se sumieron. Había vivido la invasión de Stalin en Lituania y la esclavitud en los campos de trabajo de Hitler, y afirmó que sobreviviría a Donald Trump. «Creo que soy una persona optimista, porque lo veo todo desde una mayor perspectiva temporal», señaló. «Por eso cuando todos mis amigos fueron presa del pánico por lo de Trump, para mí fue como dar dos pasos adelante y uno, atrás, y así ha sido siempre; todos los hombres sabios de la historia, desde el propio Confuncio, por lo que sabemos, creen que así es cómo la humanidad funciona. Tal vez el paso atrás cueste mucho de dar, pero es lo normal, ocurrirá. Sin embargo, el desarrollo de la humanidad nunca se detendrá.»

En abril de 2017, mientras Jonas planeaba viajar a Atenas para mostrar una colección de fotos sobre sus años en los campos de desplazados, fue entrevistado por correo electrónico por *Our Culture Mag*, una publicación británica. El entrevistador le preguntó: «¿Qué le aconsejaría a alguien que quisiera ser cineasta?» Su respuesta fue de lo más jonasiana: «¡Hazte con una cámara!»

❖

Mi amigo Robert Moss, un octogenario que sigue dirigiendo obras de teatro en la Costa Este, me contó que en una de sus visitas al cardiólogo, un tipo gracioso con un sentido del humor extraordinario, este le anunció después de un chequeo: «Tengo malas noticias. Llegarás a centenario». Robert se quedó desconcertado. «¿Son estas malas noticias?», le preguntó. El médico, mirándole, le contestó: «¿Acaso son buenas?» Todos somos humoristas.

Robert fundó una compañía de teatro de éxito en un YMCA de Times Square en 1971, y cuando le preguntaron años más tarde cómo había logrado todo lo que había alcanzado, repuso: «Nunca pensé en lo que sucedería si llovía». Cuando iba a ver a las personas mayores, me venían estas palabras a la cabeza con frecuencia. No significaba que Robert hubiera sufrido menos dificultades que el resto de los mortales. Como no se llevó un paraguas, probablemente se quedó empapado hasta los huesos más veces de las que le tocaba. Pero no se quedó paralizado de miedo por lo que aún no había sucedido, y aprendió a la fuerza cuántas cosas podía alcanzar aunque estuviera lloviendo.

Los ancianos con los que conversé eran la prueba fehaciente de que podemos llevar una vida plena y satisfactoria hasta en un día tormentoso, ¿Por qué preocuparnos entonces por la llegada de nubarrones en la previsión del tiempo? Vive tu vida, dalo todo, arriésgate, agradece los fracasos junto con los éxitos, son las dos caras de la misma moneda. Si estamos viviendo más años, tal vez tengamos la obligación de vivir mejor: siendo más sabios, bondadosos, agradecidos y comprensivos, y menos vengativos y codiciosos. Todas estas cosas nos mejoran la vida a todos, pero en especial a los que procuran llevarlo a cabo. Incluso aunque fracasemos en ello tras haberlo intentado, añadiría. Como dice Dean Moriarty, uno de los personajes de *En el camino* de Jack Kerouac: «Problemas es la palabra que generaliza los motivos por los que Dios existe. La cuestión es no quedarte colgado».

La fealdad de las elecciones presidenciales puso a prueba hasta qué extremo había yo asimilado las lecciones de este libro. Fueran cuales fuesen las ideas políticas de uno, la brutal animosidad que se desató durante la campaña y después de las elecciones, era una razón de peso para preocuparse. ¿Era capaz realmente de dar las gracias por haberme sumergido en tamaño caos, de ser feliz, de evitar conflictos inútiles, de aceptar mi mortalidad, de tener una meta en la vida, de cultivar la poesía y mi confianza en los santos? ¿Seguía siendo feliz al despertar a la mañana siguiente de la jornada electoral? Mientras escribo este pasaje, sé que aún es demasiado pronto para declarar victoria en cualquiera de esos frentes. En mi vida me he pasado demasiado tiempo viendo el vaso medio vacío, y usándolo, encima, como una pésima excusa. Ahora puedo afirmar que estoy vacunado contra esos momentos de desánimo y furor.

Pero he aprendido algunas cosas. Sorprendentemente, acepté la muerte de John Sorensen, que quería irse de este mundo, y también la de Fred, que esperaba animosamente vivir otros veinte años más. Ambos me caían genial, y los echo de menos, pero no le desearía a nadie una vida eterna. Ahora cuando un amigo mío sufre una seria crisis de salud, no me hundo en la desesperación por lo que le pueda ocurrir, a diferencia del pasado, aunque sigo celebrando a tope cada señal positiva que se da en su tratamiento. No se trata de una justificación para la autocomplacencia. Debemos seguir luchando en la vida cuando sea posible hacerlo. Tratar el cáncer, darles la lata a los médicos, adoptar una postura, exigir justicia, ser arrestados. Pero no siempre ganaremos. La felicidad consiste en ver incluso los aspectos positivos de nuestras pérdidas.

Tras las elecciones evalué las cosas que hacían que mi vida valiera la pena y descubrí que seguiría disfrutando de ellas, por más alto que la gente gritara en las noticias por cable. Al igual que si me quedaba sin trabajo o me hacía añicos la pelvis. Mi situación tampoco cambiaría demasiado si me tocaba el gordo o si desarrollaba en el gimnasio unos glúteos de lo más prietos. La política es importante, claro está, como el dinero y la salud. Pero no son unos elementos esenciales para una vida bien vivida. En algún momento de nuestra trayectoria vital probablemente nos fallarán. Las bondades de la vida —la felicidad, una razón para vivir, la satisfacción, el compañerismo, la belleza y el amor— siempre las tenemos a la mano. No necesitamos ganárnoslas. La buena comida, las amistades, el arte, la calidez humana, la propia valía siempre están a nuestro alcance. Solo tenemos que decidir incluirlas en nuestra vida.

Es una de las lecciones más sencillas, aunque aún estoy en camino de aprenderla. A veces lo fácil cuesta lo suyo. Me he pasado años creyendo que el sentido de la vida radicaba en luchar contra viento y marea y en desconfiar de lo fácil para no ser un escapista. Pero ahora no estoy tan seguro; con frecuencia me digo que ojalá pudiera volver a vivir esos años. Pero, como Jonas afirma, si quieres ser cineasta: «¡Hazte con una cámara!» Los signos de exclamación son suyos. Pero todos podemos gozar de la alegría que conlleva, de la genialidad de esa actitud.

Ciudad de Nueva York, junio de 2017

Agradecimientos

Dado que este libro trata en parte de la importancia de la gratitud, ofrezco esta página más bien como el gran final que como un colofón obligatorio. ¡Qué empiecen los fuegos artificiales y la lluvia de confeti! El bar está abierto.

Mi más profundo agradecimiento a las seis personas mayores y a sus familias que me permitieron acceder a sus vidas, recibiéndome siempre con generosidad y candor, incluso los días en los que tal vez no les apetecía. Agradezco en especial a Judy Willig, Zoe Gussoff, Anne Kornblum, Sebastian Mekas y Elaine Gin el haber compartido conmigo tanto a sus seres queridos como su sabiduría.

No tengo palabras para expresar la gratitud que siento hacia mi madre, por más que se lo dijera me quedaría corto. Como no acabaría nunca, es mejor que no me extienda más.

Varios redactores del *New York Times* han hecho posible este proyecto. Amy Virshup y yo estuvimos más de un año dando vueltas a distintas estrategias para hablar de personas de la cuarta edad de la mejor forma posible antes de llegar a la más sencilla: elegir algunos ancianos y observar cómo vivían, dejando que sus vidas fueran el propio relato. Una serie de artículos de prensa sobre el mismo tema suele requerir una mayor concreción, pero Amy me ofreció la flexibilidad y el tiempo necesarios para escribir sobre una materia tan abierta. ¡Quién se iba a imaginar que los seis ancianos serían tan interesantes! Pues resulta que Amy ya se lo esperaba. Amy, Jan Benzel y Bill Ferguson revisaron los artículos y me ayudaron a asimilar las lecciones de este libro, y Wendell Jamieson, editor metropolitano del *Times,* me dio su aprobación y su incansable apoyo. La destacada fotógrafa Nicole Bengiveno, compañera mía a lo largo de este proyecto, sentía tanta curiosidad como yo por las vidas de nuestros protagonistas. Representamos los papeles del poli bueno y el poli superbueno.

Sarah Crichton me ayudó a dar forma a este libro mucho antes de convertirse en su magnífica editora. Desde que me contrató para el equipo de *Newsweek* en 1991, le he estado agradecido por su ingeniosidad, su fe y su amistad, y cada vez tengo una deuda más profunda y agradable con ella. Paul Bresnick, mi agente literario, me ayudó con su empuje a que el deseo de escribir este libro se hiciera realidad.

John Capouya, Drew Keller y Caren Browning también colaboraron de manera invalorable a que saliera a la luz.

Sobre el autor

JOHN LELAND es un periodista que se dedicó a escribir en el *The New York Times* durante un año una serie de artículos sobre la ancianidad, el punto de partida de *SER FELIZ ES UNA DECISIÓN*. Es autor de *Hip: The History* y *Why Kerouac Matters: The Lessons of «On the Road» (They're Not What You Think)*. Antes de trabajar como articulista en el *Times* fue editor principal del *Newsweek,* editor jefe *del Details,* periodista en el *Newsday* y escritor y editor en la revista *Spin.*

ECOSISTEMA DIGITAL

NUESTRO PUNTO
DE ENCUENTRO

www.edicionesurano.com

2 AMABOOK
Disfruta de tu rincón de lectura
y accede a todas nuestras **novedades**
en modo compra.
www.amabook.com

3 SUSCRIBOOKS
El límite lo pones tú,
lectura sin freno,
en modo suscripción.
www.suscribooks.com

DISFRUTA DE 1 MES
DE LECTURA GRATIS

1 REDES SOCIALES:
Amplio abanico
de redes para que
participes activamente.

4 APPS Y DESCARGAS
Apps que te
permitirán leer e
**interactuar con
otros lectores**.